大逆事件と新村善兵衛

石山幸弘

表紙画●森貘郎

大逆事件と新村善兵衛

目次

〈巻末資料Ⅰ〉

新発見資料「新村善兵衛の獄中記録」翻刻 142

〈巻末資料Ⅱ〉

新村善兵衛 千葉獄中書簡・その他 164

はじめに

これまで新村善兵衛の事跡については実弟忠雄が事件の「首魁《しゅかい》」の一角とされた関係上、研究界隈においても、ほとんど置き去りにされて今日に至っている。本稿は彼のわずか四〇年の生涯を概観して、知られざる素顔の一端を紹介するとともに、彼を苦悩に陥れた「有期懲役八年」の判決宣告が、果たして法理に叶った矛盾無い妥当なものであったか、法制面から検討してみたい。法律の素人が抱いた疑問の諸点を提示することで、読者とともに再考してみたいのである。

一見、誰でも「善兵衛は冤罪だった」との印象は持っている。筆者とて同じだ。ならば、判決当時、弁護団から判決不当の声が上がり、かつそれは戦後七〇余年を数える今日にも常識的に、しかも強力に引き継がれて来ていいようなものなのに、その気配は薄い。

知られるように弁護団の一人だった平出修は、法廷において善兵衛の無罪を主張した。しかしその論拠は、主として善兵衛個人の人柄を楯とした防御に力点が置かれていた印象を受ける。同じく弁護人だった今村力三郎が善兵衛の冤罪に言及したのは、戦後の一九四七（昭和二二）年一月になってからだった。両者の遺文を同列に比較できないのは、前者は判決前であり、後者は当然判決後だった。とすれば、今村力三郎の善兵衛判決に対する「異議申し立て」は、もっと法制面から追究して欲しかったと欲するのは筆者だけではないだろう。法廷での攻防は、詰まるところ我田引水のせめぎ合いである。ここに恥じ外聞を棄て、法律の素人が試みた善兵衛に対する罰条適用の不当性の声を、読者が少しでも汲み取ってくれるなら、執筆の肩こりも癒える。

近代刑法にない大宝律令の論理を動員しなければ有罪に持ち込めなかった司法当局の面々は、間違っても「天皇制維持のため」などという綺麗事を根拠としたからではなかった。疑いなく己れ個人の出世欲を充足させるために事件を拡大し、大袈裟に騒ぎ、もって自己利益を誘導した。「臣下」が好き勝手に国家機関を利用して、欲得を囲い込もうとしているとき、「罪あらはわれをとかめよ天津神民は己れか生みし子なれは」と明治帝は御製《ぎょせい》を遺していた。どうやら危害の対象になった天皇自身が、その事実を知らされないまま、判決結果だけを奏上されたという構図は、天皇元首化の声がちらつく昨今、特に注意を払っておく必要がある。

なお、善兵衛の獄中胸中を知るために、千葉監獄在監中に執筆した「獄中記録」と、その後入手した善兵衛「獄中書簡」等を収録した。地元坂城町在住の歴史研究者大橋幸文氏からの資料提供による。前者については『大逆事件ニュース』第55号（二〇一六年一月）に一部を発表したが、そこから漏れた難読部分を含め未完成ながら急遽掲載することにした。本来なら、精緻な翻刻をまって後日公表すべきだが、そうした機会は容易に訪れるものではない。不完全を推しても取り急ぎ掲載に踏み切ったのは、未掲載よりも掲載することで些かの情報提供に資すると考えたからで、至らない部分は読者の修正力に期待するからである。

後者「獄中書簡」の大半は今回初公開となる。新村善兵衛の素顔に迫りたいと希望する読者には、恰好の資料だと思っている。

（二〇一七年九月　上州富士見町の寓居にて　著者識）

序章　新村兄弟のこと

一　「家庭極メテ圓満《えんまん》」——官権記録

長野県埴科《はにしな》郡屋代《やしろ》町（現・千曲市屋代）に明治中葉に生まれた善雄こと第三代新村善兵衛と忠雄の兄弟は、ともに一九一〇（明治四三）年五月二五日に発覚し、のちに大逆事件と呼ばれる「司法機関でつくられた事件」[1]の関係者とならなかったなら、ごくごく真面目な、当時全国のどこにでも勃興しつつあった地方知識青年の典型を演じて、人生を終えたかもしれない。

第３代新村善兵衛（幼名善雄）

一八八一（明治一四）年三月一六日生まれ（事件勃発当時満年齢二九歳二ヵ月）の善兵衛にとって、六歳年下の愛してやまない実弟忠雄が、官権によって「刑法第七十三条ノ罪被告事件」の「首魁《しゅかい》」の一角に仕立てられ、極刑をもって奪われた事実は、どう得心しようと試みても遂に果たせないことだった。

善兵衛にとって忠雄はかけがえのない愛弟、時には愛兄だった。事件当時、『信濃毎日』（明治四四年一月二一日）は「逆徒忠雄兄弟の性格と家庭」と活字を踊らせ、これを代表格に事件誘発の原因は兄弟の育った家庭環境にあるとやかましく書き立てたが、母やいを筆頭に既に嫁した長女奈越《なを》、長男善兵衛、次女ひさ、次男忠雄からなる新村家は、近所でも評判になるほど仲睦まじい家族を構成していた。

善兵衛の「人物記録」（内務省警保局作成）の「家族」欄には「母ヤイ、妹ヒサ／交情最モ親睦父及亡弟忠雄生存中ノ如キハ家庭極メテ圓満ニテ他人ノ羨望ヲ受ケタル程ナリキ」と記されるほどだった。それは兄弟が

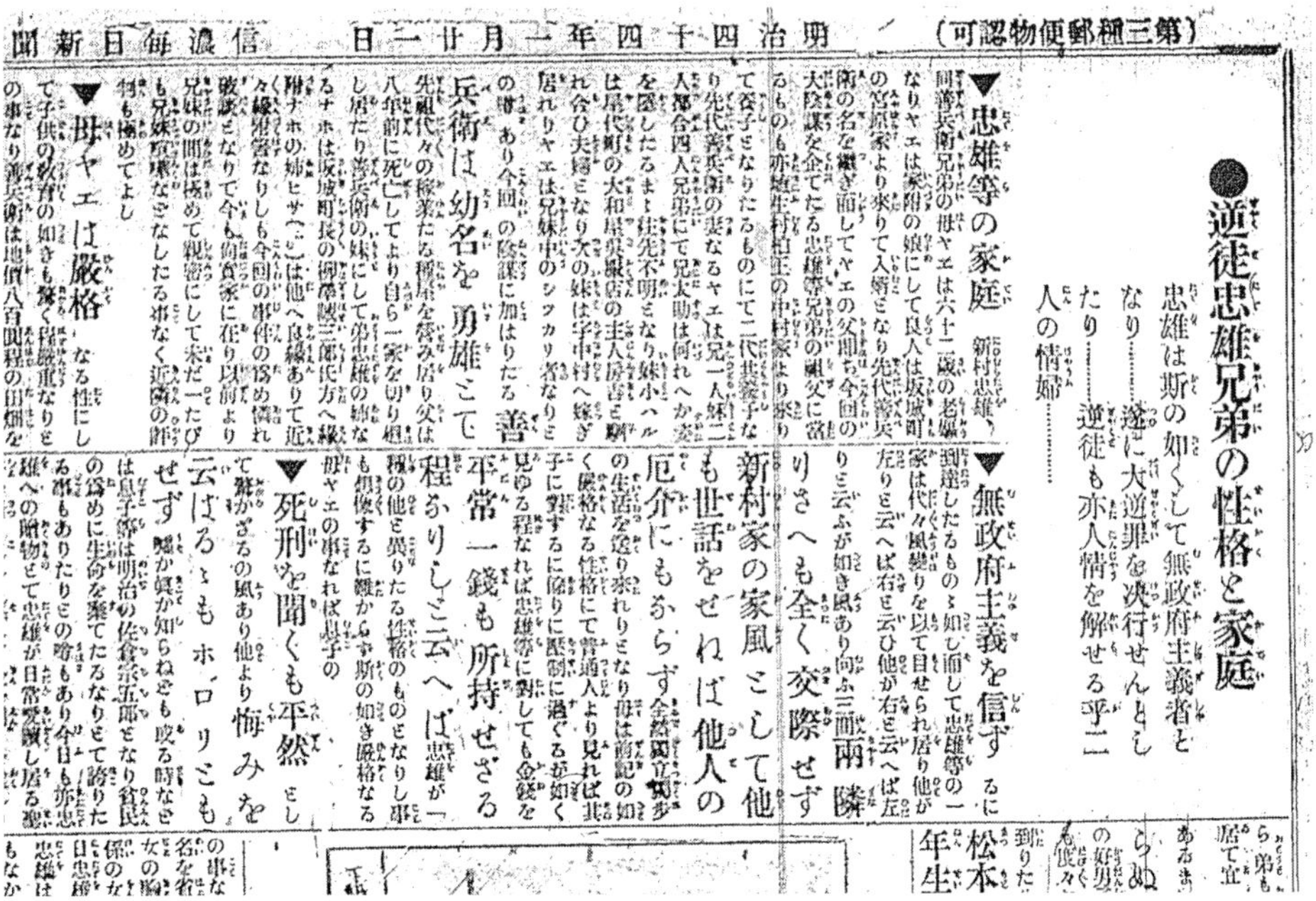
（第三種郵便物認可）　明治四十四年一月廿一日　信濃毎日新聞

●逆徒忠雄兄弟の性格と家庭

忠雄は斯の如くして無政府主義者となり……遂に大逆罪を決行せんとしたり……逆徒も亦人情を解せる乎二人の情婦……

▼忠雄等の家庭

▼無政府主義を信ずるに

新村家の家風として他人の厄介にもならず

善兵衛は幼名を勇雄こて

平常一銭も所持せざる程なりしと云へば

▼母ヤヱは厳格

▼死刑を聞くも平然

判決後、兄弟について報じる『信濃毎日新聞』明治 44 年 1 月 21 日

遺した書簡や日記によっても窺い知れるし、判決直後の善兵衛「獄中日記」（在東京監獄）の一節にも、弁護人平出修をして「新村兄弟の共に並び立ちて共に庇護せし其情はソクソク（惻々）として我胸を打てり」と弁論なさしめたとあり、この部分は当の平出修の「刑法第七十三条に関する被告事件弁護の手控え」によっても確認できるのである（後掲・第一章第十一節参照）。

また、実母やいの態度は前記『信濃毎日』が伝えるところでは、記者の仄聞《そくぶん》取材の記事として「（息子忠雄の極刑の報に接しても驚かず）或る時などは、息子等は明治の佐倉宗五郎となり、貧民の為めに生命を棄てたるなりとて誇りたる事もありたりとの噂もあり」としていた。内々には後述するように息子らと新・旧の世代対立を演じていても、息子を信じて疑わない母性が読み取れるのである。

思えば、愛弟が幸徳秋水に被《かぶ》れ、物騒な計画の立案に関与しなかったなら、善兵衛は夢想だにしない懲役八年のとばっちりを受けることもなかった。否、正直申せば、愛弟の社会主義勧誘に乗り切れず、地方の幾分知識欲に色づいた一農村青年の範囲にとどまってい

たからこそ、それが逆に奏功して「有期懲役八年」の量刑にとどめた、との評価もある。

だが、その陰で少し善兵衛に後悔があったとすれば、遅かれ早かれ忠雄が社会主義の虜になっていく運命にあったとしても、その突端の『週刊平民新聞』(明治三六年一一月一五日創刊〜同三八年一月二九日廃刊)の購読は、忠雄より善兵衛の方が先だったことだ。その始期は一九〇四(明治三七)年中、友人(児島清之助)に勧められて少し読み始めた(善兵衛第六回調書)としている。日露非戦論が盛んなころだった。それだけでも新村家が進取の文化を受容する家風だったことを窺わせる。

それはともかく、善兵衛が犯したとされる行為は誠に軽微、犯罪に問うのも怪しまれるほどなのに、量刑はあまりにも苛酷だった。「世に提灯と釣鐘と云ふ諺あり。嗚嗟《ああ》。昨日の判決はそれに非ずや」と善兵衛をして判決翌日の獄中日記に書かしめたが、しかし、その憤懣《ふんまん》のやり場を実弟に向けることはなかった。それほどに信頼を通わせていた愛弟忠雄だった。

善兵衛が官権の無謀を心底見抜き、過《あやま》たず「敵」と見定めるのは仮出獄後のことである。その実態を読者はこれまで公表されていた「新村善兵衛獄中日記(2)」から受ける「穏健」な印象とは、異なるものを知ることになるだろう。

二 「新村家」の長男善兵衛

善雄こと第三代新村善兵衛は、「他人ノ羨望ヲ受ケタル程」(警保局「人物記録」)の新村家内で、どんな実相を見せていたか。社会主義運動に血気逸《はや》る愛弟忠雄と、片や夫(二代善兵衛)亡き後、経済下降に歯止めのかからない新村家の再興に望みをかける母やいとの間を取り持ちながら、長男であるがゆえに忠雄に無い悩みも持ち合わせていた。実質的家長である母親の強固な「旧思想の体現者」に時には罵倒されながら、一方で愛弟が叫ぶ「家庭破壊論」という新思想にも半身を取られ、その狭間で自分の立ち位置を築けずにいたのである。

出来ることなら「忠雄君」に家督を譲り、出奔《しゅっぽん》したい、しかし借金まみれではとてもそれを言い出すことなどできない、という趣旨を日記に遺してもいる。地域に向けた代々の「顔」を保てと叱咤する母親と、明治末期の開明志向の家付き青年の苦悩の典型を演じて、第三代善兵衛は生きていたのである。

この場合「家」とは近世以来代々続く格式高いそればかりを指すのではない。近代に続いた「土地」と「長男」の関係は、明治末期までに形成された新興小ブルジョア意識の一代出現層とても、その子弟に「家」を背負うべき義務を強要していたのである。

新村善兵衛の生家（長野県埴科郡屋代町、現千曲市屋代）

この時代は社会活躍の一般責任が、どうやら明治生まれ世代にバトンタッチされる時期にさしかかりつつあった。維新以来、和魂洋才を掲げ、すべては「国家の為」とされた事柄は、個人の自由謳歌の思想を害悪とし、そこに収斂していく学問・技術・芸術は、否定・弾圧の対象となっていた。

国家への忠誠をコアとする形式ばった道徳観は、例えば明治末期、文学面では口語詩を嫌い、新たに流入したドイツ神秘主義などに傾斜する文学青年などを「不良の輩」として白眼視[3]したが、頑固な保守主義が時代の中央に居座っていた。一方、個人の解放を称える自然主義の勃興期でもあった。まして日露戦後の増税続行に伴う国内疲弊を背景に浸透しつつあった社会主義となれば、単なる経済要求に留まらず、国家指針への抗議表明とならざるを得なかったから、有無ない弾圧対象にされたのである。

三　実弟忠雄から見た兄善兵衛

当時の善兵衛の心境は、最も打ち解けていた愛弟忠雄に語らせるのが適当だろう。愛弟は書簡を通じて頻繋に愛兄を西欧事情への開眼に誘った。来たるべき世の明るいことを説いて励ましていたのである。忠雄が善兵衛の置かれた立場を我が事のように同心一体で受け止めていたのは、善兵衛が堪えがたい苦悶の内心を日記に認め、六歳下の忠雄に打ち明けてもいたからだった。弟はそれを見て「血の滴《したた》る気がした」と返信する。そして圧迫に勝てと励ますのだった。

　あなたの境遇、私はそれを想ふことに戦慄する。常に小説の好モデルであると思って居るのです。（略）あなたは個人性を全然殺すとか御仰せですが（注＝そうしなければ生きていけないとの意）如何でせう。果して何物か個人を殺して立たれるでしゃうか。若し殺したとする。否！　殺さんとするとき、その深い深い奥底に、なほかのさゝやきを聞かぬでしゃうか。私は信じます。現代は個人性を殺して君とか親とかに踏まれるのではない、決してない。反《かえ》って之に反抗して起つ、叛逆《はんぎゃく》を起すの日ではないでしゃうか。御覧なさい。哲学宗教といふ芸術家でさへ自我実現てふ事を痛切に論じて来た。文学家はその争を持て「自然主義」の旗を立て、あらゆる頑迷に叛逆してきたではありませんか。何ぞ斯《か》くの如き日々、個人性を殺すてふ事の義を口にせんや。（忠雄書簡明治四二年六月初旬。句読点を補った。以下同）

世情の閉塞感に打ち負かされようとしている愛兄を、何によって元気づけるか、愛弟は考える。そして欧米の空気、そしてそれを吸い込んだ若き「帰朝者」たちの発言が適当だと思い当たる。忠雄は自らを、そして兄をも励ますため、手紙を認める。

　一昨日兄上様の御手紙拝読しまして、なんだかアンドレーエフ等の小説のモデルなる全く虚無主義の青年に接するやうな感じがしました。兄上様、更に一歩を進め給はゞ立派なアナキストです。去れば自分の苦痛も幾分除去し得べし。（同前、明治四二年一一月四日）。

　永井氏の帰朝者の日記は感心してよみました処が、本月の中央公論に今の文士連が永井氏を評して居るを見るに、どうもあまり受けが悪いので、今の文士がどうも情けなくなったのです。私は永井氏その者の為めには、小日本の文壇に入れられずに行くのを喜ぶのですが、世界の文豪の様子を見ると、どうも悲しくなるのです。外国の文士は深く社会を研究して居る。正義の為めに戦ふ事を忘れない。されば一朝フェレル氏の事件の如きあれば、各地の文士は起って人道の為めに戦ふて居る。(同前、明治四二年一二月上旬)

さらにまた、次のように認める。

兄上様、戊申《ぼしん》詔勅《しょうちょく》とやら出して人民に倹約を勧めた天子は一年后、自分の費用を三百萬円より四百五十萬円にして居るのですね。で新聞記者といふ太鼓持は、我が帝国臣民の最も熱心に希望したる此を実行したるもの云々、などぬかして居ります。あゝ果して人民は希望し居るにや、実に愚にもつかぬ事を並べて居るのが癪《しゃく》ですね。(同前、明治四二年一二月二五日)

実弟忠雄(23歳9カ月で刑死)

あるいはまた、

兄上様もかくまで立派なるアナキストになりたまへるかと、一人うれしく力つよく感じ申候。小生は何物を送られたりとて、之れ程うれしくありがたき事は他に之なく候。(同前、明治四三年一月一二日)[4]。

などと、些《いささ》か地に足の着かないおだてを挟み込んだりもしていた。さらに、

兄上様、小生も朝日紙上の永井の冷笑を日々愛読して居ります。永井氏の冷笑は、主人公は非情に理

想の高い人ですが、あの位高い理想の人の言葉としてはどうも物足らぬ所がありますね。（略）音楽も知り文学も知り、社会問題も知って居る人で理想の高い人であり乍《なが》ら其言葉は普通の金持の言草と一寸も変りない。（略）永井氏などは長く佛國に居って古くはユーゴー、ゾラ、現代ではアナトール・フランスなどのものを熟読した人でありながら、どうも文学の中に正義真理社会問題などは、よく感得し得なかったのらしい。どうも社會問題を了解して居らぬらしいですね。（同前、明治四三年一月一七日）

永井荷風の『冷笑』は、前年（明治四二年）一二月一三日からこの年二月二八日まで朝日新聞に連載された。ここでは中途での感想表明となっているが、結末まで待てば、別の感慨を綴ったかも知れない。事実、荷風自身はのちに「冷笑について」で、「日本を包む空気の中には立憲政治の今とても、封建時代の昔に少しも変らざる一種名状すべからざる東洋的、専制的なる何物かが含まれていて、いかに外観の形式を変更しても、風土と気候と、凡ての目に見えないものが、人間意志の自由、思想の解放には悪意を持っているらしいやうに思はれてならぬ処がある」（『紅茶の後』所収）と、日本民族中に連綿とする「専制的なる何物か」が育んだ文化思想を炙《あぶ》り出すことに注力していたからだ。ここに「何物か」と言葉をはぐらかしてはいるが、天皇制を指すことは自明としていい。

官権の圧迫が日増しに強まる平民社(5)で、愛弟もまた孤独を深めていた。自分は炊事も一人でやれるので「出来るなら兄上と二人で暮してみたい」（同前、明治四三年二月四日）とも洩らすのだった。

しかし、愛兄を必死に励ます方便として「兄上様もかくまで立派なるアナキストになりたまへるか」云々とした歯の浮くような褒め言葉の前記書簡などが、事件発覚後の取調の際、皮肉にも仇となり、善兵衛を窮地に追い込んでいくことになる。善兵衛が一人前のアナキストだったと断定する証拠にも採用されることになるのである。

いずれにしても幼少時から新村家の「長男」を背負わされた善兵衛は、人生の局面毎に立ち現われるこの障壁を、実弟が放つ矢先に塗られた封建打破、父母を蹴り自我実現のための叛逆を、との痺《しび》れ薬で刺され、次第に新村家の跡取りを重い足枷と感じるに至ったことは事実である。

私の家庭破壊論！そんなにむずかしくないです。考へてごらんなさい。今の世で二人なり三人なり思想の異た《ママ》人がどうして一室に居られやう、又一家が一人増せば増す程経済的壓迫は強烈です。自由合意の共同生活とても現代に於てなされず、先〔ず〕破壊すべきです。妻！こんな玩具は無用である。むなしく彼れを束縛し自らもくびれる。而《しこう》して人間として永く愛なきものに満足は出来ぬ、むしろ独り棲み独り行くのまされる〔勝れる〕を知る。（同前、明治四二年六月一五日）

本便は和歌山県新宮町の医師大石誠之助方に薬局生の名義で寄留中の忠雄が認めたもので、「家庭破壊論」の名称は、その大石が『京都日出新聞』記者徳美松太郎の仲立ちで同紙（明治四二年）五月二三日付に発表したものだった。その要約が管野スガを発行兼編集人とする『自由思想』第二号に転載されたのが六月一〇日だったことを加味すると、本便は『自由思想』を見て、忠雄なりに感取したものを善兵衛宛に認めたものと推測できる。

○家庭破壊論　五月二十三日の「京都日出新聞」に無門庵主人なる人の「家庭破壊論」と題する一文あり（略）。昔は家門の繁栄を祈るてふことが主として名誉心虚栄心に因れるも、今日に於ては多く自己の財産を其子女若しくば血族に伝へんとするものにして、無財産の者や借家住ひの身には毫も家を譲るの必要なし。従って家族制度に何等かの利益と価値とありせば、それは唯だ富貴権勢の徒に取ての利益と価値とのみと云ひ、更に夫婦関係に説き及ぼして、今の夫婦は自己の利益と生活の安固を図らんが為に経済的に同盟し、家といふ城郭を築き自家以外の者を悉く敵とし、殊に同業者職敵などと闘ふものなり（略）。而《しこう》して個性を尊び自由を重んずる人間は、斯《かか》る無趣味なる反理想の家庭に満足せずして、早晩此浅薄なる形式的なる道徳の拘束を断ちて、其境遇より奔逸せんとするに至る。日々の新聞の三面に現はるる争闘自害殺傷等の大部分が男女関係、家庭問題に因するは其結果なり。近時知名の人の離婚が往々世の問題となれるも仔細に考ふれば、百中の九十九までは離婚を以て不当なりといひ得べき理由なし（略）。次に男女の結合に対する現社会の制裁を無視して、従来の姦淫だの野合だのと擯斥《ひんせき》して来た行為を一般に是認し、私生児を孕むなど云ふことは最も自然なる普通の出来事として見ねばならぬ。（『自由思想』第二号）

家父長制を道徳の根幹に据えていた明治政府にとって、まさに安寧《あんねい》秩序紊乱《びんらん》に値するものだった。右記事の初出となった『京都日出新聞』は不問であったが、要約的に紹介した『自由思想』が新聞紙法違犯で告発されたのである。

しかし、いくら実弟忠雄が語気を強めても、右趣旨を実行できるのは「家」から飛び出た次・三男たちだった。「○沈着ニシテ寡言ナルモ好奇心ニ富ミ事物ニ熱狂スルノ傾キアリ○稍々《やや》漢学ノ素養アリ又作文及辯舌《べんぜつ》ニ巧ミナリ」（前掲「人物記録」）と官権に書き留められた善兵衛の素描のなかに、外来思想に感化された気配が希薄なのはこうした「長男」という重石があったのである。

四　長男善兵衛の苦悩

善兵衛の日記には新村家の長男としての苦悩が溢れている。その一つにこれまで余り知られてこなかった負債に関することがある。原因はそれまで営んでいた家業（蚕種業等）に起因するものと思われるが、本人の花柳界での浪費も若干あったことが日記に漏れている。

すでに一九〇四（明治三七）年中には確実に廃業していたが、廃業の最大の理由は日露戦争による徴兵があった。砲兵として五月一九日充員召集され、翌年九

新村善兵衛。日露戦争出征前 1903（明治 36）年 5 月ころ（推定）

月五日終戦の声を聞くや、同二七日除隊になっている。そこに至るまでには親戚筋の埴科郡中之条村在住の柳澤奥宗に伴われ、健気にも家業再興のため静岡、千葉、山梨方面へ、蚕種の販路を求めて出張の足を伸ばしてもいたのである。しかし、蚕種マーケットは謂わば地盤の食い合いである。一度失えば容易には戻らない。時に「特典」のサービスが経営を苦しくすることもある。実姉奈越の嫁ぎ先に資金融通して貰ったのもそうしたなかでのことだったろう。

しかし、一方では「屋代町の新村」といえば、それなりの家名の高さもあった。祖父の初代善兵衛が屋代銀行の監査役だったことでもおおよそは想像できる。

町役場の収入役のお鉢が廻ってきたのは廃業二年後の一九〇六（明治三九）年八月二八日のことだった。だが就任期間は実質七ヵ月ほどで、翌年三月二一日に辞職している。収入役は市町村の出納事務を司る特別職の公務員という位置づけだが、当時にあってはその地位は必ずしも高くない。それを示すのが俸給制度で、例えば屋代町の一九〇四（明治三七）年一二月末段階を見ると、埴科郡内町村長は一七人居たが、月給は無しで報酬一〇円七〇銭余りとなっている。当時は全国いずれもそうだが、ほぼ町村長は名誉職だった。次いでの助役職は月給と報酬合計で六円二四銭で、内訳は二〇％が月給、八〇％が報酬となっている。ところが三役の一角を占める収入役を見ると、月給六円二五銭で、逆に報酬は無しである。一般書記（吏員）が六円二一銭で同じく報酬は無しである。

ここから言えるのはほぼ同額を得るにしても、報酬額が多いほど名誉職的職種ということになるから、善兵衛の場合は一般吏員と同様の扱いだったことがわかる。それは見方を変えれば、特別職と呼称しても実態は常勤職員的扱いに近かったと推測できる。

末端自治体の行政に関わる職員給与は、特に当時にあってはその自治体の財政事情により大きく左右された。右に見てきた埴科郡の全体の支給レベルを見渡すと、全国的に見て低額グループに属すと思われる。例えば手許にある高知県の例と比べると明治四〇年の例になるが、収入役は一一円三〇銭を支給されている。物価変動（総務省統計局「消費者物価指数」(6)）を加味して埴科郡の明治三七年の統計値を善兵衛が就任した明治三九年に補正すると、この間六・四二％の物価上昇があったから六円六五銭ほどになり、高知県の明治四〇年の統計値を同様に明治三九年に補正すると、この間の上昇率は一〇・三四％ほどだったから、逆算すると補正値は一〇円二五銭程度となる。ザッと埴科郡の収入役給料は、高知県全体の同職と比べ六五％程度の給与水準であったと（あくまで大まかではあるが）言える。

巡査の初任給が一〇円ほどの時代だった。背景には日露戦争後にまで容赦なく続いた増税と国債の強制割り当てが景気を冷やしていたのである。また、当時は現今と違って勤務時間が短かったと言われるから、自家の家業等で補うのが一般的だった。

いずれにしても、給与体系から見れば、名誉職的色彩を帯びていたのは、三役中、町村長・助役までで、収入役にその恩恵が及んでいないことがわかる。善兵衛が一年も経ずに収入役を辞している結果から見れば、たとえ背景に同町内の芸妓との艶聞があったにせよ、このようなことが無影響だったとは言えないだろう。

「（明治四一年九月）二十五日、姉が来た、畑から帰ったら大変にぎやかだった。兎に角日は暮れ易い、畑に出る手は百姓手となれりだ」（押収証拠物）とあるのは、それまで本格的に農業生産に従事したことのない青年の不慣れな職種への「転職」が言わせたものだった。

（九月）二十六日、畑江申し訳的に出る。姉から金の督促だ、金の世の中。（同前）

十月六日（注＝五日の誤り）、（略）今日床屋に行〔く〕、理髪とやらをした。有賀氏に面会した。それで僕は忠雄を今后如何にせしめんと思ふた。眠れぬので中央公論の小栗風葉の小説□□を見た。人の世話に余りなるな、なまじ文芸などに身を寄すは馬鹿な事だと思ふた。衣食足りて后に文芸に進むべしだ。若し衣食足らずば衣食の為に動け、天才とか云はれぬ限りは。（同前）

右は一目瞭然、この時期の新村家の家長善兵衛の悩みを象徴的に表している。一つは家計問題であり、一つは忠雄の態度動向である。

心配尽きない兄を他所に、忠雄は九月二〇日開催の長野市を主会場にした聯合《れんごう》共進会の臨時書記に応募する一方、群馬県高崎市を拠点として始まっていた『東北評論』の印刷名義人を承諾し、一〇月一日発行の第三号（通巻四号）奥付に名を連ねていた。翌二日、新聞紙条例違反で群馬県警から告発され、これが原因となって臨時書記の就職口を失ったが、また同月一五日には自ら主宰する『高原文学』第四号を発行するなど、多忙を極めていた。次男ゆえに可能になったことだった。

ここから判るのは、「有賀氏」から発せられたであろう「忠告」が、時日的にみて『東北評論』の事件を念頭に為されたものだったことに疑う余地は無い。忠雄が社会主義に傾注しすぎることに些かの不安を感じ、兄善兵衛にアドヴァイスがあったのである。

「有賀氏」とは有賀信義のことで、当時、小県郡東塩田村小学校教員で、忠雄が屋代実業学校補習科時代に英語の教授を受けたことがあったから、忠雄をよく知っていた。図らずもそれから一年後、「有賀氏」の妻西村八重治から忠雄は薬研《やげん》を借り受けることになったから、恩師の直感には鋭いものがあったとみなければならない。

人は自分に否定的な人物をどこかで嗅ぎ分ける。ほぼ一年のちのこと、薬研返却について善兵衛に指示する忠雄の書簡中に、「有賀氏」への高ぶった感情が露呈しているので、補足的に次に掲げておく。

今日明科の宮下より大変御礼を申上げてくれと云ふて来ました。誠にありがとう、若し同人よりヤゲン返済し来ましたらば、柿崎嘉六氏を託して西村へ御送り下さい。あの人々は多少これ位の事をしてもよいのです。有賀……西村のラブ問題の持ち上がったときそれでも大に骨を折って声援してやってある。然かも有賀は冷やかなものです。（忠雄書簡善兵衛宛明治四二年一〇月二〇日）

ここに「柿崎嘉六氏」とあるが、屋代にて「柿崎氏」といえば江戸期より屋代宿本陣を預る家柄だったが、嘉六がどの系統の「柿崎氏」であるか判然としない。また、新村家とどのような関係人であったか定かでない。一部に新村家の作男として(7)いるが、新村家専属というより農繁期に農事を助勢する人物だったとした方がいいかもしれない。

年齢が兄弟に近かったことは、のちに採り上げる忠雄書簡大石誠之助宛で証明される。善兵衛が拘引され東京移送になる直前の明治四三年五月二九日、一時長野監獄に留置されていた折、昼食を差入れた人物で、前日夜半、松本監獄から送られてきたばかりだったから、消息を追ってくれていたことに感激した善兵衛だった。

さて、実弟に対する知友のアドヴァイスを受けるまでもなく、混沌の中に新村家長男は居た。あれこれの悩みのあとに、弟忠雄がまともに職業を得、妹ヒサがいずこにか嫁せば、自分が独身主義を通すかぎり母と二人何とかやっていける、という趣旨も書き遺している。

ここで大事なのは、こうした嘆き満載のなかに世の不景気を呪うコトバはあっても、およそ社会変革だとか、同盟罷工《ひこう》（ストライキ）だとかの革命用語は寸分も出てこない。

新村家長男善兵衛は、当時の同じ境遇の者がそうであるように、終始「家」を背負うことを忘れて新思想を語ることはできなかったのである。

〈注〉
注1　山泉進氏は「作り出された動機」を、当時司法省民刑局長だった平沼騏一郎らエリート司法官僚の権力欲（すなわち出世欲）にあったとしている（『大逆事件の言説空間』Ｐ44）。
注2　神崎清編『大逆事件記録（第一巻新編獄中手記）』世界文庫１９６４年所収）
注3　例えば片山孤村（学習院教授）は『帝国文学』（明治38年12月）誌上で、「神経質の文学」とタイトルしてドイツの詩人リヒャルト・デーメルの詩「死せる響」を口語訳したが、「デカダンの好例」という批判的紹介だった。国家を背負う青年群が虚無的退廃的では困るということだ。日夏耿之介『明治大正詩史（巻ノ中）』Ｐ１１２には右の片山孤村が「こんな下らない詩は訳しても仕方ないが紹介までにする」と指摘したことを紹介している。
注4　『社会主義沿革 第三』に本便を明治42年6月としているのは疑問。
注5　週間『平民新聞』（創刊明治36年11月15日）の発行所。当初東京市麹町区有楽町にあったが、その後解散をはさんで京橋区新富町（日刊『平民新聞』創刊、同40年1月15日）、淀橋町柏木（同41年8月15日）、巣鴨（同41年9月30日）、千駄ヶ谷（同42年3月18日）と移転したが、3月22日秋水、スガの湯河原行をもって閉鎖となった。
注6　長野県知事官房留置埴科郡々勢一班（明治三十七年）
注7　神崎清『革命伝説2』Ｐ２５４。

第一章　善兵衛と爆発物取締罰則違反

一　善兵衛が犯した「罪」――薬研送付の実相

（一）忠雄の指示

新村善兵衛が事件に関わった者として当局から指弾されたのは、実弟忠雄の指示により、東筑摩郡中川手村明科《あかしな》に在住した機械職工宮下太吉なる人物に爆裂弾の製造に使うと知りながら薬研《やげん》（薬の材料などを粉状に砕く道具）を送付したとされたからだ。

一九〇九（明治四二）年九月二八日、明科の宮下太吉を訪ねた善兵衛の実弟新村忠雄は、かねてから元首に危害を加える相談をしていた太吉から、爆裂弾製造に必要だから薬研を手配してくれと頼まれた。買うのは危険だから知人から借りてやる旨忠雄は応え、生家に帰宅直後の同月三〇日、知人の西村八重治（漢方医の息女。有賀信義と結婚し、当時母親の看護のため実家の埴科郡埴生《はにゅう》村に帰省中）を訪ね、借用を申し入れたところ、他所へ貸出中とのこと（一説に老母による貸し渋りの口実）だった。薬研貸借の件はこうして始まることになる。太吉の要望により忠雄が段取りを描いたことが、忠雄の判決書の当該部分に明らかになっている。

宮下太吉

> 宮下ヨリ鶏冠石《けいかんせき》（注、ヒ素の硫化鉱物）ヲ粉末ト為スニ付テハ薬研ヲ買入ル、必要アリトノ話アリタルカ被告（忠雄）ハ宮下ニ対シ薬研ヲ買入レテハ事発覚ノ恐アリ加フルニ新シキ薬研ハ鶏冠石ヲ粉末ト為スニ当リ発火スルコトアルノミナラス製剤ノ結果モ不良ナルヘキニ付何レニテカ借入レ送付スヘキ旨約シタリ因テ其後西村八重治ニ交渉シ同人所有の薬研ヲ借用シ置キ柿崎嘉六ニ対シテ西村ヨリ薬研ヲ受取リ兄善兵衛ニ届ケ呉ルヘキ旨ヲ委嘱シ兄善兵衛ニ

対シテハ上京ノ後柿崎嘉六ニ於テ西村ヨリ薬研ヲ受取リ来タラハ宮下太吉ニ送致シ呉ルヘキ旨ノ依頼状ヲ差出置タリ（判決書）(1)

これが忠雄の描いた薬研調達の段取り原案であった。ここに柿崎嘉六は兄弟のうちどちらかと言えば善兵衛に親しい人物だった。薬研借用にあたっては、最初は忠雄自ら隣村埴生村の西村家に足を運んで借用を試みたが、貸出中とのことで旨くいかず、柿崎に借用方を依頼し、その後の送付作業を善兵衛に託すが、その子細を告げる暇なく上京（九月三〇日午後）したから、善兵衛には東京からの書信による依頼となった。

この辺の事情は関与した者によって幾分のニュアンスの差がある。まず貸与当事者の西村八重治の証言を聞いてみる。判決書中、新村忠雄の罪状に対する部分中に登場する。

証人西村八重治ノ予審調書中昨年寒キ時分ナリシカ新村忠雄カ来リテ薬研ヲ借受度旨申出テタルモ他ニ貸渡シアル旨ヲ以テ断ハリタリ然ルニ其後重ネテ貸呉ルヘキ旨申越シタルヲ以テ忠雄ノ兄善兵衛ナリシカ又ハ柿崎嘉六ナリシカ記憶ナキモ右両人ノ内ニ渡シタリ又薬研ヲ返シニ来リタルモ善兵衛嘉六両人ノ内ニテ忠雄ニハアラサリシ様ニ記憶スル旨ノ供述(2)

ここで多少の不審を抱くのは、誰が借りに来て誰が返却に来たのか定かでないという証言だ。わずか八ヵ月前のことだ。しかも執拗に借用申し入れがあったと語る本人が、その相手が誰だったか記憶にないとは如何にも不自然だ。そこで思うのは、ことの成行きが不明ゆえに、証言者が何人かを不利益に追い込むのを恐れ、どちらとも断定しなかったのではないかと推測させる。

善兵衛の予審調書はどうなっていたか。これも判決書中、善兵衛の部分を覗くと以下のようにある。

十月初旬（忠雄が）西村八重治ヨリ薬研借入ノ約束ヲ為シ置タルニ付之ヲ受取リ宮下太吉ニ送付シ呉ルヘキ旨端書ヲ以テ申越シタルニ付西村八重治方ニ到リ聞合セタルニ薬研ハ花火ヲ作ル爲メ村ノ若者等

カ持行キ居レハ取寄セ置ク可シトノ挨拶ナリシヲ以テ其後柿崎嘉六ヲ遣ハシ薬研ヲ受取来ラシメ（善兵衛は）鉄道便ヲ以テ宮下ニ送付シタリ(3)

繰り返しになるが薬研借入れに最初に足を運んだのは忠雄本人だった。次いでは善兵衛だったが共に不首尾に終わり、三度目に柿崎が出向いて借用に与り善兵衛に渡したというのが真相だ。西村八重治の証言にあった「重ネテ貸呉ルヘキ旨申越シタル」はこのことを指している。

ではその柿崎嘉六はどんな証言を遺していたか。

証人柿崎嘉六ノ予審調書中新村忠雄ノ依頼ヲ受ケ西村八重治方ヨリ薬研ヲ借用シ来リタルコトアリ忠雄ハ面白キ物ヲ拵ヘル爲メナレハ秘密ニ借リ来ルヘキ様申シタル旨ノ供述(4)

ここに出ている西村八重治や柿崎嘉六の証人尋問の具体的問答内容が、現在分らない。そこで例えば柿崎嘉六が「新村忠雄ノ依頼ヲ受ケ」としていることが、いつ、どこで行われたのか、という問に判決書は答えていないので、一つの候補として九月三〇日の午後をあげておく。

この日、忠雄は遅い朝を屋代の生家で迎えた。一昨日は夕方、明科の太吉を訪ね、二度目の薬研手配を催促された。昨日は明科を発って『高原文学』で親しかった小池伊一郎と上諏訪で偶然遭遇し、意気投合して山崎今朝哉弁護士を訪ね、およそ三時間を歓談、それから小池と同道して山梨県境の富士見駅に向かった。帰宅は午後一〇時を廻っていたろう。躰は疲れ切っていたが、翌朝目覚めると意識が尖った。埴生村の西村八重治方に借用申込みに向かったのはそれからである。

既述のように、この際の借用は不首尾に終わって帰宅した。今日中に平民社へ帰り着くよう管野スガから通信が届いていた忠雄だったから、屋代発の汽車の時刻が気になった。兄善兵衛に言《こと》づけようとしたが、畑へ出ていると見えて姿が見えない。脳裏に柿崎の姿が走ったのはこの時だったろう。柿崎が生家の庭先に居たか、はたまた近隣の自宅を訪ねての事だったかは判然としない。しかし、普段、生家に寄りついていない

善兵衛が「薬研」を発送した当時の屋代駅（明治 45 年撮影）

忠雄にとって親しみは余り覚えなかった人物だったが、それは柿崎にとっても全く同じ事が言えた。だが、二人の距離を埋める事実が一昨日に起きていたのである。二八日、午前一一時ころ、兄弟に「召使い」を加えた三人は、稲荷山と思しき町へ打ち揃って出掛け、町歩きを楽しんだ。写真屋に飛び込み、すまし顔して収まったりした。それからピクニック気分で姨捨駅へ向かい、午後四時、別れて忠雄が上り列車で明科に向かうまで、善光寺平の眺望を楽しんだ三人だった。ここに「召使い」を柿崎と断定するのは、このころ、忠雄がおどけてこのように呼べるのは柿崎以外に無かったからである。

　このピクニックの様子がハガキになって姨捨駅近くのポストに投げ込まれた。宛先となった新宮の大石誠之助が落掌したのは一〇月一日のことだった。急に距離が縮んだ直後だったから「友人が面白いものを拵えるらしい」と説明されれば、農事助勢人と思しき柿崎にことさら怪しんで謝絶の理由を探す必要はなかった。

　とまれ、このような経緯を経て柿崎が借用使者となり、借用物を受取った善兵衛は、屋代駅から明科駅止めの鉄道便で宮下太吉宛に送付することになる。

　では、到着した薬研はどのような経路で「製造現場」に運ばれたろうか。判決書の宮下太吉にかかる部分には次のようにある。

　十月十二日忠雄ノ兄新村善兵衛ヨリ鉄道便ヲ以テ薬研ヲ送付シ来リタリ、其薬研ハ石田昇《かなえ》ヲシテ停車場ヨリ新田融方ニ運搬セシメ同月二十日頃之ヲ使用シテ鶏冠石ヲ粉末ト為セリ[5]

石田は太吉の配下の者で、いわゆる「小僧」と呼ばれた年若い従業員である。太吉が薬研落掌を千駄ヶ谷平民社に寄寓する忠雄に報告投函したのは一四日または一五日（証拠物四三押第一号ノ一〇「ノートブック」）、忠雄が受信したのが一八日だった。
以上が薬研送付の顛末である。

（二）薬研返却――食い違う予審調書と判決書

では返却の方はどうなっていたか。判決書は使用後の事ゆえか追及があまりない。そこで忠雄の善兵衛宛書簡を『証拠物写』で追うと、一〇月二〇日消印で「今日明科の宮下より大変御礼を申上げてくれと云ふて来ました。誠にありがとう、若し同人よりヤゲンを返却し来ましたらば、柿崎嘉六氏に託して西村へ御送り下さい」とあった。

爆裂薬の鶏冠石を粉末にしたのは二〇日ころというから、太吉の返却はその後遅滞なく行われたと誰もが予想する。製造事実の物的証拠となる薬研だ。身近に置き続けることは計画の露見を誘うことになる。用済み次第遠ざけなければならない。

忠雄とて思いは同じだ。一一月四日消印で「宮下よりあの品物送りましたろうが如何」との問い合わせが再び書簡に短く見えている。さらにまた一一月一九日消印にも「宮下よりあれ送りますが御世話でも御返し下さいまし。事によると目下宮下が困〔ってい〕る〔の〕で賃銭先拂で送るかもしれませんがその代は私より送りますから一寸御拂おき願います」とある。これを見れば未だ太吉からの返却がなされていないことがわかる。

実は早急に返却したい太吉だったが、地元明科駐在所の小野寺藤彦巡査は、四六時中監視を怠らない職業意識に燃えた人物だった。実際に太吉が明科駅から返却発送をしたのは一二月二三日になってからだ。年末の物流の慌ただしさに紛れ込むような塩梅だった。

こうした動きを見渡すと、忠雄から返却についてあれこれ言っては来たが、善兵衛側から忠雄へ速やかな事情報告がなされた気配が全く無いことが判る。ひとり忠雄だけが心配性を丸出しにして焦っていると映る。

実はここで考えなければならないのは、もしも善兵衛が太吉や忠雄の一味で、判決が認定したように送付時点で爆裂弾製造用に供せられると知っていたなら、こんな悠長な対応はせず、一々指図されなくても当然速やかな対応をしていたはずだ。太吉への直接問合せが危険だと判断したとするなら、忠雄を介して返却予定日くらい問い合せが発せられていいと思うが、その気配が全く無いのである。これは間接的ながら状況証拠として善兵衛無罪の論拠の一つになるはずだ。ところが予審判事、裁判官は証拠物として多くの書簡類を各方面から押収していながら、こうした被告に有利なものへの目配りをしていない、という事実がここにも露呈している。まず有罪判決が先にあり、そこへ導くためのストーリー作りに不要なものは、一顧だにされず除棄されていたのである。予審判事や裁判官がこの点の詰めを欠いているのはその職責からして失格と言わなければならない。

ところでこれほどの騒ぎを伴った返却作業だったが、実際はどのようになされたか？　この問に読者は、先に引いた西村八重治証人の供述を思い起こすだろう。誰が借用に来たか覚えがないが、返却もまた誰から受けたかはっきりしないと西村は言う。ただし「返却については忠雄ではなかった」と、返却部分についてはわざわざ註釈を入れていた。

ところが忠雄に言わせると「本年二月私が帰宅してみるとまだ（薬研が）そのままありましたから、私が西村方へ返しに行きました」（忠雄第一一回調書）と尋問に答えているから、矛盾している。この矛盾も予審判事、裁判官は詰めていない。両人に再尋問した形跡がないのである。

一見些細なことのようにも見受けられるが、返却行為については西村証言を採用すれば、善兵衛が関わっていた容疑が残る。しかし忠雄の言を採用すれば善兵衛の関わりは薄らぐ。この際、何としても善兵衛を一味に数えたい強権はどちらを採用するだろう。穿った見方をすれば西村証言には取調官の作文が紛れ込んでいる可能性が高い。西村が尋問に答えて「返却は忠雄だった」と応じると、「よく思い出せ！　其方の記憶違いではないか？　忠雄なら其方も結託した一味とみられても仕方ない」と責める。最後に誘導を行う。「要するに誰が返却に来たのか記憶が定かでないのだな？」というところまで後退させ、詰めは「しかし、忠雄ではなかったとしていいな」と投げかける。「そうだろう、その方が其方にとっても都合がよかろう」という想定問答である。

これを逆に忠雄が兄を庇う立場から、関わりから遠ざけるための証言だったという見方も成り立ちそうだが、それはなかった。その理由を以下に述べる。

(三) 薬研は爆裂弾をつくるのが目的

薬研返却の件については、それだけでは済まない大きな事案が付帯して起きていた。事柄の重要性からすれば、むしろこちらの方が重要だった。

一九一〇(明治四三)年二月五日、忠雄は再帰郷したが、既に宮下より送り返されて西村方に返却されたとばかり思っていた薬研が、未返却になっているのに気付いた。その部分の尋問応答を見てみる。

問　本年二月中其方が信州へ帰って薬研を西村に返したのか。

答　兄に、宮下から薬研を返してきたら西村へ返却してくれとたのんでおいたのですが、本年二月私が帰宅してみるとまだそのままありましたから、私が西村方へ返しに行きました。

問　最初に薬研のことを兄にたのんだとき、宮下が爆裂弾をつくるのだということをしらせたのであろう。

答　さようなことはありません。用途については何も言ってやらなかったのです。

問　しかし善兵衛は薬研の用途を知っているようであるが、どうか。

答　私は兄に、薬研の用途については何も話していなかったのですから、兄は何気なく宮下に送ってくれたのです。しかるに今回兄が私共と共犯として拘禁されているのは、兄に対して申しわけがないのです。ただ本件について兄が知っているのは、本年二月私が帰宅したとき、兄が薬研は何に使ったのかとききましたので、そのときはじめて宮下が何かの運動のために爆裂弾をつくったのだと申しました。(忠雄第一一回調書[6])

調書を見る場合、気を付けなければならないのは、単なる記録文書として機能的に読み進むことである。右を読んで「ああそうか、なるほどね」と納得するようでは予審判事の術中に嵌《は》まった裁判官と同じ轍を踏むことになる。右記録では、なぜこの段に及んで忠雄が「爆裂弾製造」を打ち明けることになったのか、その追及が全くなされていない。至尊《しそん》に危害を加えるというおよそ常人では思いつかないことを胸中に鎮めている忠雄にとって、爆裂弾製造は秘中の秘である。薬研の購入を避け借用に切り替えたのはコトの発覚を恐れたからだ。それほどに気遣っていた秘密を、なぜこの段に及んで暴露したのか。その謎を予審判事や裁判官は突いていない。

忠雄にどんな心境変化があったのか。それを知ることはすなわち善兵衛を有罪から救い出す重要な根拠になる。薬研送付時にその使用目的を知らなかったという抗弁の状況証拠にもなるからだ。それに応えるためには帰省時の忠雄の内心に踏み込む必要がある。

(四) 秘密暴露の心境——追い詰められた忠雄

——一二月五日、忠雄は新宿を発って赤羽に出、そこから午前一一時八分の汽車に乗って東京を後にした。高崎線・信越線経由ということになる。当時、屋代までおよそ七時間半は優に要したから、屋代着は一九時ころだったろう。長旅となれば、あれこれ去来する事柄も列車のリズムが時に眠気を誘ったろうが、生地の駅頭に吐き出されれば、寒気が全身を叩き起こしたはずだ。すると脈絡無く懸念事項が四方から迫ってくる。

ひと月ほど前の元旦には、平民社で宮下が持ち込んだ爆裂弾の空容器で投擲《とうてき》練習をした。翌日には古河力作が年始の挨拶に訪ねてきたから、昨日の宮下来訪の様子を伝えた。二六日には管野スガ・古河と三人で襲撃時期と現場を話し合い、それを見取図に落として襲撃順序までくじ引きで決めた。「やりたい者がやればいい」と力作が発言したときだ。

すでに爆裂弾の試作は成功している。あとは何をすればいい? 心配なのは管野だ。幸徳先生とのラブはいいが、それが蹶起《けっき》の意志を弱めないか? どのみち先生には外れてもらうのだから、最早別居した方が先生にとっても安全だ。

宮下は地元の駐在巡査に昼夜付け回され、身動きできないと言ってきている。その分、工場の部下を使いたがる。そこから何かが漏れていく心配はないか。それが気がかりだ。明日辺りまた明科へ行き、不安をなだめてやらねばならない。何より一月二三日の重要決定事項を伝えておかなければならない。

さて、次に何を？　軍資金だ。いざとなれば実行前に姿を眩ましておく必要がある。潜伏費用をどう調達するのだ。そもそも襲撃に失敗したらどうする？　家族親類へかかる迷惑は？　そこまで考えたら何も出来ないじゃないか。すでに紀州は落伍した。いよいよになれば宮下と二人で実行する以外にない。そういえば古河に襲撃場所の調査を任せることになったが大丈夫か？　桂首相を匕首《あいくち》一本で襲撃すべく嗅ぎ廻ったことがあったと幾分自慢げにしていたが、現実はただ刃物一本を持って徘徊しただけではないか？　自己意思の確認行為とするなら否定する理由はないが、現実的にはまるっきり具体性が伴っていない。革命は人情物語ではない。しかし、外に誰が適任者だというのだ。俺も管野さんも面割れ尾行付き人間だ。そういえば『自由思想』の罰金分割納付の件があった。今月末の納期までにどう算段したらいい？

行き詰まると、全く別な事柄が舞い降りてくる。煙山《けむやま》専太郎著『近世無政府主義』の第六章「虚無党の女傑」は、手垢に汚れるほど読んだ。「此日早朝ペロウスカヤはセメノウスクの刑場に引かれ、極めて真面目にして自然なる態度を以て静かに刑の執行を受けたり。時に年僅に二十有八」。アレクサンドル二世暗殺を謀った事件の首謀者だ。その一々が寒気と共に襟元に食い込んでくる。コトが成就しようが為まいが関係なく、死刑になるのだ、俺は気概の置き所をどこに据えればいいのか。退くなら今なら間に合う。だが、それでは管野・宮下両君を裏切ることになる。否、自分自身の生を無価値なものに貶める。残りの人生といったところで、撤収した後ではもぬけの殻だ。母や兄、二人の姉、末っ子の自分を温かく育んでくれた家族。だがそれがどうした。ちっぽけな事柄ではないか。ソフィア・ペロウスカヤの出身はロシア貴族だったと聞いている。祖父はニコライ一世の内相、父はモスクワの知事を歴任したこともあった。その彼女が圧制打破のため、止むにやまれぬ皇帝暗殺の合図役として起ったのだ——。

おそらくこの時、忠雄に襲いかかっていたのは右のような脈絡無いあれこれだったろう。昨年九月三〇日、故郷を発ってから四ヵ月が過ぎていた。殊更懐かしさもないが気持ちを落ち着かせるところは生家以外になかったから、本来なら穏やかな面相で門を潜ってもいい筈だった。あれこれの課題の間口は大きくあるのに、どれをとっても解決の奥行きがとれていない。ほとんど何も事態の進捗がない……。

暗闇の旧北国街道に出ると、ほどなく我家の門前だ。東京からここまで持ち帰った緊張を解きほぐすことを忘れた忠雄は、相貌の切り替えをせずに生家の潜り戸を入ったと思われる。

その際、「懐かしさ」などとはほど遠い現実を思い知らされる。あれほどしつこく返却を頼んでおいた薬研が、土間の隅に置かれたままになっている。とっくの昔に片が付いたと思っていた案件が、未処理のままではないか。苛立ちが帰省の挨拶を忘れさせた。この際、きつい言葉が善兵衛に向けられたとしても不思議はない。その声が温かく迎えるはずだった善兵衛の出鼻にぶつかった。普段の忠雄にない形相に反応して、善兵衛の返答のリズムも荒げたものになったろう。その程度のことに何で苛立っているのだという疑念が、「いったい何の為に使ったんだ?!」と、問い糾す声に変換されて飛んだに違いなかった。そんなに大事なコトなら自分自身で始末しろという気持ちだ。西村に頭を下げて借りに行かせ、面倒な鉄道便に見合う荷造りや送付作業までしてやったのだ。感謝の礼が先だろうという思いである。「いったい何の為に?」と再度問われ、引っ込みが付かなくなった忠雄は「爆裂弾だ!」と応えざるを得なくなる。厳しい尾行警察に四六時中監視され、窒息寸前のような緊張の連続のなかでは、忠雄もこの段階で本心の一部を思わず暴露してしまったとは、十分有り得たとしていい。

右は筆者の仮説だが、このようなことを想定しない限り、重要秘匿事項を忠雄が明かすタイミングと理由が見つからない。二人の間に尖った言葉の展開が生じ、激高した忠雄が思わず口を辷《すべ》らしたと想像するより外に現実味のある秘密暴露の光景が描けないのである。

客観的に見て、善兵衛が他意なく「ところで薬研は何用に使ったんだ?」と問い、忠雄が「あれは爆裂弾製造用に使用したんだ」などと、ありふれた日常会話のなかで淡々と答える、ということはあり得ない。尋ねる方が他意なく問えば、答える方もそのリズムのなかで「さあ、何に使用したやら、別に訊きもしなかったから判らない」程度の会話で済んだことだったろう。ところが忠雄が「爆裂弾製造に使用」と口にしたからには、それに相応しい険しい場面展開が生じていたとしなければ説明が付かない。少なくも似たり寄ったりの場面展開があったとしなければ、予審判事潮《うしお》恒太郎が客観主義に染まっていて糾すことを忘れたこの件は、落ち着くところが無いのである。

さて、「爆裂弾製造に供した」との返答を耳にして善兵衛はどうなったか。

問　其后忠雄ヨリ薬研ノ用途ヲ聞ヒタテアロウ

答　本年二月忠雄カ帰宅シタ時私ハ宮下ハ何ニ使用シタノカト尋ネタルニ忠雄ハ爆裂弾ヲ造ッタノジャト申シマシタ（善兵衛第六回調書）

そして以下のように続く。

お前ハ其様ナ人ト一緒ニナッテ危険ナル運動ニ加ハッテハ或ハ入獄スル様ナ事カアルヤモ知レヌ一人ノ親ニ心配サスルカラ宮下等トハ交際スルナト（同前）

これに対し、

そのとき兄は『それは大変だ。お前がそんなことに関係してはいかん』と申しましたから、私は自分はそれには関係していない。本年秋には外国にゆくから安心してくれと兄をだましておいたのです。兄はそのとき、私からたのんで、宮下が明科の製材所に雇われとき保証人になったことを後悔していました。（忠雄第一一回調書）

辷らした口を慌てて押えた忠雄だったろうが、一旦出たものは還らない。善兵衛の天を突くような驚きが見えるようだ。とりわけ保証人になったことの後悔は、悔しさも表現仕切れないほどのものだったろう。善良さが実弟にすら利用されたという評価もできる一事である。

右からいえるのは、薬研の用途を知ったのは「本年二月」であり、薬研送付時（前年一〇月初旬）に善兵衛はその使用目的を知らなかった、とする主張の客観的状況証拠になっているということだ。善兵衛が一味の一角だったとすれば、「保証人」になったことを誇りにこそ思っても、後悔などするはずがないからである。

付言すれば薬研はこの際西村方に返却されたことになっているが（忠雄第一〇回・第一一回）、官権記録『証拠物写』では「押収証拠物番号四三押第一号ノ一〇二鉄製薬研」と登録されて新村善兵衛からの押収品となっている。さらに判決書末尾には「没収ニ係ラサル差押物件ハ同法（刑訴法）第二〇二条ノ規定ニ従ヒ裁判スヘキモノトス」とある。特段に没収の言い渡しがなかったから、逆に押収が解かれたわけだが、元々の所有者西村家が還付請求したかどうかは杳《よう》として知れない。

二　刑法第七十三条ノ罪——大逆罪

（一）四度の大逆事件

明治維新を近代国家の出発点とした我国において、いわゆる大逆事件と呼称される事件はこれまで四度起きている。その最初の事件が別名幸徳事件とも称される事件で、本稿の主人公新村善兵衛はこれに巻き込まれた。

二度目は虎ノ門事件とも呼ばれるもので、犯人とされた難波大介の父親は現職の衆議院議員だった。一九二三（大正一二）年一二月二七日、国会開院式へ向かう摂政宮（後の昭和天皇）に向け発砲したが、不首尾に終わった事件で、関東大震災後の世情を背景に青年の鬱屈した「正義感」が暴発したとされ、ほぼ一年後に死刑執行された。

三度目は朴烈《ぼくれつ》・金子文子事件と称されるもので、事件そのものの発端は虎ノ門事件より早く、一九二三（大正一二）年九月三日、関東大震災直後の混乱のなかで、二人が行政執行法第一条（「公安ヲ害スル虞《おそれ》アル者」に該当）により予防検束されたことを皮切りに、軽微な検束から罪名が徐々にエスカレートし、最後は翌年七月一七日に大逆罪として起訴された事件。一九二六（大正一五）年三月二五日、二人に死刑判決があったが、翌月五日無期懲役に減軽された。

四度目は李奉昌《りほうしょう》事件と別称されるもので、一九三二

（昭和七）年一月八日、陸軍観兵式の帰途、車列に手榴弾が投げ付けられたというもので、犯人はその年の一〇月一〇日に死刑執行された（桜田門事件）。

一般的に単に大逆事件と称する場合は、右のうち最初の幸徳事件を指す場合が多い。その理由は一二名の刑死者・一二名の無期懲役者・一二名の有期懲役者を出

中央新聞　（日曜日）　明治四十三年十二月十一日　（二）

大逆獄《だいぎやくごく》の公判《こうはん》

嚴重なる未曾有の警戒　公判開始と共に傍聴禁止

明治43年12月11日　幸徳ら26名の第１回公判の模様を伝える。開廷の後、裁判長は公開を禁止する旨をいい渡し、傍聴人を退廷させたとある

大逆事件の公判開始を報じる中央新聞（明治 43 年 12 月 11 日）

したということから、近代国家制度確立以降、最初にして最大の大逆事件との位置づけからであろう。

知られるように刑法は第一編が「総則」、第二編が「罪」となっていて、第二編第一章が「皇室ニ対スル罪」（昭和二二年廃止）であり、第二章が「内乱ニ関スル罪」、第三章が「外患ニ対スル罪」という順序で配置されていたことでもうかがえるように、この配置順序は国家維持の根幹中の根幹が何であるかを示してもいた。

刑法第七十三条　天皇大皇太后皇太后皇后皇太子又ハ皇太孫ニ対シ危害ヲ加ヘ又ハ加ヘントシタル者ハ死刑ニ処ス

そもそも我国の刑法が元首たる天皇ばかりでなく、広く皇族をも不敬罪等の対象として特別の保護対象にしているのは、我国固有の国体によるとする見解が当時からある。

気鋭の刑法学者とされた大場茂馬は「我日本国ハ大和民族即チ同一ノ血統ニ出テタル一大家族ナリ。而シ

テ皇室ハ実ニ我民族ノ総本家ニシテ又皇室ノ首長タル天皇ハ我民族ノ族長ナリ」。それゆえ天皇は我国の主権者であると同時に、族長の地位にあり、これは世界無比のことだと自慢する。主権者は天皇「御一人」でその他の皇族は臣下に外ならず、従って「学理上国家ノ法益ニ対スル罪ト称ス可キモノハ天皇御一人ニ対スル犯罪ニ止マル」とする。(7)

彼は事件当時、その立場から平沼民刑局長らをバックアップしていたとしていいだろう。

(二) 第七十三条は特別な条文

刑法第七十三条は特別な条文だった。裁判所構成法は以下のように規定していた。

裁判所構成法第五十条　大審院ハ左ノ事項ニ付裁判権ヲ有ス

第一　終審トシテ（略）

第二　第一審ニシテ終審トシテ

刑法第二編第一章（皇室ニ対スル罪）及第二章（内乱ニ関スル罪）ニ掲ケタル重罪（略）ノ豫審及裁判(補注1)

要するに「(天皇などに)危害ヲ加ヘ又ハ加ヘントシタル者」の裁判は、三審制によらず、いきなり大審院の「第一審ニシテ終審トシテ」裁判されるという制度だった。しかもこの場合、量刑は死刑以外になく、第七十七条以下の「内乱ニ関スル罪」や第八十一条以下の「外患ニ対スル罪」に見るような、死刑と無罪の間の無期刑や有期懲役等の規定がなかった。死刑でなければ無罪放免ということになる。そしてまた、別項でも述べるが「加ヘントシタル者」に「予備陰謀を含む」という、法条のどこにも記載のない権力側の拡大解釈によって一二人が死刑、一二人が無期懲役に処せられたのである。

例えば内乱罪に関しては第七十八条「内乱ノ予備又ハ陰謀罪」、第七十九条「内乱幇助《ほうじょ》罪」が謳われ、前者では一年以上十年以下の禁固刑が、後者では七年以下の禁固に処すとの明文化があった。この意味で第七十三条は一刀両断型の法条であったが、ここに予備陰謀罪は謳われていない。罪刑法定主義の近代刑法の大原則から言えば、法律に明記の無い罪を恣意的に作り出すことは許されない。「大宝律令以来」明文化が無くても、当然に本条には予備陰謀を含むとする勝手な平沼検事論告の解釈は、明らかに違法と言える。その恣意的な解釈が冤罪を生む要素として伏在していたのである。すなわち、疑わしきは「死刑」にする建前だったのである。

（三）皇室危害罪制定の経緯――新井勉著『大逆罪・内乱罪の研究』

大逆事件に考察を重ねていくと疑問になるのは、なぜ皇室危害罪には内乱罪に規定するような未遂や予備陰謀に関する規定が明確に設けられなかったのか、という素朴な疑問である。皇室危害罪は刑法中最も重要法条を定めたものだ。既述のように、その証拠に第一篇総則に次ぐ第二篇罪の第一章冒頭にこの皇室危害罪を、次に内乱罪を配置していることでも自明である。そうであれば法条は、より緻密に組み立てられていていいはずなのに、予備陰謀レベルの叛逆についての規定が曖昧である。しかし、これまで大逆事件研究者の界隈で、この素朴な疑問に対する「回答」をあまり見受けなかった。(8)

ところがこのたび新井勉『大逆罪・内乱罪の研究』（二〇一六年四月批評社）が出版され、その「後記」に大逆罪・内乱罪の研究書はほとんど無かったに等しいとし、「天皇制国家の下で大逆罪の研究を発表することは容易でなかったし、天皇制国家の崩壊とほぼ同じ頃に（大逆罪を含む）皇室に対する罪は刑法から全面削除された。一方、現行刑法の下で内乱罪は、これまで一度たりとも適用されたことがない。（略）多くの刑法学者にとって、大逆罪も内乱罪も、実務上の必要性は皆無に近い」ことが、この分野の研究を遅らせたという趣旨を述べている。

さて、既述したように平沼検事は論告で「加ヘントシタル者」には「予備陰謀を含む」としたが、第七十三条には内乱罪のように予備陰謀の規定が無いから、近代刑法の原理である罪刑法定主義の立場からすれば、規定が無い以上、予備陰謀を罰することはできない。「論告はあくまで平沼ら検察側の勝手な法文解釈である」

という立場は支持されるのだろうか？　という問いかけは誰もがしたくなる。すなわち「加ヘントシタル者」の範囲は、あくまで実行行為の未遂までであって、予備＝凶器準備など、陰謀＝打ち合わせなどは同じ未遂であっても規定が無いから罪を問えない、という立場と対立するからである。逆に言えばこの反論があることを承知でなぜ平沼論告はなされたのだろうか。その根拠は？　と問うことは、必然皇室危害罪の制定過程を探っていくことになる。

以下は前記新井勉『大逆罪・内乱罪の研究』に教えられて整理したものである。これによれば、王政復古の翌一八六八（明治元）年一〇月、新政府は「仮刑律」を発布し、新律公布までは暫定的に旧幕の刑律に従うことを明らかにし、その際、冒頭に「八虐六議」を掲げていたという。「八虐六議」とは古く中国唐代に起こり、我国でも大宝律令以来採用されていたものである。「八虐」とは以下をいう。

①謀反（ムヘン）＝国家転覆を謀る罪。君主への反抗を謀ること。

②謀大逆（ムダイギャク・ボウタイギャク）＝山稜や皇居を破壊しようと謀ること。

③謀叛（ムホン）＝国家朝廷、主君に叛き兵を挙げること。自国に叛いて外国と通じようとする。

④悪逆＝君父（尊属）などを殺そうと謀る罪。

⑤不道＝一家三人を殺す大量殺人、肢体を切断する残虐殺人などの罪。

⑥大不敬＝皇室の崇敬する神社（伊勢神宮?・）、又は天皇の身辺を危うくする犯罪。

⑦不孝（フキョウ）＝親族内の秩序を乱す罪。

⑧不義＝役所の長官などを殺害すること。

一方、六議《りくぎ》とは古代の名例律《みょうれいりつ》に規定された四つの刑事上の特権（議・請・減・贖《しょく》）のうち、議の特典を受ける資格のこと。三位以上の貴族、特に功績のあった者などに、六種（議親・議故・議賢・議能・議功・議貴）の条件に適う者は、死刑にあたる犯罪を犯しても、太政官で特別に審議して判決を記さず、天皇の勅裁を仰ぐこととし、流罪以下については、一等を減じられるなど、刑法上さまざまな優遇を受けた。

一八七〇（明治三）年一二月、政府は「新律綱領」を布告したが「八虐六議」は掲げず、[補注2]その後検討を重ね、一八七七（明治一〇）年一一月、「日本刑法草案」を確定し、その第二編第一章に「第一三一条　天皇皇后及皇太子ノ身体ニ対シタル犯罪ハ子孫其祖父母父母ノ身体ニ対シテ犯シタル重罪軽罪ニ同シ」と規定した。ここでは草案ながら、天皇及びそれに準じる地位の者に対して犯した「身体ニ対スル罪」は、自分の祖父母等に対して犯した同じ罪の刑罰と同じだというのである。

新井前著は次のように続く。「（ここには）予備や陰謀の規定をおかなかった。尊属に対する——欠効犯は一等減、着手未遂は二等減だから、第一三一条の罪の欠効犯は一等減、着手未遂は二等減で、予備も陰謀も処罰しない。これは律の思考方法と異なる。（略）刑法草案審査局は日本刑法草案を全面修正して「刑法審査修正案」を纏めた。修正案は第一一六条「天皇皇后及ヒ皇太子に対シ危害ヲ加ヘ又ハ加ヘントシタル者ハ死刑ニ処ス」として、祖父母父母に対する罪とは関係なく条文を構成し、天皇らに対して危害を「加ヘントシタル者」も死刑に処することを記した。元老院は、さらに、皇后を三后と修正した」[9]。

これにより当該条文は幾分改まって「第一一六条　天皇三后皇太子ニ対シ危害ヲ加ヘ又ハ加ヘントシタル者ハ死刑ニ処ス」となった。

この「明治一三年刑法」は、一八八〇（明治一三）年七月一七日、太政官布告第三六号として公布され、その施行は二年後（明治一五年）の一月一日だった。これが旧刑法と呼ばれるもので、廃止は現行刑法が成立する一九〇八（明治四一）年一〇月一日まで続くことになる。すなわち、右がほぼ踏襲されて大逆事件当時の「新刑法」に引き継がれていたのである。新刑法では「三后」を具体的に「太皇太后皇太后皇后」とし、新たに「皇太孫」が加えられたが、依然として「加ヘントシタル者」の範囲は曖昧なままだった。

新井前著によれば、当初の「日本刑法草案」にあった尊属に対する犯罪が、「皇室ニ対スル罪」と分離された時から、元々本条の欠効犯（実行未遂）に適用されていた一等減、着手未遂の二等減等が適用されなくなったということになる。

（四）分かれる学説――「加ヘントシタル者」弁護人磯部四郎の立場

ところで「加ヘントシタル者」の範囲については制定当初から学説が分かれていたようで新井氏は代表例として三説をあげている。

高木豊三は、これを未遂をさすと解釈した。すなわち「此条危害を加へんとしたる者、即ち未遂犯罪にして既に危害を加へたる者と同じく之を死刑に処するは何ぞや、蓋《けだ》し此条の罪の如きは前既に云へる如く実に重罪中の最も重大なる者なれば、特に其罰を厳にし之を他の罪と別ちたるに過ぎざるなり」と記している。高木は、一方で、殺傷の如き重大の危害を加えた者と脅迫の如き軽小の危害を加えんとした者を同じく死刑に処するのは「実に太疎の法律にして不権衡も亦甚し」と疑問視する(10)。

誠に判りやすい論理展開である。「加ヘントシタル者」とは未遂犯を指すし、これを既遂犯と同列に扱い、かつ極刑を科すのは不均衡も甚だしいと明解だ。この場合、ここに文字として予備・陰謀は見えていないが、当然等級減を主張したものだ。ボアソナード案の影響が色濃い「刑法草案」にあったものを支持していることになる。

高木はボアソナードについてフランス刑法を学び、ドイツに四年間（明治一九年～）留学経験を持つ人物で、大審院判事や司法省民刑局長等を歴任し、一八九八（明治三一）年には退官し、その後は貴族院議員。東京帝大等で教鞭を執る傍ら、法典調査員も務めた。

磯部四郎は、高木とは逆に、加えんとしたる者は「未遂犯、及び未遂犯に至らざる者を包含するものと解釈せざるべからず。即ち、意思、陰謀、予備の所為と雖も之を同一に論ぜざるべからず」と記している(11)とする。二重否定で表現されているが、要するに「加えんとしたる者」には、未遂犯、及び未遂犯に至らない者を含むものと解釈しないわけにはいかない。つまり意思、陰謀、予備の所為といえどもこれを同一に論じないわけにはいかない、とする立場である。磯部は大逆事件の主要弁護人だった。その弁護人の筆頭格が予備陰謀を「加ヘントシタル者」に含むという学説を採っていたのである。このことは弁護団の弁論方針に大きく作用したと考えていいだろう。

磯部はパリ大学で法学を学び、帰国後は種々の官職に就き一八八六（明治一九）年には東京控訴院検事、同二三年には大審院判事、翌年大審院検事。さらに翌（明治二五）年花札賭博が発覚して依願免職。一九〇二（明治三五）年衆議院議員という経歴を持つ。

井上操の説を新井は次のように紹介している。

二人と同じ司法省法学校に学んだ井上操も、加えんとしたる者は未遂をさすに止まらないという。井上は「余思ふに、此皇室に対する罪は、草案の意を以て、論ずべきにあらず。反て是れ我古法に倣ひ、唐律に基きしものなり」として仏文草案の特例（減軽）による解釈を退け、律の謀反の註釈「臣下将に逆節を図らんとす。君を無《な》みするの心あり」や、唐律疏議の公羊伝の「君親に将《まさにせんとす》なし。将れば必ず誅《ちゅう》す」をひき「蓋《けだ》し之に基きしなり」というのである。

井上が「故に既遂未遂は勿論、予備予謀も、亦悉《ことごと》く極刑に処す」と結論するのは、自然なことである。予謀は陰謀と同義である。[12]

井上は司法省法学校在学時代に山縣有朋に見出されたというから、右のように近代刑法の精神と相容れない唐律を持ち出す価値観も判りやすい。自由民権運動家の大井憲太郎らが一八八五（明治一八）年一一月、朝鮮独立党支援が発覚し大阪で捉えられた（大阪事件）際、抜擢されて大阪重罪裁判所裁判長に就き、五年後には大阪控訴院部長となった人物である。

（五）司法省官僚の学説――大宝律令は「国法ノ原理」

以上の外に筆者の知るところでは前出の大場茂馬が『刑法各論　下巻』で引く江木衷《えぎまこと》の説がある。一九〇六（明治一九）年八月、外務省（のち司法省に移管）に設置された法律取調委員会の委員だが、曰く、

要スルニ君主ニ対スル犯罪ヲ以テ一ノ国事犯トセサル可カラサルハ啻《ただ》ニ理論ニ於テ然ルノミナラス、

我国ニ於テハ古来沿革ノ自ラ然ラシムル所大宝律令ノ所謂大逆罪ナルモノハ真ニ帝国ニ於ケル国法ノ原理ヲ得テ（略）独リ我現行刑法ニ至リテハ其草案ノ共和国臣民ノ手ニ成リシカ故ニヤ全然大逆罪ナル一種ノモノヲ認メス爲メニ刑法上君臣ノ名分ヲ正ウスルコト能ハサリシハ惜シム可シ(13)

としている。ここでは「君主ニ対スル犯罪」を国事犯とするのは法理に合致するのみならず、そもそも「我国ニ於テハ古来沿革」からして当然で、「大宝律令ノ所謂大逆罪ナルモノハ真ニ帝国ニ於ケル国法ノ原理」だとする。「其草案ノ共和国臣民ノ手ニ成リシカ故ニヤ」とは草案の根幹を執筆したボアソナードが不文律の大宝律令に頼るやり方に反対していたのをなじっているのである。

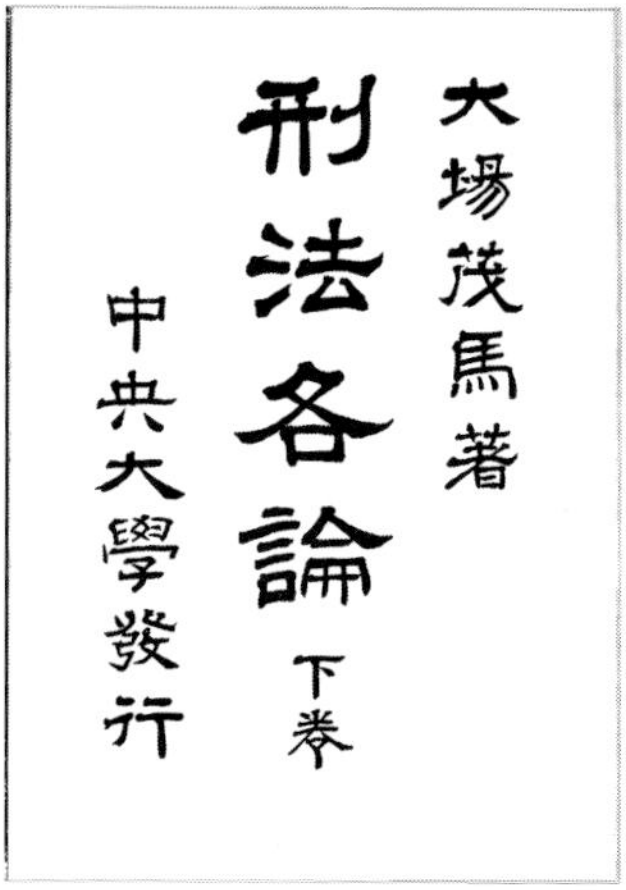

大場茂馬『刑法各論（下）』（明治 43 年 8 月 1 日初版／中央大学発行）

　最後に大場自身の説を取り上げておく。当時司法省の参事官の職にあって、検察陣にも影響を与えたと考えられる新進気鋭の刑法学者だ。事件前々年の一九〇八（明治四一）年にはドイツ留学を終えて帰国した直後であり、その成果をもとに執筆したのが『刑法各論　下巻』だった。この出版時期は明治四三年八月一日だったが、事件被告らの予審訊問が急ピッチで進んでいた時期で、判決が下る丁度半年前のことになる。このことは大事なことであって、事件後出版された刑法解説の諸本がほとんど事件の大審院判決を酌量して述べられているから、正しく事件当時の法曹界見解を反映していない嫌いがあるのである。その意味において、大場の本書は当時の刑法観（国家観を含む）、したがって検察首脳部にも強い影響を与えた一書だと言えるのである。

　さて、本書「第三巻　国家ノ法益ニ対スル罪」というこの巻の謂わば総論に属する部分が中ほど（P537）にあって、冒頭には「国家ハ之ヲ組成スル国民ト離レテ独立ナル存在ヲ有スルモノナリ。従テ（略）国民多数カ有スル法益ト全然相同シカラサル法益ヲ有ス」としそれゆえ「国家ノ法益ニ対スル罪ノ存在スル所以ナリ」と続くのである。さらに国家とは「主権者、領域、及ヒ憲法ノ三者ナリトス。一定ノ国家ニシテ此三者ノ中一ヲ失フニ至ルトキハ其存在ヲ失フニ至ル可シ」。だから法律はこの三者を最も重要なものとして保護するのだという。「学者此三者ニ対スル犯罪ヲ以テ国家ノ存立ヲ害スル罪ナリト説明ス」と。

ここに主権者は天皇だから、単純に読めば、国家とは国民が存在しなくても成り立つのだとしている。そうであれば国民が居ない「領域」において、一人「主権者＝天皇」が国家の存立を害する者は居ないかと、日夜心配ゆえに憲法すなわち法律（刑法）を作って見張っている、ということになる。現在となっては失笑を禁じ得ないことがあがめられていたのである。

続いて「第一編　国家ノ存立ニ対スル罪、第一章　国家ノ存立ニ対スル罪ノ一般観念及ヒ分類」、「第二章　皇室ニ対スル罪」と続く。その第二章の一節冒頭部分を先に短く引いておいたが（P35参照）、その続きを引いておく。

（大和民族は同一血統で大家族。天皇はその族長であり主権者である）是レ我国カ世界無比ノ国体ヲ有スル所以ナリ。此国体ヲ保持スルハ我国ノ安固ヲ企図スル所以ニシテ此国体ニシテ亡フレハ則チ我国カ滅フル所以ナリ。諸外国共ニ王室若クハ帝室ニ対スル罪ヲ規定セサルモノナシト雖トモ之ヲ我皇室ニ対スル罪ニ比スレハ日ヲ同ウシテ語ル可カラサルモノアリ。是レ我皇室ニ対スル罪ニ関スル規定カ外国ノ立法例ト其性質内容ヲ同ウセサル所以ナリ。然レトモ主権者ハ天皇御一人ニシテ其餘ノ皇族ハ天皇ノ臣下ニ外ナラサレハ学理上国家ノ法益ニ対スル罪ト称ス可キモノハ天皇御一人ニ対スル犯罪ニ止マル。(14)

何度読んでも実感的に判りにくいのが傍線部分である。「諸外国にも王室などがあり、それに対する罪の規定が無いものは無いが、それらは我国の皇室に対する罪に比べれば、同等に語る訳にはいかないものがる。これが我国の皇室に対する罪の規定が外国の例と性質内容が違う所以である」という。

ここには「どこがどう違うのか?」という大事な部分が抜け落ちている。このことは前段を振り返ってみてもよく判らない。前段が述べるところは天皇は我が民族の総本家(これも島国的、少数民族的、呪術的発想とする見方がある)であり、従って族長であり主権者である。このような者は世界に類例がない。この天皇を守ることが我国の安泰につながるのであり、天皇が亡べば我国も亡んでしまう、という概意である。大場は恐らく「皇室に対する危害罪の規定は、単に天皇一人に留まらず、その他の皇族にまで死刑を含む罪科を問うのは我国だけだ」ということらしく、つまり、諸外国に比べ余程重罰に値するものだと規定しているのだ、と云いたいようだ。

大場茂馬は一八六九(明治二)年一一月、山形に生まれた。一八九〇(明治二三)年、英吉利法律専門学校を卒業し、翌年代言人試験に合格、法曹界に身を置くことになった人物で、神戸、名古屋、東京等の各地裁判事を歴任したのち、ミュンヘン大学に三年ほど留学、一九〇八(明治四一)年帰国、翌年司法省参事官に就任した。大逆事件の際は、この役職に就いていたことになる。その後一九一三(大正二)年に大審院判事、翌年辞職し弁護士となり、一九一五(大正四)年、政界進出(衆議院議員)を果たした。

ここから窺い知れるのは地裁判事経験のみでいきなり大審院判事就任というのは、異例の昇進という感じを強くする。司法大臣を初めとする国家司法行政を司る人事権を握る徒輩《とはい》の界隈に、特別な貢献があったものと推測させる。時に四四歳での就任だった。ところが一年で辞し弁護士として在野に下った背景に、何やら周囲との軋轢が生じていたとの憶測を可能にさせる。大逆事件という大きな括りの中で一人の司法官僚の個人的な事柄に目が向くのは理由があって、果たして松室ら検察当局が絞り出した「加ヘントシタル者」に「予備陰謀を含む」という解釈の参与に与った主要な人物の一人だったのではないか、という可能性が否定できないからである。

(六) 謀反大逆は全員斬——律令時代の掟

以上概観したように、法曹界全体を見渡せば、その主流は近代刑法に馴染まない律令時代の価値観が不文律的に延々としていたことが判る。先に永井荷風の言として「日本を包む空気の中には立憲政治の今とても、封建時代の昔に少しも変らざる一種名状すべからざる東洋的、専制的なる何物かが含まれていて」（『紅茶の後』所収、P16参照）を示したが、これを永井の文学者的直感の受信アンテナがとらえたものとすれば、送信アンテナは司法省界隈に跋扈する官僚らだったかもしれない。

ところで君主に対する逆謀の処罰を再び新井氏の著書に教えを乞うと、失われた大宝律令に代わってそれを踏襲した養老律令の規定を左のように紹介している。

○養老律謀反大逆条

謀反、および大逆は、全員を斬《ざん》に処する。縁坐として、父子は官の奴（婢）とし、家人、資財、田宅は官に没収する。祖孫、兄弟は遠流に配する。

謀大逆は首を絞に処し、大社を毀《こぼ》たんと謀るは徒一年、毀てば遠流に配する。(15)

ここに、刑法の皇室危害罪を想起すれば「君主への反抗を謀ること」即ち謀反に該当するから「全員を斬に処する」となり、古代律令制時代なら縁坐として被告らの肉親も処罰対象を免れなかったことになる。

なおその後、明治四一年の新刑法に至るまで、改正案がその機会毎に審議されたが、早くも明治二五年一月「刑法改正審査委員」が任命され、その改正案中に「本条は甚だ漠然たる規定にして用語の範囲更に別ち難し。之を以て多少修正を加へんとの説出でしも、本条は猥《みだ》りに臣子の議すべき所にあらざれば、暫らく現行法の儘《まま》存せしむ(16)」という結論だったという。要するに行き詰まったときに責任逃れの方便として、よくこの手法が採用される。全員が手をつないで思考停止にしましょう、ということだ。だが、この姿勢は当然その判断において天皇の介入を認める領域を作り出すことになる。現実にも事件の判決直後、その影響が現れていた。それを次に見ていく。

（七）天皇激怒の真意

和貝彦太郎が戦後（一九六一年一月）書き残した「大

逆事件裏面史」（『平出修研究』第四七号二〇一五年六月所収）なる一文がある。和貝が与謝野寛の口利きで平出修弁護士事務所に就職したのは一九一〇（明治四三）年の夏だった。郷里は刑死した大石誠之助と同じ和歌山県（本宮町）だった。東京へ出て来たのも、郷里での官権の動きが厳しく、何やら不穏を感じての東京逃避行だったとされる。従って事件当時は大忙しで、公判開始のひと月弱前に予審調書等をやっと大審院が閲覧貸出しを許可したものだから、徹夜で転記したという。その和貝が当時を回顧したのがこの文章だった。

その一節に「裁判終了後、弁護士団の座談会で交わされた談片であるが、桂総理大臣は、判決後時を移さず宮中に参内して、事件に関する経緯を奏上したところ、明治天皇は激怒されて、一同恐懼《きょうく》措くところを知らなかった。『逆鱗《げきりん》と云う言葉は、あのような場面にのみ当てはまるものだろう。』と総理は後日側近に語ったと云うことである。そしてこの判決に対し、特別の恩赦を奏請したのであるが、天皇はたゞ一語『筆を持て。』と仰せられ、恐る恐る硯箱を差出すと、黙々として筆を執り、被告の連名の中ほどに、太々と線を引かれた」とあり、以後、その線の右側が死刑、左側は一等減じた無期懲役となったと続いている。しかし、和貝は天皇がなぜ「激怒」したのか、その原因に触れていない。

総理大臣桂太郎が岡部法相や司法省民刑局長平沼騏一郎らと参内し、明治天皇に内奏した際の様子が、別に一件伝わっている。そこに「激怒した」との文言は見えないが、内奏者の緊張感は伝わって来る。戦後、事件の再審運動の中心的存在になった弁護士森長英三郎が遺したものだ。

後年、花井、鵜沢聡明、田川大吉郎が桂総理にあったとき、談たまたまこの事件におよび、桂は、「裁判の結果を明治天皇に奏上したところ、『この中で助かる者はないのか』という御言葉があった。桂総理は大変恐縮して、さらに司法省の方に調査を命じた結果、十二名が死一等を減ぜられて無期となった」と打ち明け話をしたので、そのとき花井も鵜沢も「それはまことに結構な思召しだが、実はわれわれとしては全員無罪を主張したのだ」ということを話すと、さすが桂総理もびっくりしていたと鵜沢は回想している（鵜沢「大逆事件に憶う」[17]）。

語るのは桂太郎自身だから、自分が明治天皇から「激怒された」とは口にしなかったろうことは頷けることだが、二つのやり取りから見て「激怒」は事実だったに違いない。いったい天皇は何に対して怒りを顕わにしたのか？

考えられるのは、このような事件を勃発させた日頃の政府の治政手腕に対する不満であるが、激怒や逆鱗となれば、そうした長期にわたる事柄への不満がじわじわ積み重なったのちの「激怒」とは考えにくい。事案はもっと急速に惹起した事柄とみるべきだろう。

いったい明治天皇は事件をどの段階でどのように知ったか。判決日は一月一八日午前、天皇はこの時歌会始に臨席していた。総理桂らは午後を選んで参内し内奏した。ドナルド・キーンの『明治天皇』には当時の侍従日野西資弘著『明治天皇の御日常』に明治三〇年ころ以降、天皇は全く新聞を読まなかった、とあるところから「ほとんど信じ難いことだが、前年十二月十日に公判が始まって以来、全国の耳目を集めていた秋水等を被告とする裁判のことを、天皇は初めて知ったのだった。唯一考えられることは、天皇が新聞を読まないのをいいことに、宮中の人間が故意に天皇の耳に入れなかったということである[18]」という、俄には信じがたいことを載せている。事件勃発後の取り扱いの進捗状況はそれなりに報告されていたと思いきや、そうでもなかったことになる。証言者は侍従だ、蔑《ないがし》ろに出来ない。この証言に従えば、日露戦争当時でさえ目を通さなかったことになるが、事件勃発を初めて知って動揺したとは有り得たことだった。

恐らく天皇が「激怒」したのはまず二十四人もの死刑判決が出るほどの大がかりな事件だったにもかかわらず、その裁判の刑が確定してから報告に来た、という事実に怒りの血圧が上がったのに違いない。判決が出る以前、平沼検事は「天皇には桂総理大臣から逐次状況奏上がされていた」という趣旨を遺しているが[19]、疑問がのこる。仮に行われていたとしてもそれは側近に洩らす程度であって、直接天皇の意向を伺う、或いは「裁断」を仰ぐというルートは踏んでいなかったろう。

事柄は悪報だ。耳に達するか否かさえ疑われるほどの、忖度の小声さえ躊躇する桂太郎の姿が思い浮かぶ。この「ほとんど信じがたい」ことが事実なら、侍従をはじめ側近の間に秘かに厳しい箝口令がしかれていたと解するのが普通だろう。その命令者は誰か？と問うなら山縣有朋が最も適任者、という推測が可能になる。

（八）「本条は猥りに臣子の議すべき所にあらざれば」

明治四一年の新刑法制定に至るまで繰り返された改正審議の中で、明治二五年一月に任命された「刑法改正審査委員」らの案に「本条は猥《みだ》りに臣子の議すべき所にあらざれば、暫らく現行法の儘存せしむ」との意見が出ていたと、新井前著にある。その真意を量ってみるのだが、これは別言すれば「天皇の判断を仰ぐ」という余地を残しておく、という意味を含んでいた、と理解するのが至当だろう。天皇にしてみれば、自らに降りかかった案件について、途中何ら意見も求められず、単に報告だけに止まり、いきなり結論を突きつけられて、暗に「恩赦を……」という無礼が激怒に繋がったのかも知れなかった。苛酷な科罰を与えておいて、それを救済するか否かの判断・責任を天皇に押しつけるという見解である。すなわち大審院という政治的統治機構が出した「判決」は最終判決書では無く、その上に天皇という大裁判官が君臨していることを前提に下したもの、という構図である。官僚根性として、甘く緩やかな判決では、忠誠心が疑われる。この場合は如何ほど苛酷を与えても褒められこそすれ、「激怒」されることはないと、端から踏んでいたに違いない。

一見、「臣子」らが天皇の権威・皇恩を世に高めるための忠臣としてのプロセスを演じ、なおまた見返りに官僚機構の中での立身出世を当て込んでいる魂胆が、あるいは明治天皇に透けて見えていたのかも知れない。

判決当日、参内して天皇の激怒を賜った首相、法務大臣、民刑局長の三人は、筋書き通り天皇の「思し召し」をいただき、翌日関係会議で素案を確認したあと閣議に臨み、他の肩書き連も交えての恩赦対象を検討したが、最初に持ち出したのはたった三名の無期懲役減軽に過ぎなかったとされる。岡林寅松、小松丑治、坂本清馬だと神崎清は推測しているが、「天皇は他に減軽できる者はいないのか」と促したので九名が追加され、一二名の無期懲役者が出たとされるところからすれば、この大量殺人は明治天皇が望む処では無かったという側面も窺える。御製に「罪あらはわれをとかめよ天津神民は己れか生みし子なれは」は、この時のものとされる。

判決直後、一高講堂で徳冨蘆花を招聘して「謀反論」演説会開催に奔走した東京帝大法科大学の学生だった大澤一六（群馬出身、のち弁護士）は、当時皇后（のち昭憲皇太后）陛下は葉山に静養中だったが、もしも天皇のおそばに居られたなら口添えされて残りの一二名も助命の恩典が下ったかも知れない、という趣旨を述べていた。[20]

三　判決書――量刑決定の筋道

ここで判決書の量刑部分を見てみる。善兵衛の懲役八年という実刑は、法的にどのように処理された結果だったのか、それを確認するところから始めたい。

判決書は被告二六名の住所、生年月日等を列記したあと「右幸徳伝次郎外二十五名ニ対スル刑法第七十三条ノ罪ニ該当スル被告事件審理ヲ遂ケ判決スルコト左ノ如シ　被告幸徳伝次郎（他二三名の被告名は略）ヲ死刑ニ処シ被告新田融ヲ有期懲役十一年ニ処シ被告新村善兵衛ヲ有期懲役八年ニ処ス（略）公訴ニ関スル訴訟費用ノ全部ハ被告人共之ヲ連帯負担スヘシ」として、末尾に善兵衛の名を刻んでいた。

その後に続く「理由」では、まず本件事件の思想背景の展開経緯を述べ、文末に「畏《おそれ》多クモ神聖侵スヘカラサル聖体ニ対シ前古未曾有ノ兇逆ヲ逞セント欲シ中道ニシテ兇暴発覚シタル顛末ハ則チ左ノ如シ」とし、「第一」から「第八」まで被告ごとに分かち、前段は認定した犯罪の日時・場所・態様等、罪の成立構成要件を列記し、その後に各被告ごとに証拠採用した予審調書中の部分や予審段階の証人（法廷証人ではない）の証言等を列記して罪となった理由を補強し、後段は、前段を受けて適用する法令と量刑を示している。

最後に「検事松室至、検事法学博士平沼騏一郎、検事板倉松太郎本件ニ干与ス　明治四十四年一月十八日　大審院特別刑事部　裁判長判事　鶴丈一郎《つるじょういちろう》」として以下に六名の判事と二名の書記名をあげていた。

善兵衛の名は「第二」と「第八」中に出ている。

まず「第一」中には「是ヨリ先被告忠雄ハ太吉ト相別レ長野県ヲ去ルニ臨ミ同県埴科郡埴生村西村八重治ニ薬研借入ヲ乞ヒタレトモ会々《たまたま》他ニ貸与シアリテ其望ミヲ達スルコト能ハサリシヲ以テ其兄新村善兵衛ニ託ス善兵衛ハ八重治ニ依頼シテ之ヲ借入レ太吉ニ送付ス太吉ハ十月十二日之ヲ受領シ其寓居ニ置クコトヲ憚リテ之ヲ新田融ニ預ケ同月二十日ニ至リ（略）其薬研ヲ以テ前日買入レタル鶏冠石ヲ磨砕シ」「（宮下太吉は）同年十一月三日明科付近ノ山中ニ到リ試ニ之ヲ投擲シタルニ爆発ノ効力甚タ大ナリ」という事件経過のなかに、善兵衛の果たした大まかな役割が述べられていた。

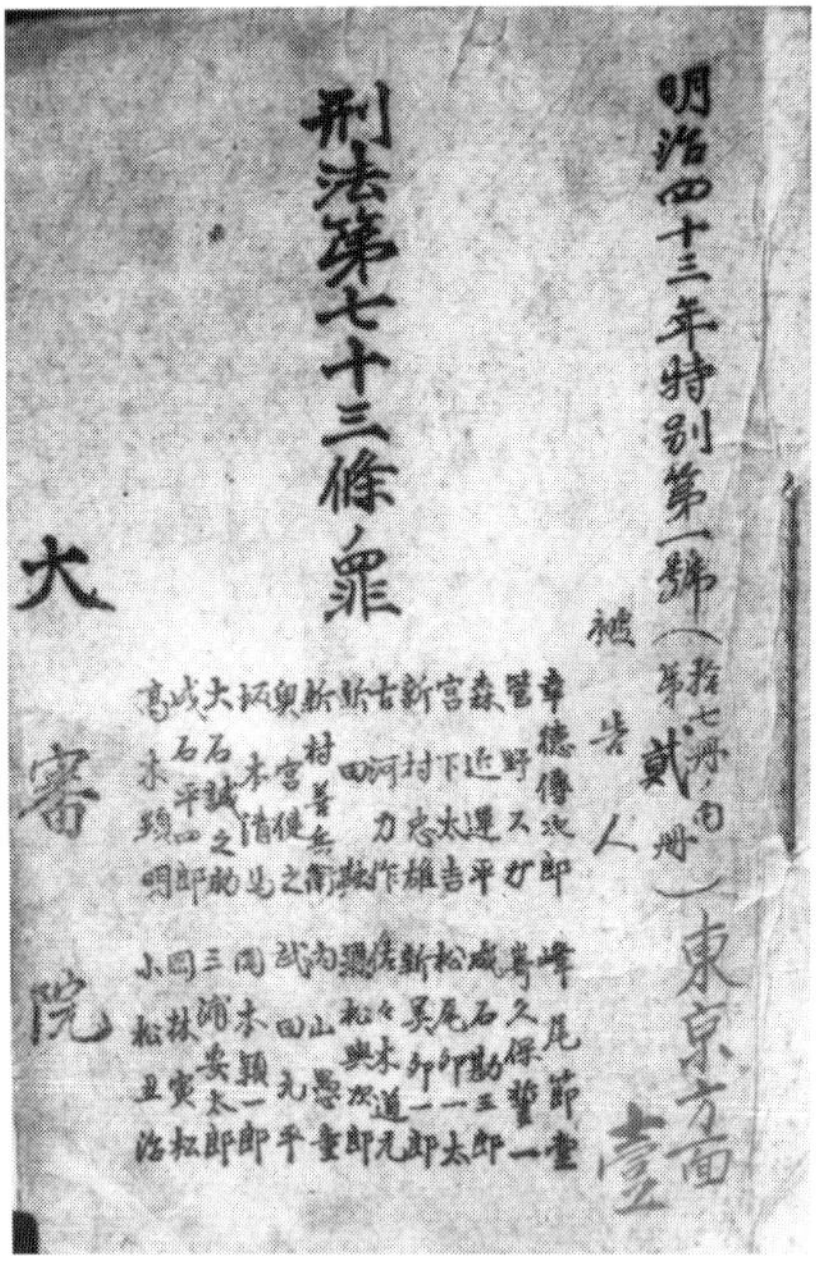

訴訟記録（『革命伝説 大逆事件』より）

続いて「第八」中には、具体的な「罪となるべき事実」や「適用法令」が次のように刻まれていた。

第八　被告新村善兵衛ハ新村忠雄ノ兄ニシテ明治三十七年以来社会主義ニ関スル新聞書籍等ヲ読ミ且忠雄ノ説ヲ聞テ無政府共産主義ノ趣味ヲ解ス明治四十二年九月忠雄カ帰省シテ面談ノ際忠雄ニ暴力反抗ノ企画アルコトヲ察シ其後長野県埴科郡埴生村西村八重治ト薬研借入ノ約アルヲ以テ之ヲ請受宮下太吉ニ送致スヘキ旨忠雄ヨリ依頼ノ通信アルヤ太吉カ忠雄ト同主意ノ人ニシテ薬研ハ暴挙ノ用ニ供スヘキ爆裂薬ノ製造ニ使用スヘキモノト推知シタルニ不拘《かかわらず》善兵衛ハ同年十月上旬此八重治ヨリ薬研ヲ受取リ之ヲ太吉ニ送付シ太吉ハ其薬研ヲ以テ大逆罪ノ用ニ供セント欲シタル鶏冠石ヲ摩砕シタリ但善兵衛ハ忠雄、太吉等カ大逆罪ヲ犯サントスル意思アルコトヲ知リテ本文ノ行為ヲ為シタルモノト認定スヘキ証憑《しょうひょう》ハ十分ナラス。

一九〇九（明治四二）年九月一五日、平民社に書生と

して起居していた新村忠雄は、生地埴科郡屋代町へ帰省すべく千駄ヶ谷平民社を発って帰郷の途についた。しかし途中群馬県の旧『東北評論』同志方を転々し、長野入りしたのは一八日だったが、屋代駅で下車せず明科の宮下太吉を訪ねた。生家に帰り着いたのは二一日だった。その際、善兵衛は実弟忠雄と積もる話をした(筈だ)、と判決書は言う。そのなかには忠雄らに暴力反抗の企画があることも話題になった(筈だ)。それを察していたにも関わらず、その後忠雄から「(兄弟の知人である)西村八重治が薬研を貸してくれる約束になっているので、それを借り受けて宮下太吉という人物に送って欲しい」と依頼されたが、その際被告善兵衛は、太吉は未見の人物で、彼がどんな考えを持っているか知らなかったと言い張っているが、忠雄の友人だとは承知していたのだから、そうであれば忠雄と「同主意ノ人」であり、「薬研ハ暴挙ノ用ニ供スヘキ爆裂薬ノ製造ニ使用スヘキモノト推知」できた(筈だ)。すなわち薬研送付の行為は、爆裂薬製造の事情を知っていながら送付したことになるのだ。

これが判決文に描き出された筋書きになっている。そうであれば他の被告らと同様、刑法第七十三条に該当する者として処断されて当然と思えるのに、現実にはそうならず、爆発物取締罰則という全く別の法律違反に切り替えられ、有期懲役「六年以上八年以下ノ範囲内」とされ、結局主文にあったように範囲内最高の「有期懲役八年」を宣告されたのだった。量刑確定の部分は次のようになっていた。

法ニ照スニ(略)被告善兵衛ノ行為ハ前示刑法第三十八条第二項ノ規定アルニ依リ同法第七十三条ノ刑ニ処セスシテ爆発物取締罰則第一条治安ヲ妨ケ又ハ人ノ身体財産ヲ害セントスル目的云々ノ規定同第三条中第一条ノ目的ヲ以テ爆発物ヲ製造シタル者ハ重懲役ニ処ストアル規定刑法第六十二条正犯ヲ幇助シタル者ハ従犯トストアル規定同第六十三条従犯ノ刑ハ正犯ノ刑ニ照シテ減軽ストアル規定ヲ適用シ且刑法施行法第二十一条旧刑法第百九条同第六十七条刑法施行法第十九条第二項第二十条旧刑法第二十二条第二項ノ規定ニ照シ六年以上八年以下ノ範囲内ニ於ケル有期懲役ニ処スヘキモノトス(略)公訴ニ関

スル訴訟費用ハ刑法施行法第六十七条ヲ適用シ刑事訴訟法第二百一条ノ規定ニ従ヒ（略）裁判スヘキモノトス

というものであった（この部分についてはＰ61「七適用法令」以下で詳述する）。なおまた余談的に付け加えれば、本件判決には旧態の「家制度」を意識した救済観が底流しているように思われる。それを感じるのは被告中に二組の兄弟被告がいたが、ともにいずれか（ここではともに兄）が罪名変更または恩赦で死刑を免れているからである。既述している新村兄弟のほかに、成石勘三郎・平四郎兄弟（和歌山県旧本宮町）の場合、弟平四郎は死刑台に消えたが、兄勘三郎は死刑を減軽され無期懲役となり、一九二九（昭和四）年四月二九日に仮出獄している。

四　判決書に見る疑問点

判決書において見逃してはならないのは、「其方（善兵衛）」は、弟忠雄が帰省した折、「反抗ノ企画アルコトヲ察シ」とあるが、「察シ」た証明がなされていないことだ。正しくは「察シ」た「筈タ」という表現にならなければ正鵠を得ているとは言い難い。

継いで「薬研ハ暴挙ノ用ニ供スヘキ爆裂薬ノ製造ニ使用スヘキモノト推知シタルニ不拘《かかわらず》」とあるが、ここでも「推知シタ」の証明がない。具体的にこれこれの証拠があるので「推知シタ」と認定できるのだ、というものが挙げられていないのである。それゆえここでも「推知シ」ていた「筈タ」と書かれねばならないところだ。

このように「察シ」たり「推知シタ」と疑いを掛けておきながら、結末はどうなっているかというと、「但善兵衛ハ忠雄、太吉等カ大逆罪ヲ犯サントスル意思アルコトヲ知リテ本文ノ行為ヲ為シタルモノト認定スヘキ証憑ハ十分ナラス」とせざるを得なかった。

何のことはない、勝手に「企画アルコトヲ察シ」と決めつけ、勝手に「使用スヘキモノト推知シタルニ不拘」と押しつけておきながら、「認定スヘキ証憑ハ十分ナラス」となれば、これはもう第七十三条はおろか爆発物取締罰則違反も「無罪」という結論以外にあり得ないはずである。「勝手に」という由縁は、いずれも強権側の思い込みだけであって、証拠物が無いので斯く言うのである。あるのは「善兵衛が宮下太吉宛に、西村八重治から借用した薬研を鉄道便で送った」という事実だけで、その薬研使用の目的が爆裂弾製造に関わることだと知っていたという証拠は何処にも示されていないのである。「認定スヘキ証憑ハ十分ナラス」は当然で、元々無いものを「有るはずだ」と決めつけたこと自体が間違いだったと認めていることになる。

即ち、刑法第七十三条による起訴そのものが間違っていたと白状している判決文ということができるのである。

だが、官権はいつの時代にも面子を重んじる。伝家の宝刀第七十三条を大上段に振りかざして躍りかかった相手が無罪放免では、振り上げた宝刀の下ろし処が無い。これは揶揄でも何でもない。善兵衛の有罪はこんな背景を背負って科せられたのである。

善兵衛の有罪根拠とされた「薬研使用目的の知・不知」について、予審調書ではどう表現されていたか。前項に述べたように第七十三条に違背した者だと勝手な思い込みを押しつけておいて「証憑ハ十分ナラス」とは、まことに納得しがたいことだと、大審院検事群及び裁判官群に対して、受難の善兵衛は怒ったことだろう。だがその憤怒をあからさまに表明できない弱い立場だった。悪辣非道にも国家権力を動員して、無罪とせずに爆発物取締罰則という、新たな搦《から》め責め具を持ち出してきたのだった。

善兵衛は天皇に危害を加えることは知らなかったが（刑法第七十三条の大逆罪に該当せず）、治安を妨げ、人の身体財産を害することは知っていた（爆発物取締罰則違反）という論法への切り替え部分は、ほとんど捏造と言って差し支えない。予審調書は次のようになっている。尋問者は予審判事潮恒太郎である。

問　如何ナル関係カラ太吉ヲ知ッタノカ

答　昨年（明治四二年）十月初頃忠雄ハ東京ヨリ友人機械職工宮下太吉カ薬研カ入用テアルト言フカラ西村八重治方へ柿崎嘉六ヲ遣ッテ借リテ宮下方へ送ッテ呉レヨト申越シ初メテ宮下ノ名前ヲ知リマシタ其後忠雄ヨリ頼マレテ同年十月末カ十一月頃宮下カ明科製材所ノ職工ニナル保証人ニナリマシタ　（第六

回調書）
予審判事の尋問は続く。

問　（宮下ハ）忠雄ノ友人テアルカラ矢張リ主義者タル事ハ初メヨリ判ッテ居タノテハナイカ
答　存シマセヌテシタ忠雄ノ友人ニハ主義者テナイ者モ沢山アリマス
問　宮下ハ何故ニ薬研ヲ借リタノカ
答　私ハ爆裂弾テモ造ルノテハナイカト思ヒマシタ併シ忠雄ヨリハ其使用ノ目的ハ言ッテ寄越シマセヌテシタ
問　如何シテ爆裂弾テモ造ルノテアロウト想像シタノカ
答　私ハ深クハ考ヘマセヌテシタカ宮下ハ明科ニ居ル職工ト言フ事テシタカラ同盟罷工《ひこう》テモ起シテ何カ乱暴ナ事ヲスルノテハナイカト思ヒマシタ（同前）

子細に問答を追うと辻褄が合っていない。まず、宮下の名は薬研送付を実弟忠雄から依頼された際初めて知ったと答えていながら、宮下が薬研を借りた理由を問われ、爆裂弾でも造るのではないかと思ったと応じている。どうしてそう思ったかの問に、宮下は職工だから同盟罷工でも起こすのではないかと思ったという。

　およそ善兵衛に官営工場の労働事情など判るはずはない。それどころか素性すら知らされていない段階だ。それなのにいきなり同盟罷工という「労働専門用語」が飛び出している。誘導尋問に乗った「答」というより、取調べ側の勝手な筋書きが進んでいる（※この訊問応答の部分については、改めて後述する）。

　善兵衛にとって、宮下に関する情報ルートは忠雄以外にはない。従って情報の輻輳《ふくそう》・齟齬などは生じない。示されれば素直に信じる善兵衛だった。これは事実であり、筆者の贔屓目《ひいきめ》創作ではない。

五　無罪の証明「躊躇なき行動」

　一九一〇（明治四三）年一一月五日夜もしくは六日午前、善兵衛は薬研が爆裂弾製造に使用された旨を忠雄から明かされた際、「宮下が明科の製材所に雇われる時保証人になったことを後悔していました」（忠雄調書第一一回）という反応を示した。大事なのはここに至るまで、すなわち、忠雄から薬研が爆裂弾製造に使用されたと知らされるまで、如何なる場面においても送付行為について、あるいは保証人になったことについて、些かの後悔も示すことはなかった。日記は元より忠雄からの返信書簡中にもまったく表れていないのである。

忠雄書簡にこの件が表れていないということは、善兵衛が薬研送付や保証人になったことを、まるで意に介していなかった証拠となる。仮に事情を知っていたなら善兵衛のことだ。後悔が心配に変じて忠雄にその旨を訴えたはずだ。すると忠雄は「心配無用、他言無用」を趣旨とする再返信をしたことだろう。だが、そのような事実はまったく無いのである。ここからも送付行為や保証人署名が何の躊躇も無く行われたことが裏付けられる。罪悪感がまったく無かったのは、其使用目的を知らなかったからである。

人において「躊躇なき行為」が可能となるには大別二つある。一つは当該行為の目的を十分に理解し、かつ賛同した者が為す場合である。この場合躊躇は起こらない。他方は当該行為の目的をまったく知らず、したがって疑問を挟む余地などもたずに為す行為である。この場合も躊躇は起こらない。一般的に躊躇が起こるのは、ある程度当該行為の意味を承知し、かつ、その行為の効果・影響に疑念・懸念を挟む余地が生じた場合である。

では、予審判事や裁判官は右の「躊躇なき行動」の二面のうち、善兵衛がどちら側に立つ人物であったか判断ができないほど、善兵衛の思想位置が分からないものであったか、と問えば、証拠物として押収した日記の類いや忠雄書簡善兵衛宛中に十分思想の位置・熟度は表れていたのである。それらのいずれもが、実弟忠雄に「一日も早く帰省し、片親となった母を安心させよ」の類いが中心で、「革命運動に邁進せよ」などに通じる言質やその為の支援行為は片言隻句もなく、強権が本気で善兵衛の関わりを見極めようとすれば十分できたはずだった。事実、予審判事潮恒太郎の尋問にもこの一端がこぼれ見えている。

問　其方ハ忠雄ニ対シテハ常ニ過激ナ意見ヲ持ッテ

居テハ不可ト言フ事ヲ忠告シテ居タノカ
答　左様テス一人ノ母ニ心配ヲ掛ケルカラ過激ノ意見ヲ持ッテ居テハ不可尚東京ヤ紀州ニ行ッテ居テハ不可カラ早ク帰郷セヨト言フテ居リマシタ（善兵衛第七回調書）

求めに応じて送金にするにしても、帰省のための旅費であり、生家から出立する際に持たせた金三〇円も、革命運動から遠ざけるため（忠雄が希望していた国外渡航費用も加味して）渡したものだった。しかしその大枚も数日中に罰金納付に充当されてしまったのである。母を、兄を裏切りたくないなど、頻《しき》りに善兵衛宛の書簡中に見えていたとしても、現実には最も愛する家族からまず裏切っていたのである。

問　明治四二年九月中忠雄カ帰郷セシ際同人ハ革命ニ付テノ話ヲシテハ居ラナカッタカ
答　忠雄ハ近来政府ノ迫害カ甚タシク何モ出来ナイカラ新機運ヲ開カネハナラヌ併シ小数ノ人間ニテ遣ル事テアルカラ甚タ困難タト申シテ居リマシタ
問　忠雄ノ申ス新機運トハ如何
答　秘密出版抔《など》致シテ新機運ヲ作ルト言フノテスカラ其当時具体的ニ計画スル処ハ何モナカッタ様テスカ結局ハ革命ヲ起シ度ト言フ希望ヲ持ッテ居タテアロウト思ヒマス（同前）

恐らく予審判事潮恒太郎が「善兵衛は社会主義者に非ず」と確信したのはこの時だったろう。前回までの尋問で、こちら側が鎌をかけているのに簡単に乗ってくる。判事としては第七十三条は必至だと思いきや、新機運とは何かと問えば、秘密出版であろうと返って来る。このトンチンカンこそ何よりの証拠だ。秘密出版で革命を起こすとは、如何にも現実臨場感のない外野席の感覚だ、そう感取したにちがいなかった。続いて以下の問答がある。

問　其方ハ（略）宮下ニ薬研ヲ取次テ遣ル際モ宮下ニ或ハ革命ノ為メニ爆裂弾ヲ造ルノテハナイカト言フ事ヲ想像シ得タテハナイカ
答　私ハ宮下ハ職工テアルトノ事テシタカラ何カ威

嚇手段ニ爆裂弾ヲ造ルノテハナイカトハ思イマシタカ革命ト言フ点ニ迠ハ思カ及ハナカッタノテス（同前）

この部分は第八回調書でも繰り返し尋問が行われている。本罪の決め手となる核心部分だからだ。

問　其方ハ其薬研ハ宮下ニ於テ爆裂弾製造ノ用ニ供シ何乎革命運動デモ致スノデハナイカト思フタノデハナイカ

答　私ハ革命抔《など》ト云フコトハ考ヒマセヌ宮下ハ機械職工デアルカラ其薬研ヲ用イテ爆裂弾ヲ造リ同盟罷工カ何カ威嚇的手段ヲ為スノデハナイカト思ヒマシタ（善兵衛第八回調書）。

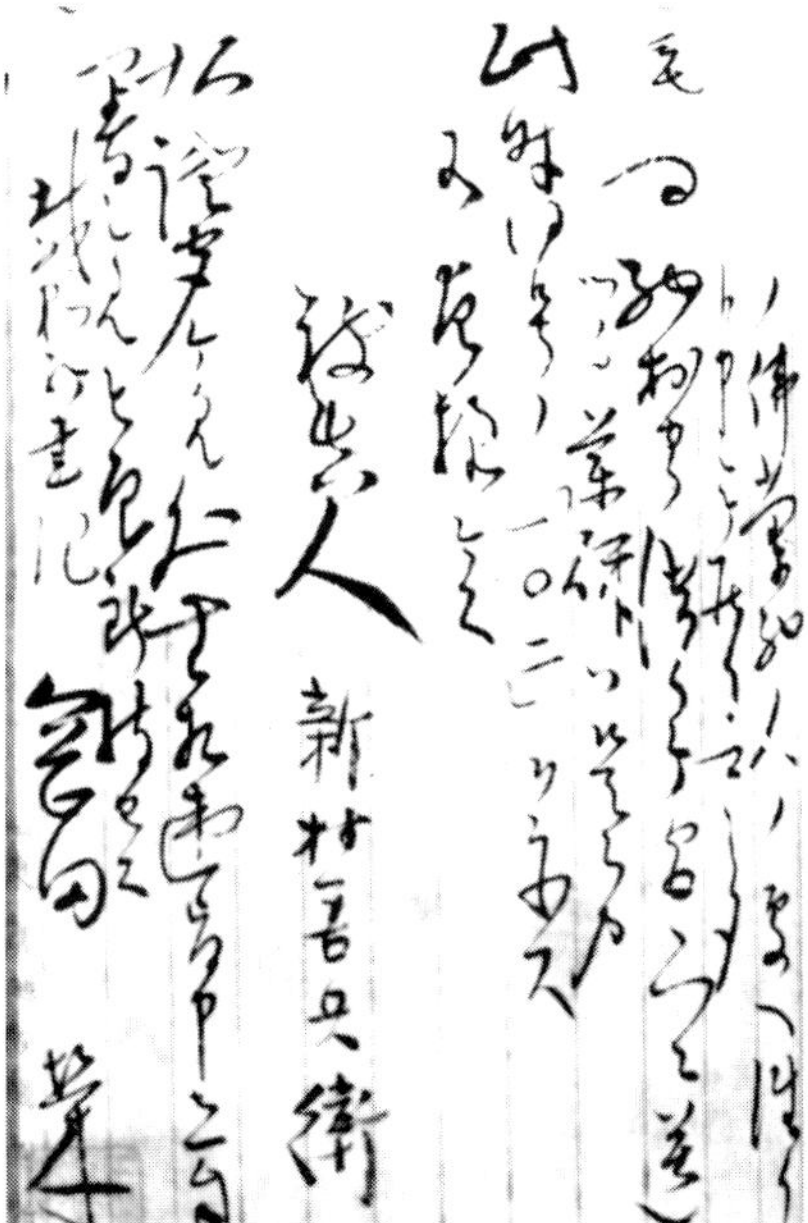

ノ仏蘭西人ノ處へ往ク
ト申シテ居リマシタ
三七問　西村カラ借リテ宮下ニ送
ッタ薬研ハ是レカ
此時仝号ノ「一〇二」ヲ示ス
答　左様テス
被告人　新村善兵衛
右讀聞ケタル処無相違旨申立自
署シタルモ印所持セス
裁判所書記　岡田　栄

新村善兵衛の署名文字　予審判事第８回調書（署名部分）

ここで「革命運動」というコトバに同調したならば、第七十三条該当の容疑が濃くなる。ところが「同盟罷工カ何カ威嚇的手段ヲ為スノテハナイカ」としたことによって「治安を妨げることを知っていた」という大逆罪回避に司法当局が転換を図り、爆発物取締罰則へと誘導したことが見えている。正しく言えば「革命運動というコトバに同調したならば」という表現は不正確なのであって、同調するも何も、そもそもこの部分は予審判事の創作部分としていい。なぜそう言えるか、善兵衛に階級意識というものは未だ育っていなかったからだ。

大逆事件の全被告に共通しているのは、予審尋問の回数が重なる毎に、調書の筋書きが改変整理され、被告に有利な部分が捨象、あるいは書き換えられ、有罪の泥沼へ引っ張り込まれようとしていることだ。そこに不自然さが透けて見える。善兵衛の場合、爆裂弾製造目的の知・不知を問われ、第六回調書では彼にはまことに似合わない「同盟罷工テモ起シテ」と応えていた。第七回調書になると「何か威嚇的手段」と表現され、第八回調書になると「同盟罷工カ何カ威嚇的手段」と両者合体の表現に変化し、より重大事性を印象づけられている。

繰り返すが予審判事としては、善兵衛は忠雄や太吉が皇室に危害を加えることは知らなかったとしても、暴動を起こし社会を混乱させることは知っていたというシナリオで決着させたい。そうでなければ爆発物取締罰則に問えず、無罪放免にしなければならない。その攻防が続いていたのである。

六　宮下太吉の保証人

大審院予審判事潮恒太郎の尋問は続く。
問　宮下モ無政府共産主義者カ
答　左様テス尤モ夫レハ忠雄ノ依頼ニヨッテ宮下ノ保証ヲ為ス時忠雄ヨリ宮下ハ主義者テハアルカ温順ナ人物テ迷惑ハ掛ケヌト言フテ寄越シタカラ初メテ知ッタノテス」（第六回調書）
一九〇九（明治四二）年一〇月末か一一月初旬頃、宮下太吉なる人物の保証人を忠雄から頼まれた善兵衛は「いったいどんな人物なのか?」と、当然尋ねたろう。答えは①自分の友人にして社会主義者、②温順で甚だ信用のおける人物、③明科の官営製材工場の職工長として責任ある立場にある者で、迷惑を掛けるような男ではない、という趣旨だった。
善兵衛が太吉に薬研を送付し、それが明科駅に着したのは一〇月一二日のことだったが、この時点では太吉が社会主義者であることを知らなかったことだ。主義者だと知ったのは、右尋問に表れているように、保証人を頼まれた段階だった。それが一〇月末か一一月初旬頃だった。

身元保証人が必要になったのは、就職当初（明治四二年六月）ではなく、それから四〜五ヵ月経ってからだったことがわかる。太吉の就職先は農商務省長野大林区署明科製材所で、業務は機械据え付け及び運転の職工だった。当初は開業時の労務供給請負人加々美新吉の「臨時工」[21]という扱いだった。五ヵ月余り経て官営製材所の職工長という役職に就任するにつき「俸給をうけとるときも私の名義で全部の職工の分をうけとり、それを配分することになっている」（宮下太吉第五回予審調書）ことから、保証人の必要性がでてきたのだろう。しかし、金銭借用の場合と違い形式的なものだったろうから、それほど深い詮索をしなかったと思われる。つまり善兵衛にとって薬研送付が先にあり、その後保証人になるにあたり、太吉が社会主義者であることを知った、という順序なのである。太吉と面識がなく、したがって薬研の使い道も知らなかったとの供述は、動かしがたく事実としていい理由がここにある。

だが、予審判事潮恒太郎はここで、善兵衛が薬研を送る際、すでにその使用目的が太吉による爆裂弾製造にあると知っていたと供述させたい。先に第八回聴取書該当部分を抜記したが、関連尋問は、すでに第六回聴書にも現れていたことは前記した（P53参照）。

要するに多少なりともその人物像に関心が向いたのは保証人を依頼されるに及んでからのことで、それは薬研送付の「其後」のことである。この時間的経緯を見逃してはならない。また、薬研が爆裂弾製造に使用されたと知ったのはさらに「其後」（翌年二月）のことだ。つまり送付に対する受取人について何の情報もなく、また躊躇もせず送っている人物が、ここで突然「私ハ爆裂弾テモ造ルノテハナイカト思」ったというのはおかしくないか？　それを知っていたなら「躊躇」というアクションが善兵衛に見られたはずだ。予審判事や裁判官は「人間」を見ずに、林立する法条のなかに何とか獣道でもいいから一つの法理を組み立て、罪に陥れることに躍起となっていたのである。

ここで読者は「善兵衛は薬研送付を弟から依頼された段階で、使用（借用）する人物、使用の目的をなぜ問い糺《ただ》さなかったのだろう」と素朴な疑問を持つ向きもあるかも知れない。だが、善兵衛にしてみれば、忠雄は訳のわからない社会主義運動なるものに今は熱中しているが、かつては『高原文学』という文芸誌の発行人を務めたこともある。交友はそれなりの拡がりを持っていると考えても不思議はない。何より、今われわれが忠雄に持つ危険思想の危惧は、彼が遺した資料を中心に読み解くからであって、これをひとたび善兵衛側に立って思いを巡らせてみれば、社会主義に遠い人物には、その範疇での思考しか可能ではないということだ。爆裂弾や元首弑逆《しぎゃく》などの非日常な過激思想などの発想は、善兵衛にとってまったく異次元な事柄である。したがって疑問・懸念の湧きようもなかったのである。

すでに弟忠雄自身が借用先（西村八重治）と直接交渉して借用の約束を取り付けていた。当然必要の説明も済んでいると考えるのが普通だ。これが仮に、借用交渉までも依頼されたなら、流石の善兵衛も又貸しの一翼を担う訳だから、借用人物及び使用目的程度は質問の「答」として用意しなければ、借用先に足を向けることはできなかったろう。

ただ一つ加えることがあるとすれば、ここには善兵衛の実弟忠雄に対する些少の引け目が働いていたかも知れない。

人は多くの場合、自分より上位と感じる者が判断したものに、下位意識があるものは立ち入って詮索することを避ける傾向がある。六歳下ではあるが、ここでは忠雄の行動力に圧される兄善兵衛の姿を垣間見る気もするのである。

いずれにしても、「宮下ハ機械職工テアルカラ其薬研ヲ用イテ爆裂弾ヲ造リ同盟罷工カ何カ威嚇的手段ヲ為スノテハナイカト思ヒマシタ云々」（第八回調書）とある部分の真相は、実は「宮下ハ機械職工テアルカラ其薬研ヲ用イテ何カ工場デ使用スル物テモ造ルノテハナイカト思ヒマシタ」という応答だったとする方が自然ではないか。

そうでないと文脈上不自然である。「宮下は機械職工だから薬研を用いて爆裂弾造り、同盟罷工を起して」となれば、職工ならば誰もが同盟罷工を起すのが当然と読み取れるではないか。さらに繰り返せば、調書のようなら善兵衛は相当に宮下や忠雄の「計画」に深入りして事情を知っていたことになり、こうなれば他の死刑宣告された「同志」でも知らない事を知っていたことになるから、どんなに温情を働かせようとも、第七十三条違反は遁れようもなかった筈である。

なお、追記的に忠雄の立場に立って考えてみると、善兵衛にアナキストの優位性を説き、機会ある毎に何とか兄を味方に付けようと「教育」を施していたのは、突き放して見れば時宜に応じた生活資金の縋《すが》り処、泣きつき処だったとの評価も可能だ。その範囲においての「理解者」を望んでいたことになる。忠雄の熱心な社会主義者への「勧誘」を、遺された書簡類等から読み取る場合、この視点を織り込んでおくことは大事だろう。

忠雄の人格は次第次第に厳しいものに変化していった。最早一年前の、『東北評論』事件で前橋監獄を出獄した直後の、素直この上ない品格とは違っていたのである。爆裂弾製造の件など噯《おくび》にも出せなかったとする忠雄の尋問聴書のあれこれは、単なる実兄庇護ばかりでない、「物騒な事業」を実行しようとする「捨身の革命家」としての「役割責任」がさせていたと見るべきだろう。

七　適用法令

次表は判決文を纏めてみたものである。上欄が判決文の量刑部分に出ている総ての法条、中欄がその条文、下欄が筆者による個人的メモである（※⑰以下は判決書以外のもの）。

	判決に表れた法条	条文	条文解釈メモ
①	被告善兵衛ノ行為ハ前示刑法第38条第2項ノ規定アルニ依リ	罪本重カル可クシテ犯ストキ知ラサル者ハ其重キニ従テ処断スルコトヲ得ス	「抽象的錯誤」と呼称されるもの。被告善兵衛は天皇に危害を加えることは知らなかったが（第73条不該当）、同盟罷工など治安を妨げることは知っていた（爆発物取締罰則該当）。
②	同法第73条ノ刑ニ処セスシテ	天皇太皇太后皇太后皇后皇太子又ハ皇太孫ニ対シ危害ヲ加ヘ又ハ加ヘントシタル者ハ死刑ニ処ス	天皇～皇太孫に危害を加え又は加えんとした者は死刑。「加えんとした」には予備、陰謀を含むと解された。犯罪に至る遙か前に中止したとしても、処罰を回避出来ず、死刑でなければ無罪。懲役・禁固などの途中刑がなかった。内心をも犯罪行為の対象としていた。これに該当せず。
③	爆発物取締罰則第一条治安ヲ妨ケ又ハ人ノ身体財産ヲ害セントスルノ目的云々ノ規定	治安ヲ妨ケ又ハ人ノ身体財産ヲ害セントスルノ目的ヲ以テ爆発物ヲ使用シタル者及ヒ人ヲシテ之ヲ使用セシメタル者ハ死刑ニ処ス	この法律は基本的には治安妨害・身体財産への侵害を目的とした爆発物の製造や使用等行為を取り締まった。鉱山や漁業等業務用は対象外。

④	同3条中第一条ノ目的ヲ以テ爆発物ヲ製造シタル者ハ重懲役ニ処ストアル規定	第一条ノ目的ヲ以テ爆発物若クハ其使用ノ用ニ供ス可キ器具ヲ製造輸入所持シ又ハ注文ヲ為シタル者ハ重懲役ニ処ス	善兵衛の薬研送付行為は、第3条中第1条の目的（治安ヲ妨ケ又ハ人ノ身体財産ヲ害セントスルノ目的）で爆発物を「製造シタル者」とされたもので、「使用ノ用ニ供ス可キ機具ヲ製造」した者ではない。しかし、爆発物を「製造シタル者」とするからには、製造した日時場所、製造行為の具体的内容、単・複いずれの行為か等々が証拠によって証明される必要がある。さらに「製造」するからには、製造物の原材料の全部又は一部を直接的又は間接的に操作した証拠がなければならない。仮に送付行為を罰そうとするなら、条項を新たに起こし、「情ヲ知リテ製造ノ用ニ供スルタメノ原材料、機具、場所等を提供シタル者」の文言がなければならない（罪刑法定主義）。本件の場合看過できないのは、第1条に定める2罪の区別をせずに法適用していることだ（誤判）。※本文p101参照。
⑤	刑法第62条（第一項）正犯ヲ幇助シタル者ハ従犯トストアル規定	正犯ヲ幇助シタル者ハ従犯トス	善兵衛の薬研送付行為は正犯（宮下太吉）を幇助した従犯であると認定された。また新田にこの条項の適用なし。ゆえに新田は本法の正犯と解釈す。
⑥	同第63条従犯ノ刑ハ正犯ノ刑ニ照シテ減軽スルトアル規定ヲ適用シ	従犯ノ刑ハ正犯ノ刑ニ照シテ減軽ス	善兵衛に適用する量刑は従犯に相当すると認定された。新田にこの条項の適用なし。ゆえに新田は本法の正犯と解釈す。

⑦	且刑法施行法第21条	他ノ法律ニ定メタル刑ヲ加重又ハ減軽ス可キ場合ニ於テハ第23条ノ場合ヲ除ク外旧刑法ノ加減例ニ関スル規定ニ依ル	旧刑法で定めた刑が、改正された刑法に相当するものが無い場合は、その刑の加減は旧刑法で示した例による。
⑧	旧刑法第109条	重罪軽罪ヲ犯スコトヲ知テ器具ヲ給与シ又ハ誘導指示シ其他予備ノ所為ヲ以テ正犯ヲ幇助シ犯罪ヲ容易ナラシメタル者ハ従犯ト為シ正犯ノ刑ニ一等ヲ減ス但正犯現ニ行フ所ノ罪従犯ノ知ル所ヨリ重キ時ハ止タ其知ル所ノ罪ニ照シ一等ヲ減ス	ここに正犯とは、新田、宮下のいずれを指すのか不明瞭な部分が残るが、いずれにしても善兵衛が犯したとされる罪は、本来なら重懲役に該当するが、正犯が行った行為の重さを知らずの幇助に止まるとされ、一等を減じられた。
⑨	同第67条	重罪ノ刑ハ左ノ等級ニ照シテ加減ス 一　死刑 二　無期徒刑 三　有期徒刑 四　重懲役 五　軽懲役	

⑩	刑法施行法第19条第2項	他ノ法律ノ規定中剥奪公権、停止公権、監視及ヒ附加ノ罰金ニ処ス可キ旨ヲ定メタルモノハ之ヲ廃止ス	※本条を爆発物取締罰則に照らすと、第6条及び第7条（罰金）、第11条（監視）が廃止となった。善兵衛は第三条該当とされたため、対象外の罰金刑は科せられなかった。
⑪	（同）第20条	他ノ法律ニ定メタル刑ニ付テハ其期間又ハ金額ヲ変更セス但他ノ法律中特ニ期間又ハ金額ヲ定メサルニ付テハ仍ホ旧刑法総則中期間又ハ金額ニ関スル規定ニ従フ	※爆発物取締罰則には「重懲役」とあって、期間の定め無し。次欄の理由で刑が六～八年となった。
⑫	旧刑法第22条第2項ノ規定ニ照シ六年以上八年以下ノ範囲内ニ於ケル有期懲役ニ処ス可キモノトス	（略）重懲役ハ九年以上十一年以下軽懲役ハ六年以上八年以下ト為ス	※ここでは善兵衛は「軽懲役」相当に区分されている。これは爆発物取締罰則第3条では「重懲役」に該当するとされたが、旧刑法109条但書により、正犯（太吉）が行った罪（第73条に該当する爆裂弾製造）が、従犯（善兵衛）の知っている（暴動の用に供する）罪より重い罪であったときは、知っていた（暴動の用に供する）罪（「重懲役」）に照らして、一等を減じる。則ち重懲役を軽懲役とする。ここに、善兵衛が「軽懲役ハ六年以上八年以下」と判決された根拠があった。判決では最も重い「懲役八年」が宣告された。
⑬	尚押収物件中押第一号ノ内一乃至五（略）及ヒ同号ノ内一四四（略）ハ総テ被告太吉ノ所有ニ属スルヲ以テ刑法第十九条第一項第二号ニ依リ没収スベク	左ニ記載シタル物ハ之ヲ没収スルコトヲ得 二、犯罪行為ニ供シ又ハ供セントシタル物	（押収物件は全て太吉所有の爆裂弾製造用資材にして、全て没収する。 押収物 一　鉄葉製小缶二、同切包一、同紙包二、 二　鉄製小缶一 三　鶏冠石紙包一、同缶入一 四　調合罪二十三匁 五　塩酸加里九十二匁
⑭	公訴ニ関スル訴訟費用ハ刑法施行法第67条ヲ適用シ	共犯ノ訴訟費用ハ共犯人ノ連帯負担トス	被告らが納付したとは寡聞にして聞かない。
⑮	刑事訴訟法第２０１条ノ規定ニ従ヒ		
⑯	又没収ニ係ラサル差押物件ハ同法第２０２条ノ規定ニ従ヒ裁判スヘキモノトス	現行刑事訴訟法第４９７条第１項及び「証拠品事務規定」第４節「所有権等放棄」第44条の３（被告人以外の者の所有に属するとみなされる場合における権利の放棄）がある。	※「薬研」は善兵衛方での押収となっている（押収番号一〇二）が、例えば忠雄第15回調書では、忠雄自身が西村方に返却したことになっているので整合性がない。刑法第19条第2項「没収ハ其物犯人以外ノ者ニ属セサルトキニ限ル」、則ち犯人に属している場合のみ没収できるとしているから、薬研が善兵衛以外の者（西村八重治）に属していたから没収できなかった。

⑰	【判決書以外のもの】刑事訴訟法第320条第2項	罰金、科料、訴訟費用及ヒ没収物品、追徴金ハ検事ノ命令ニ因リ之ヲ徴収ス可シ	善兵衛は事件関係者中最初の出獄者であったため、訴訟費用の全額請求があった。その額五百二十余円。この対処方につき、大正五年三月十二日上京し、堺利彦に相談している。
⑱	仮出獄ヲ許スノ件 旧刑法第53条（新刑法第28条）	重罪軽罪ノ刑ニ処セラレタル者獄則ヲ謹守シ悛改悛改ノ情アル時ハ其刑期四分ノ三経過スルノ後行政処分ヲ以テ仮ニ出獄ヲ許スコトヲ得	
⑲	仮出獄後の監視 旧刑法第55条	仮出獄ヲ許サレタル者ハ行政ノ処分ヲ以テ治産ノ禁ノ幾分ヲ免スルコトヲ得但本刑期限内特別ニ定メタル監視ニ付ス	「仮出獄の決定は内務・司法両卿によるものとされ、仮出獄者は警察監視に付された。」「明治四〇年の現行刑法においては、仮出獄について二つの改正がなされた。第一に仮出獄の形式的要件の緩和で、有期懲役については三分の一、無期刑については一〇年に引き下げられた。第二に警察監視が廃止された。」「仮出獄に対する警察監視は、実際には、警察官署による監督として、明治四一年の監獄法六七条や司法省令「仮出獄取締規則」によって引き継がれ、昭和二四年まで存続した。」（瀬川晃「仮釈放の現代的動向と課題」『同志社法学』38巻3号）
⑳	旧刑法第64条	大赦ニ因テ免罪ヲ得タル者ハ直チニ復権ヲ得特赦ニ因テ免罪ヲ得タル者ハ赦状中記載スルニ非サレハ復権ヲ得ス	
㉑	同条第2項	大赦ニ因テ復権ヲ得タル者ハ自ラ監視ヲ免シタル者トス	※善兵衛は大赦や特赦での仮出獄は無かった。それゆえ、本刑期満了まで監視がついた（監獄法67条はその根拠法令）。仮に、出獄があと四ヶ月遅れ、大正天皇の御大礼（大正4年11月10日）に因むものだったとしても、この場合は大赦や特赦は行われず、単なる減軽令（勅令205号）だったから、善兵衛にとって特段に利益になるところは無かった。通常の仮出獄（減刑令もまた同じ）では、監視は遁れようがなかったことになる。いずれにしても、その監視は、本刑期限内は続けられた。

八　なぜ、三審制の対象とならなかったか？——公訴事実の単一性・同一性

第三節で示した判決文から明らかなように、善兵衛は刑法七十三条に違背した容疑で起訴されたが、判決は爆発物取締罰則によって処断された。そうであれば、裁判所構成法第五十条の対象外だから、爆発物取締罰則の被告として三審制の許に、改めて地方裁判所から審理されて然るべきだ、と誰もが思うはずだ。だが実際には大審院で判決を受けた。

この件は古くから研究者の間で指摘され知れ渡っているのだが、管見ではこの疑問に正面から答えを示した論考を知らない。裁判当時、弁護人も含め異議申し立てをした気配が全くなく、戦後、研究が自由になって七〇余年経つのに、この謎に挑んだという事例を寡聞にして聞かない。これは筆者の調査不足が責められる場面でもあるのだが、あながちそうとも言えない研究現状があることを、最近知った。

二〇一六年四月、新井勉『大逆罪・内乱罪の研究』（批評社）が出版された。このことは「第一章第二節（三）皇室危害罪制定の経緯」でその「後記」に触れておいたが、ここでは少しく叮嚀《ていねい》に、再度読んでみたい。

冒頭に「法律畑では広くしられるが、明治四〇年（一九〇七年）四月公布、翌四一年一〇月施行の刑法が、現行刑法である。この刑法の大逆罪、内乱罪の研究は、ずっと昔に遡っても少ない。発表された論文はあるが、書物の形になったものはみあたらない[22]。

天皇制国家の下で大逆罪の研究を発表することは容易でなかったし、天皇制国家の崩壊とほぼ同じ頃に（大逆罪を含む）皇室に対する罪は刑法から全面削除された。一方、現行刑法の下で内乱罪は、これまで一度たりとも適用されたことがない。昭和動乱期、クーデターを起した青年将校らは、陸海軍刑法の反乱罪により処罰された。多くの刑法学者にとって、大逆罪も内乱罪も、実務上の必要は皆無に近い。これに対して、幸徳秋水らの大逆事件は、一般史や社会史の重要な事件の一つとして、昔も今も、多くの研究がある[23]」。

ここからみれば、筆者が先行研究に出会えなかったのも宜《むべ》なるかなということになる。だが、最後に指摘

されているように、戦後盛んになった大逆事件研究で、この件について些《いささ》かも鍬が入れられていないとも考えにくいので、どなたかが耕されているとも思える。「調査不足」を口にする由縁である。(24)

さて、以上のことから無智の強みで、ドン・キホーテ的蛮勇を噬われるのを覚悟で考えてみたのが以下である。専門用語を知らないために、言い回しがくどくて、しかも空回りばかりで埒が明かない。かといって、筆者の抱く疑問が、単に筆者の個人的関心事だとばかりとは思えないので、「蛮勇を噬われる覚悟」を持ってみた由縁である。

まず判決文の「法令の適用」部分をみると、その最初に「被告善兵衛ノ行為ハ前示刑法第三十八条第二項ノ規定アルニ依リ」とある。

○第三十八条【故意・過失】第二項

「罪本《つみもと》重カルヘクシテ犯ストキ知ラサル者ハ其重キニ従テ処断スルコトヲ得ス」

○条文解釈

「本来重い罪であるのに、それを知らずに犯したときは、重い罪に従って定められた刑罰を科すことはできない。」

○解説

この条項は善兵衛の判決文中、量刑決定の冒頭に配置されたものだ。つまり判決の大前提を示している。この法条適用がなされたことによって、善兵衛は極刑を免れたのである。

既述してきたように、善兵衛は第七十三条で起訴されながら、爆発物取締罰則に切り替えられた。それなのに三審制の対象とならず、大審院で判決を受けた。この法理を解くためには、すべて結果からみて解釈を進めていかねばならない。

三審制の対象にならなかったということは、仮に爆発物取締罰則違反容疑に切り替えられたとしても、一般事件としての爆発物取締罰則適用とは異なることを裁判所が認定していたといえる。となれば、本件の場合、善兵衛に第七十三条に該当するという認識がなかったとしても、「治安妨害」や「身体財産侵害」を加えることは知っていたはずだから、爆発物取締罰則を適用する、というとき、これまで筆者の解釈は、右により第七十三条の軛《くびき》から完全に解放されたと考えていた。つまり「不告不理の原則」によって、起訴状にない犯罪を裁くことはできない筈だから、もしも善兵衛を爆発物取締罰則で裁くとすれば、別に地元地裁へ改めて起訴状が提出され、公判が開始されると考えていた。これが一般的解釈だろう。

ところが、大審院でいきなり判決が下されたところよりみれば、爆発物取締罰則対象の犯罪（製造加担）が、「公訴事実」（第七十三条違反）との「単一性・同一性」が認められる範囲のものであると認定されたと考えられ、この場合は手続を変えることなく裁判を進行させることができるとされ、当時はこの単一性・同一性の線引きが緩かったのではないかとする見解がある。(25)

では、その単一性・同一性の線引きはどこにおけば妥当となるのか。厳格な線引きを行えば、地裁から裁判のやり直しとなる。重きをおかなければ、元々起訴状に記載された罪（公訴事実）とは似ても似つかぬ罪名で裁かれかねない事態を招く。検察側としては、裁判の進行上、また政治的配慮・忖度から当初の起訴内容では不合理が生じたとしても、何とか起訴状にある罪名を広義に解釈して処理したい。

一方、弁護側としては公訴事実に反する罪を問うのは違法（不告不理の原則）だから、無罪を主張することになる。

本件では第七十三条の本体部分（宮下太吉・新村忠雄らが爆裂弾作りを計画し着手し、現に試作品を完成させ、かつ、襲撃の図面協議までしていた）と一体のもの（単一性・同一性）として、爆発物取締罰則違反を捉えていたと考えられる。この認定が、三審制の対象としなかった理由ではないか、ということになる。

この際、弁護側にどれほどの異論が出たか否かは、裁判記録の全貌が明らかになっていない現状では判断しようもないが、少なくも主力弁護人の一人であった今村力三郎が遺した『芻言《すうげん》』(26)（大正一四年一月脱稿）には、この件についての言及が全く無い。当時は制度上（刑訴法）からも被告・弁護人の地位は低く、また「訴因変更」という概念（戦後流入）も薄かったので、右が罷り通っていたと考えられる。

結果より見てのことになるが、公訴事実の単一性・

同一性を緩く認めていたという傾向は、別言すれば刑法という法律が国民（臣民）の法益を守るという事ではなく、国家権力をほしいままに操る道具としてあったことを改めて教えている。第七十三条の条文に「予備陰謀」を含む、と大幅に解釈を広げ、多数の「罪人」を作り出した権力の「正統性」はどこにあったのか。

ここに違法性が漂うのは、国事にとって重要な第七十七条「内乱罪」には第七十八条以下に「内乱ノ予備陰謀罪」あるいは「幇助罪」の規定が置かれており、第八十一条以下の「外患ニ関スル罪」にも第八十八条に「予備陰謀罪」を規定している。ところが第七十三条の「皇室ニ対スル罪」には予備陰謀罪の規定はない。本来なら大審院が「不告不理の原則」「罪刑法定主義の原則」から、無罪判決を宣告する事案だったのではないか。それを枉《ま》げさせる法理はいったいどこにあったのだろう。

そこで思うのは、平沼論告が「大宝律令」を持ち出したのは、さすがに法理が通らなかった絶対的証明であったとしていいのではないか、ということである。そこに焦点をおいて見ると、今村力三郎『芻言』にこの大宝律令の件が些かも登場していない事実は、当時の法曹界全体、否、日本国中全体がこの法理を認めていたということだろう。ギュスタブ・エミール・ボアソナードの滞在二二年間の近代法典の種付け努力も、結局「日本臣民」には頗《すこぶ》る限定的にしか通じなかったといえるかもしれない。

九　爆発物取締罰則――新田融との比較

既に述べたように大審院検事団として、あるいは大審院裁判官らとして、第七十三条で起訴したからには、それに「該当せず、よって無罪」ということでは、振り上げた拳の落とし所を失ってしまう、メンツが丸つぶれとなる、そう考えた官僚根性があったのは間違いないことだ。その本心を窺うと、当時の官僚機構のなかでは司法官僚の地位が低く、それを挽回する機会と捉えた、とする見方がある（山泉進『大逆事件の言説空間』）ことは、先に紹介した。失態は許されなかったのである。爆発物取締罰則違反を捏造したのもこの流れの一環だった。なるほど、関係司法官僚のその後を追うと、上は司法大臣や首相に上り詰めた者から、末端は明科派出所の小野寺藤彦巡査まで、「栄誉」を手中に収めていた。

それはともかく、フレームアップという観点で見れば、現に死刑判決を受けた他の面々の多くが、爆裂弾製造地から遙か離れた岡山や和歌山、熊本などであった。具体的証拠も無いのに天皇弑逆《しぎゃく》を計画したと作文され、死刑判決を受けたことを思い起こせば、現実に薬研という爆裂弾製造に不可欠の用具を送付したという行為の事実があるからには、無理せず善兵衛に第七十三条を適用することができたはずだと誰もが思い至る。

しかし、そうならなかった理由は善兵衛が幸い?なことに、社会主義について暗かったからだ。平沼論告にあった「信念を罰する」という「原則」から見て、社会主義者でなかったからである。このことはまた同様に新田融にも当てはまることだった。両人が死刑を免れた最大の理由はここにあった。

さて、善兵衛と新田融の両人に適用された条文を見てみると、善兵衛には第三条「爆発物ヲ製造シタル者」が、新田には第五条「犯罪者ノ為メ情ヲ知リテ其（爆発物）使用ニ供ス可キ器具ヲ製造シタル者」が適用された。最大の違いは、善兵衛は爆発物本体の製造、新田は器具を製造、という点である。

爆発物取締罰則は全十二条で構成され、すでに本件勃発時点で第十条は廃止（明治四一年三月二八日刑法施行法第二十二条第二項）され、爆発物を発見した者は直ちに警察に届け出ないと罰金を科す（第七条）の部分、及び刑法に照らして重い量刑がある場合はそちらに従う（第十二条）という二つの条文以外は、総て第一条の成立が要件となっていた。

第一条　治安ヲ妨ケ又ハ人ノ身体財産ヲ害セントスルノ目的ヲ以テ爆発物ヲ使用シタル者及ヒ人ヲシテ之ヲ使用セシメタル者ハ死刑ニ処ス

第三条　第一条ノ目的ヲ以テ爆発物若クハ其使用ニ供スヘキ器具ヲ製造輸入所持シ又ハ注文ヲ為シタル者ハ重懲役ニ処ス

第五条　第一条ニ記載シタル犯罪者ノ為メ情ヲ知テ爆発物若クハ其使用ニ供ス可キ器具ヲ製造輸入販売譲与シ及ヒ其約束ヲ為シタル者ハ重懲役ニ処ス

両人を比較すると、適用条文の配置から善兵衛の方が主格的、新田の方が従格的条文の適用になっていることがわかる。前者は爆裂弾の本体部分の製造を積極的・確信的に行った者を対象としていると読み取れるのに対し、後者は「情ヲ知リテ」という些か消極的態度の評価が前提となっている。それが第三条と第五条の違いになっている。

だが、現実に目を移せば、仮に予審判事の判断に則って、善兵衛は薬研送付時に薬研が「暴挙ノ用」に供する爆裂弾製造に使われると知っていたとしても、直接・具体的に爆裂弾製造に手を下したわけではない。製造日時・場所などを知るよしもなかったし、したがって製造現場に立ち会ったわけでもない。だが「爆発物ヲ製造シタル者」とされた。これは看過できない重大なことだ。

善兵衛を懲役八年に処断した柱の条文は、この第三条だった。そうであるからには官権として本条を適用させるためには、どうしても被告が使用目的、それも爆発物取締罰則第一条で規定する二つの目的、「治安妨害」と「身体財産侵害」の一つまたは二つの目的を知って行為に及んだと判決書に書き込む必要が出て来る。予審判事の尋問調書をみれば、「同盟罷工」という単語が飛び交っているから、ここから言えば主としては「治安妨害」を認定しての本罰則適用だったと見ることが出来る。

次いで新田融の場合を見てみる。新田は宮下太吉の職場の部下で、勧められて多少の社会主義関係書も読んでいたとされる。そのこともあってか、太吉は爆裂弾製造の直接的協力者に選び出していた。その新田の行為を判決書から拾うと、太吉から依頼されて事情を知らずに①薬研を自宅に預り置き、②太吉が爆裂薬たる鶏冠石を磨砕する場として自宅一室を貸与した。しかしその後、③磨砕したものが爆裂薬であると知らされた。④したがって鉄葉製小缶二個の製造依頼を受けた際は、その目的が爆裂薬装填用であり、かつ、官衙《かんが》富豪を焚掠《ふんりゃく》するなどの暴挙ノ用に使用すると推知できたにも拘らず製造し、さらに後日、同人から再度依頼されて同様の小缶二四個を製造したというもので第五条を適用され、懲役一一年の判決を受けた。善兵衛より刑期が三年長かったことになる。この差は「製造行為」への関与の度合いを比較した場合、明らかに新田の方が強いとの判断が働いたからだろう。

繰り返せば、法条適用の面から善兵衛に主格的第三条を、新田に従格的第五条を適用しておきながら、結果より見れば「製造」への関わり度合いが強かった新田に三年長い量刑を科した。この差異を適用法条でみると、新田に科した重懲役は、刑法施行法第十九条により刑名変更がなされて有期懲役と読み替えられ、さらに旧刑法第二十二条第二項「（略）重懲役ハ九年以上十一年以下」を適用し、結局範囲内の最長である懲役十一年の判決となった。

新田融は一八八〇（明治一三）年三月一二日、仙台市堤通《つつみどおり》町で生まれたが、本籍地は小樽市という。一九一六（大正五）年一〇月一〇日仮出獄した（在獄五年九ヵ月）。判決は一一年だったから、大正天皇即位に伴う減刑令（大正四年一一月一〇日）の恩恵も受けたと思われる。一九三八（昭和一三）年三月二〇日、すでに東京の荏原郡荏原町に移していた本籍地で死去、多磨墓地に葬られたと伝わっている。五十八歳だった（森長英三郎「小松丑治と新田融」『大逆事件ニュース』第一〇号を参考）。健気な機械職工として全うするはずだった人生を、宮下太吉という過激思想抱持者に取り込まれた犠牲者だったと片付けるのは簡単だが、両者は互いに職場の上下関係を超えたところで共鳴し合う性格があったとも思える。何ら実害が発生しなかった本件において「信念を裁く」（平沼論告）という裁判の量刑は、余りにも重すぎた。

改めて整理すれば、善兵衛は薬研送付という行為で爆発物製造に与したが、正犯とまでは言えず（従犯）、この場合は正犯の刑に照らして減軽するとの規定（刑法六十三条）、刑の加減は旧刑法で定めたところによる（刑法施行法第二十一条）、正犯を幇助した従犯は一等を減ずる（旧刑法第一〇九条）、その他刑法施行法第十九条同二十条により「六年以上八年以下ノ範囲内ニ於ケル有期懲役ニ処ス」とされた。最終的に範囲中、最長の八年の判決を科せられた。ともに範囲内の最長刑だったことが共通していた。

十　爆裂弾の二つの目的

（一）「他ニ商量スル所ナク」――太吉ノ企図ハ大逆罪

何度も述べてきたように、善兵衛の犯したとされる罪は爆発物取締罰則を適用された事実から見れば「治安妨害」の目的をもって爆裂弾製造に与したということだった。だが、このロジックは裁判過程全体のなかで合理性を持って説明できるものだろうか。ここでは爆裂弾製造の張本人である太吉に絡んで、幸徳の判決文を参照しながら考察してみる。

善兵衛無罪の立証の一つとして上げておきたいのは、幸徳伝次郎の逆謀決意に至る過程で述べる判決書のなかで、宮下太吉にかかる部分は大審院が次のように認定していたことである。

「(伝次郎は) 太吉ノ企図ハ大逆罪ヲ以テ唯一ノ目的ト為シ他ニ商量《しょうりょう》スル所ナク伝次郎カ運平、誠之助、卯一太ト協議シタル計画トハ大小疾徐《しつじょ》ノ差ナキニ非サルヲ以テ顧望ノ念ナキニアラサリシカ近日政府ノ迫害益甚シト為シテ之ヲ憤慨シ先太吉ノ計画ヲ遂行セシメント欲スル決意ヲ為スニ至レリ」とある。

ここに聞き慣れない「商量」とは、あれこれ考えること、「大小疾徐」とは、大きい小さい、あるいは早いと遅いほどの意味であり、「顧望」とは、あれこれ考えて決行しないこと、つまり躊躇することである。

「(伝次郎は) 宮下太吉の企図は、大逆罪を唯一の目的として、他にはあれこれと考えるところがなく、幸徳伝次郎自身が森近運平、大石誠之助、松尾卯一太と協議した計画とは大小、緩急の差が無いことは無いが、(太吉に) 躊躇の念が無いところから、近ごろ政府の迫害が益々甚だしく憤慨に堪えないから、先ずは太吉の計画をやってみようと欲して決意をするに至った」と認定している。

注目したいのは「太吉ノ企図ハ大逆罪ヲ以テ唯一ノ目的ト為シ他ニ商量スル所ナク」の部分である。太吉が考えるところは、唯一大逆罪を為すことのみが目的で、他に商量すること、すなわち、官公署や大会社富豪などを襲撃して、社会を混乱に陥れるという意味での「治安妨害」や「身体財産侵害」はまったく企図していなかったと、大審院が認定していることである。唯に皇室へ危害を加える、その一点に集中されていたというのである。このことは太吉の予審調書に一貫して見られることで、例えば第四回調書の最後に「其方等の主義は君主を否認するのか」と問われ、「さようです。人が人を支配するのは不自然であるという主義ですから、むろん君主を否認します。しかし今回の計画は、日本人の皇室に対する迷信を打破するというのが第一の主眼です[27]」と断定的に言い切っている。「迷信打破」とは、元首に危害を及ぼし、血が流れれば神様でなく人間だと判らせることができる、という単純発想から生まれたものだ。この主張は最後まで揺るがない。

ここで思い出して欲しいのは判決書の善兵衛にかかる部分だ。善兵衛は「同盟罷工」すなわち「薬研ハ暴挙ノ用ニ供スヘキ爆裂薬ノ製造ニ使用スヘキモノト推知シタルニ不拘《かかわらず》」と認定されていた。ここから「製造」に関わった側から言えば、爆裂弾の使用目的には大別二つあったことがわかる。一つは「皇室危害」を目的とするもの、他方は社会を混乱に陥れる目的、別言すれば「治安妨害」や「身体財産侵害」を目的とするものであった。するとどうなるか？

爆裂弾製造の発案計画者・製造者（主犯格）である太吉が、皇室に危害を加える目的以外考えたことがないとしているものを、未だ主犯格たる太吉と会ったことも通信したこともない従犯とされる善兵衛が、治安妨害等（爆発物取締罰則第一条）に使う目的を知っていたということになるから、これは主犯の企図範囲を超えて従犯役が「企図を知っていた」ということになり、矛盾が出て来るのである。

（二）訂正要望を威嚇で潰す判検事

薬研使用の目的（爆薬製造）を告白された時の善兵衛の反応はすでに見てきたから詳細は繰り返さない。忠雄に「危険ナル運動」をしては母が悲しむとか、保証人になって大いに後悔をした事実からは、どうみても送付時に事情を知っていた者の反応ではない。裁判官らは調書のこういう部分を見ようとしない。

そもそも結果からみれば、善兵衛が薬研の使用目的について関心を高めたのは、実は忠雄の暴露を聞いた二月五日以降であった。だが、第六回調書には次のようにあった。送付時に善兵衛が承知していたととれる書き方だ。

問　宮下ハ何故ニ薬研ヲ借リタノカ
答　私ハ爆裂弾テモ造ルノテハナイカト思ヒマシタ

併《しか》シ忠雄ヨリハ其使用ノ目的ハ言ッテ寄越シマセヌテシタ

どうして予審調書にこのような記載がされたのか。この辺の事情は弁護人に尋ねるのが適当だろう。

今村力三郎の「公判ノート」は同氏の法廷弁論用に綴られたものであるが、新村善兵衛の項に、宮下太吉の名は薬研送付時に初めて知ったのであり、その時は無政府主義のことも知らなかった。ただ弟は社会主義を唱えていて、職工に同情する考えを持っていたから、宮下も職工というので保証人を依頼されたのだと理解していた、という趣旨のあとに、次のようにある。

検事室ニ呼ハレ論理的ニ問詰メラレ今カラ思ヘハ左様ナリト云ヒシカ今カラ考ヘレハトノ意味ヲ書カズ其後取消サントシタルニ予審判事ハ検事ヲ呼ンテ来ルト云ハレ致方ナシト申シテ其儘トナル実際借入ノトキハ使用ノ目的不知

取調べはまず検事が行いそこで「検事聴取書」なるものが出来上がる。それを元に今度は予審判事が聴取書に記載されている事項の真偽を順次尋問していく。ここでは善兵衛が検事に厳しく遣《や》られて、正直に答えることが出来ないでいる光景が描かれている。検事の作り話に同調を強要され、怯える被疑者の姿が濃厚だ。

予審判事の尋問段階で聴取書の誤りを正すべく、「送付時不知」を主張したが、聴取書がウソだというなら、この予審廷に担当検事を呼びつけて真偽を確かめるぞ、と言われ怖じ気づいた被疑者が検事の作文通りを呑み込まされていた、という事実がわかる。ここに担当検事の名前は明らかでないが、相当「厭な奴」だったのだろう。思い浮かぶのは古賀検事だが確証はない。

さらに指摘しておきたいのは、「公判ノート」は続いて「後ニ薬研ヲ帰ストキ弟ハ判然言ハサルモ決シテ御心配ハ掛ケヌト申セル故」と発言したという。

こうしたことを見れば、明治四三年二月段階での忠雄の暴露は爆裂弾「製造用」に供したというに留まっていたと見られる。仮に忠雄が爆裂弾「使用の目的」まで暴露したとするなら、爆裂弾の二つの目的のうち、忠雄らはすでに「元首ヲ斃《たお》サウト云フ事ニ」決していた後だから、善兵衛の判決文に現われる「治安妨害」云々が出て来るのはまことに整合性のないことになる。忠雄の第一三回調書の最後に見逃せない一項がある。

問　紀州ノ同志カ駄目ニナッタ為メニ暴力ノ革命カ行ヘナイ事ニナッタノカ

答　紀州ノ同志カ駄目ニナリ且資金モナイカラ大仕掛ノ革命ハ困難ニナリマシタ依ッテ本年一月二十三日会合ノ時最初ノ目的ノ一部タル元首ヲ斃サウト云フ事ニ相談シマシタ尤モ資金テモ出来テ暴力ノ革命カ遣レルナラハ遣ロウト言フ考ヘハ継続シテ持ッテ居ッタノテス（忠雄第一三回調書）

ここに後ろ髪引かれるような「資金テモ出来テ暴力ノ革命カ遣レルナラ」とあっても、それは全く確実に可能性のないことだったから、目的は完全に元首弑逆に意思統一されたとしていい。「一月二十三日」とは忠雄が帰省し善兵衛に薬研の使用目的を暴露する約二週間前のことである。この日は千駄ヶ谷平民社に忠雄、古河力作、管野スガが額を寄せて元首襲撃の位置関係などを話し合ったとされる日である。するとこの日以降では爆発物取締罰則第一条でいう「治安妨害」「身体財産侵害」は基本的に消滅していたことになる。

ここにおいて忠雄らが、判決書にあった「他ニ商量スル所ナク」に収斂していった事実を読み取ることができるのであって、どのようにひっくり返して調べても善兵衛が薬研送付時に爆裂弾の如何なる使用目的も「推知」できようも無かったのである。よって爆発物取締罰則の第一条の適用が成立しない以上、同第三条を適用できず、したがって善兵衛は無罪としか言いようがない結論となる。

（三）四ヵ月遡って置き換えられた「秘密情報」

要するに潮恒太郎の纏めた尋問調書は、善兵衛に限っていえば一九一〇（明治四三）年二月五日以降に忠雄から聞いた薬研使用の秘密情報が、四ヵ月ほど遡った前年一〇月初旬の送付時に置き換えられているということになる。明らかに捏造といわざるを得ない。このことは続いて出て来る問答にも歴然だ。

問　此手紙ハ本年一月忠雄カ寄越シタモノカ
（此時同号ノ六二ヲ示ス）
答　左様テス
問　右手紙ノ幸徳ノ爆弾ノ歌ノ意味ハ其方ニハ判ラヌト言フノカ
答　恐レ入リマシタ実ハ幸徳ニ迷惑カ掛ルタロウト思ヒ曖昧ナ答弁ヲ致シマシタカ幸徳カ爆裂弾ヲ以テ皇室ニ反抗セントノ考ヲ持チ居リ斯様ナ歌ヲ作ッタノテアロウト思ヒマシタ夫レテ私ハ直チニ忠雄ニ対シ其様ナ危険ナ人トハ一緒ニ居テハ悪イカラ早ク帰郷セヨト言ッテ遣ッタノテス然ルニ忠雄ハ兎角私ノ言フ処ヲ用イマセヌ（善兵衛　第六回調書）

右中、「幸徳ノ爆弾ノ歌」とは忠雄書簡善兵衛宛（明治四三年一月五日消印）中に認められていたもので「爆弾の飛ぶよと見ても《ママ》　初夢は千代田の松の　雪折れ乃音」とある、この年の歌会始の勅題「新年雪」に擬したものだった。見誤ってはいけないのは善兵衛が「恐レ入リマシタ」と平身低頭して潮の睨み目に屈服し、歌の理解から「幸徳カ爆裂弾ヲ以テ　皇室ニ反抗セントノ考ヲ持チ居リ」との認識を示させたとしても、それは薬研送付時の認識ではないということだ。後刻に生じた事柄を「行為時」まで遡らせる前記手法がここにも見える。ましてや忠雄が書き送り来た処を善兵衛が全て承知承諾し、それに同調したということにはならない。つまり、ここで幸徳の歌の意味を喋らせ、その理解力から幸徳の元首弑逆意思を最初から知っていた、その幸徳の下で活動する実弟忠雄だから、お前も十分事情を承知していたのだ、との筋書きを作り出したい潮恒太郎の意図が、判然と見て取れる。だが、それは「行為時」とは無関係であり、善兵衛有罪の根拠にはならない。むしろ供述として拾えるのは「私ハ直チニ忠雄ニ対シ其様ナ危険ナ人トハ一緒ニ居テハ悪イカラ早ク帰郷セヨト言ッテ遣ッタ」部分が、「行為時」後の被告の心象として価値あるところなのに、それに重きをおかない予審判事らだった。

十一　弁護人今村力三郎と平出修

（一）弁護人の選定

大逆事件の裁判の全容明かすことになる裁判記録は、

今日まで詳細が明らかになっていない。法廷で弁護人がどのような弁論を展開し、あるいは被告らがどのような訊問（質問）をされ、どのように答えたか、全く知ることが出来ない。善兵衛に関して漏れ伝わる二～三を挙げておく。

　善兵衛に付いた弁護人は花井卓蔵・今村力三郎・磯部四郎の三名であった。平出修は善兵衛の弁護人ではなく、高木顕明、﨑久保誓一（ともに新宮グループ）の弁護人だった。この選択は被告本人の意志ではない。二六名の被告に弁護人総勢は最終的に一一名になったが、各被告への弁護人の割り振りは、被告らを中心になって取調べた予審判事潮恒太郎の采配によって骨格が決められた。

　今村力三郎によれば、ある日、大審院予審判事潮恒太郎から花井卓蔵と今村が大審院に呼び出され、幸徳秋水からたっての願いだとして被告らの弁護人を引受けるよう頼まれた。しかし、被告らの中で利害を争う場面があれば、一人の弁護人で受け持つことは不都合である旨返答したところ、傍らの潮が「私は全被告を調べ、各被告の申立を知って居るから、私が被告を分かちて適当に両君に担当を定むべし」という次第になったとある。善兵衛の弁護人もこうして選ばれたのだったが、事件の核心部分を握る幸徳・菅野・宮下・忠雄らと同一の弁護人であった。ここから官権側としては善兵衛を「首魁一味」と利害一致の被告と見なしていたことが窺えるのである。

　こういう事情だったから、善兵衛に付いた三名の弁護人は、ほかにも多数の被告を担当していた。花井が被告人中の一七名、今村が一六名、磯部が一四名で、善兵衛はそのうちの一人だったことになる。参考までに平出修の担当被告人も併せ次にあげておく（表1）。

【表1】新村善兵衛に付いた弁護人の担当被告人（付：平出弁護人担当被告人）

弁護人	被告人
花井卓蔵	幸徳・管野・森近・宮下・新村忠雄・古河・新村善兵衛・高木・峯尾・松尾・新美・佐々木（官選）・内山・武田・三浦・岡林・小松（17名）
今村力三郎	幸徳・管野・森近・宮下・新村忠雄・古河・新村善兵衛・大石・峯尾・松尾・新美・飛松（官選）・内山・武田・岡林・小松（16名）
磯部四郎	幸徳・管野・森近・宮下・新村忠雄・古河・新村善兵衛・峯尾・松尾・新美・内山・武田・岡林・小松（14名）
平出修	高木・﨑久保（2名）

さて、弁護人は善兵衛についてどう弁論を展開したか？　少ない証言を拾っておく。

今村力三郎は「幸徳事件にありては、幸徳伝次郎、管野スガ、宮下太吉、新村忠雄の四名は事実上争なきも、其他の二十名に至りては果して大逆罪の犯意ありしや否やは大いなる疑問にして、大多数の被告は不敬罪にすぎざるものと認むるを当れりとせん。予は今日に至るも該裁判に信服するものに非ず」（『芻言』）としていた。

この文言には有期刑となった善兵衛と新田融は含まれておらず、死刑宣告された者にのみ焦点を当てたものだが、それすらもせいぜい不敬罪（最高刑は懲役五年）程度だという。これらから推して善兵衛には紛れもなく無罪を主張したものと推測できる。

だが、善兵衛の獄中手記を見ると「花井博士の明解な弁、鵜澤博士の研究的の弁論、尤も力を尽くせしは河嶋弁護士の六時間に渡りし弁論、義理明白唯々感に堪へたり。今村氏の弁護は惜しむべし、力無し（略）意外なりしは平井《ママ》出氏の弁論なりし。思想と時代の関係・変遷等耳を傾むく所多かりし」とあって、今村弁護人について特段にあれこれ無しという意外な評価を下していた。「又磯部博士の新村兄弟・成石兄弟との同情の力ある語は如何許り感慨に耽り暗涙に咽《むせ》びたりしよ。万感一時に併発し来たりて何をか書き得む。噫《ああ》」ともある。

（二）「冤罪者であることを確信する」――弁護人平出修の慧眼

弁護人平出修は「大逆事件意見書」中の「刑法第七十三条に関する被告事件弁護の手控」の一節に、以下のように書き遺している。

板倉検事は、被告新村善兵衛の不利益なる証拠として、武田万亀太の証言を援用せられて居る、武田万亀太は耶蘇教《やそきょう》の信者である、此男が新村兄弟にメソヂスト教会に入会せよとすすめたけれども、彼らは、無政府主義者だから、耶蘇教へは這入らないと云うたと証言して居る、検事は之を援用して、新村善兵衛は無政府主義者であるから耶蘇教へ帰依しなかった、誠に危険な思想であると論下せられて居る、之がもしもう十四五年前であったならば、新村善兵衛は誠にしっかりした男である、耶蘇教の様な危険な宗教に帰依しなかったと、或は板倉検事に御褒めを蒙ったかもしれないのである。(28)

善兵衛有罪に追い込むためには善兵衛が「危険思想である無政府主義者」だと決めつけたい。その証拠の一つを武田万亀太という同郷屋代町のキリスト教信徒の証言に求めている。キリスト教への入信勧誘の際の断りの理由として、無政府主義者だからと「言った」「言わない」が問題になっているが、何とも薄弱な有罪誘導への根拠だ。

この件については忠雄が今村、花井、磯部の三弁護人宛に送った書簡がある。そこで忠雄は武田の証言は総て間違っていると前置きして、以下のように言う。

> 武田は自分より早く平民新聞等を購読していたような人物で、籾を買ってこれを玄米にして売り、その口銭で生活している。その営業で私宅へ来たのは本年四月のこと。その際「自由思想」を与えたところ、それが原因で論争になり、その過程で「私の兄はこの際武田が熱狂して下らぬことを申したのを冷笑しましたが、(自分のことを)主義者だと申しませんでした。また今まで兄は左様なことを申したことは無いのです。(略)夫婦がクリ《ママ》スト教に熱狂して居るので、一般の人と同様に、この夫婦を冷笑して居ったため、私の兄のことを普通の異端の代表者だと申して居りましたが、まだ一度も私の兄を主義者なりと申したことは聞きませぬ。以上の通りですから、武田の、私の兄が無政府主義者だと申した証言は虚偽であります。(明治四三年一二月二六日(29))

宗教に帰依する理由は各人各様だ。他人の不幸に噛み付いて不安を煽り、脅しをかける勧誘者も少なくない。そこを見抜いて反論する者があっても当然だ。恐らく右の件は入信を断られた武田が、勧誘の諦め、幕引きの理由として内心に描いたものだったに違いない。事実、武田が善兵衛について「まだ一度も私の兄を主義者なりと申したことは聞きませぬ」と周囲事情に詳しい忠雄が言うからには、証言過程で武田が「内心そう思った」としたことが作り替えられ「善兵衛自身が言った」と枉《ま》げられた可能性を否定しきれない。茶飲み話しの雑談が「謀議」に変化するのと同じ理屈である。東京の裁判所に呼び出され、威圧的に証言を求められる武田の姿が思い浮かぶのである。

しかし、記録され採用されれば立派に証拠能力を持つ。蔑ろにはできない。ここでは両者の食い違いを、検事が一方的に武田の言うところを採用し、善兵衛を無政府主義者だと決めつけ、薬研送付行為を確信犯のそれとしたいのである。この証言が実はあまり証拠としての価値が無いのは、仮に記録に残るところが正しいとしても、それは本年（明治四三年）四月段階のことであり、薬研送付時点（前年一〇月初旬）ではなかったところに注目すれば足りる。だが、平出弁護人はそこを追及することを忘れている。

ともあれ、根拠薄弱なものが証拠採用され、善兵衛を有罪に追い込んでいたことが判ればいい。

弁護人平出修の『手控え』に戻る。彼は弁論を続けて「新しい思想と云ふものは、之を在来思想から見れば常に危険であらねばならぬ、それは新思想は、旧思想に対する反抗若しくは破壊であるからである」。何れが勝利するかは、どちらが人間本然の性状に適合するかで定まるとし、「之は社会進化論の是認し来た法則である。されば思想自体から云へば危険と云ふものはない訳である」。

さらに平沼検事は日本の社会主義、無政府主義は危険だと言うが、どれほどの危険を含んでいるのか「その点に論究して居らぬのである」。こう言うと今回のような爆裂弾騒ぎがあるでは無いかと言うだろうが、「それは原因結果を順倒して居る事になる、之は人間にある程度以上の取締（私は敢えて迫害とは云はぬ）を加へるときは、斯くの如き反抗心を起すものだと云ふ証明にはなるが、無政府主義そのものが危険であると云ふ証明にはならない」。よって「平沼検事が置かれた第一仮定、日本に於ける無政府主義は、暴動を手段とする危険なる思想なりとの論が敗れてくる、従って平沼検事の組立られた総論の一角は崩れてしまったことになる」(30)。

次に平出弁護人は被告らの人間性を明らかにしようとする。これは現在においては弁護弁論の当然の手法だが、当時としては客観主義から主観主義の移行期（今村力三郎『芻言』中の弁）だったから、客観主義（旧主義）に立つ法律家にとっては、いささか事件の争点から外れた弁論だと映ったかも知れない。逆にそこが進取の点だった。

　余は当法廷に於て幾多の悲哀を感じた、其一つは新村忠雄と新村善兵衛との間柄のことである、余は新村善兵衛の弁護人ではないけれども、当初記録を通覧した時に、早く既に彼の冤罪を信じて居たのである、当法廷に於て彼の容皃《ようぼう》、彼の陳述を見聞して、余は遂に彼が哀れむべき冤罪者であることを確信したのである、しかも新村忠雄の誇張した書面は、兄善兵衛の濡れ衣を乾かす為に、大いなる妨〔げ〕を来たして居るのである、忠雄は既に死を決して此法廷に立つ、彼に名利なく慾望もない、只恐るるは自分の過失により兄善兵衛に此大逆罪を蒙らしめることである、彼は百方陳弁した、しかもそれは兄を庇護する虚偽の陳述として、検事の一顧をも値せなかった、彼忠雄たるもの、断腸の思がしたであらうと思はれる、曩日《のうじつ》、両人立って対質尋問せらるるや、両人間の愛情は惻々として我等の情感に迫って来た、余は実に悲哀の美に撲《う》たれざるを得なかったのである。[31]

　こうした平出弁護人の弁論に対して忠雄は「近代人を解し近代人の思想用語を解して居る人で私共の主義を解剖し同情しての弁護」に「感服した」（「獄中日記」）と褒めちぎったが、平出修は知られるように文芸誌『スバル』のスポンサーでもあり、自らも筆名平出露花の歌人として一家を成していた。『明星』紙上で未だ無名だった啄木や朔太郎らを、次代をになう文芸の徒として、見事に見抜いていた人物でもあった。

　その彼がここでは善兵衛の冤罪をはっきりと見抜いていた。このことに注視しておきたい。あるいはまた言う。

　（予審）調書の文字を離れて、静かに事の真相を考ふれば本件犯罪は宮下太吉・管野スガ・新村忠雄の三人によりて企画せられ、稍《やや》実行の姿を形成して居る丈けであって、終始此三人者と行動して居た古河力作の心事は既に頗る曖昧であった。[32]

「調書の文字を離れて」とは、調書そのものが信用できないという意味である。こうした事実認定に今村弁護人との差異は余りないことからも、善兵衛の無罪主張は確実になされたと推測できるのである。このことは、既述したように爆発物取締罰則を無理矢理適用せざるを得なかったこと自体、逆に本件における善兵衛の無罪を証明してもいたのである。

(三) 今村力三郎――戦後の証言

新村善兵衛の獄中手記に「今村氏の弁護は惜しむべし、力無し」と記録された弁護人今村力三郎の法廷での様子については先に若干触れたが（第八節なぜ、三審制の対象とならなかったか?）、そこでは爆発物取締罰則の被告らの三審制に関し、『芻言』に特段の言及が無いことから、これを是認するのが当時の弁護人側の立地点だったというニュアンスを込めて紹介しておいた。

今村といえども弁護士でありながら余程強権が怖かったらしく、『芻言』は内務省が公刊を許可しないので、ほんの少部数を門下生らに筆写して配ったのみだったというから、如何に出版法等が弾圧法規だったか改めて知らされる。猿ぐつわを噛まされた今村が、『芻言』で言明できなかった部分を、「幸徳事件の回顧」と題して発表したのは戦後の一九四七（昭和二二）年、当時専修大学総長の職にあるときだった。[33]

この回顧記の冒頭には『芻言』執筆当時、裁判官に大いに不満をもっていたが、「犯罪動機を主として論述した」関係から、「不満」は今日まで持ち越してきたという。裁判官への「不満」とは、彼ら維新政府の中核となった薩長の後続の輩が「元来辺隅の一藩」の出身であり、威厳をもって全国を統御できないので「皇室の尊厳を、尊厳の上にも尊厳にし、天皇神聖を、いやが上にも神聖にし、皇室を挿《はさ》んで国家を統御した」と指摘し、さらに裁判官は身分保障されていたから、これを履きちがえ、皇室に対する犯罪は「厳罰するのが皇室に忠なる」ことの証明のように考えていた節があるとした上で、①弁護人が申請した証人の全却下、②公判は訴訟手続上の形式に過ぎず、③その後の難波大介事件はこの「幸徳事件の苛酷な判決が、累を皇室に及ぼした」とした。
しかし「皇室は、此裁判官の忠君判決を、御嘉納《ごかのう》（喜んで受け入れること）あらせられたりや否や」を推し計ると「却って憂慮遊ばされた」とし、その根拠を「亡友、花井卓蔵博士が誰から聞いたのか、宮中では二十四名死刑の宣告に驚き、特赦の恩命は、司法大臣の上奏に先立ち、宮中より発意せられて、其半数が減刑せられたのである」と、当時聞かされたという。

〈注〉
注1　専修大学今村法律研究室編『今村力三郎と大逆事件――訴訟記録・大逆事件　ダイジエスト版』同大出版局、P198所収
注2　前掲『今村力三郎と大逆事件』P200
注3　前掲注2同P238
注4　前掲注2同P200
注5　前掲注2同P193
注6　塩田・渡辺編『秘録大逆事件（上）』P201
注7　大場茂馬『刑法各論下巻』（明治43年8月1日　中央大学）第一編第二章「皇室ニ対スル罪」P547
注8　竹村香津子「大逆事件意見書――『刑法第73条に関する被告事件弁護の手控』再々読」（『平出修研究』第46号2014年8月）が、平出修の「手控」を軸に広範にわたって論述している。
注9　新井勉『大逆罪・内乱罪の研究』（2016年4月批評社）P168～169）。これにより明治15年制定のいわゆる旧刑法まで法制上大逆罪は存在しなかったことになる。
注10　新井前掲書　P170
注11　新井前掲書　P170
注12　新井前掲書　P170
注13　大場前掲書　P547
注14　大場前掲書　P546
注15　新井前掲書　P17
注16　新井前掲書　P172
注17　森長英三郎「大逆事件をめぐる弁護人」『日本弁護士列伝』（1984年6月、社会思想社）p20所収
注18　ドナルド・キーン『明治天皇（四）』新潮文庫P312
注19　神崎清『革命伝説4』P154
注20　拙稿「『東北評論』の周辺――茂木一次と大澤一六を中心に」（『初期堺主義研究』第22号2010年6月）P161
注21　神崎清『革命伝説2』P238
注22　例えば大場茂馬『刑法各論下巻』（明治43年8月中央大学）などがある。
注23　新井前掲書　P283
注24　『平出修研究』第46号（2014年8月）に竹村香津子氏が「「大逆事件意見書」――再々読」として、平出修の「被告事件弁護手控」を検証する論考での言及がある）。また、『大逆事件と今村力三郎――訴訟記録・大逆事件』（専修大学今村法律研究室編2012年3月9日、同大出版局）などがある。
注25　「公訴事実の単一性・同一性」に関し、刑法学者の上林邦充氏（群馬大学名誉教授）のご教示を受けた。記して学恩に感謝申上げる。）
注26　『芻言』（大正14年1月脱稿）は今村力三郎が「当該官僚及び司法官警察官に訓戒を与うる目的」で、当初数部浄写したとされるもの。戦後になって宮武外骨『幸徳一派大逆事件顛末』（1946年12月龍吟社）に所収され、巷間に流布した（近年では池田浩士編解説『蘇らぬ朝』などに所収）。
注27　『秘録大逆事件上巻』P129
注28　『定本平出修集』P330

注29　『秘録大逆事件下巻』Ｐ２０６
注30　平出修「刑法第七十三条に関する被告事件弁護手控」『定本　平出修集』昭和40年6月春秋社Ｐ３３１〜３３２）
注31　前掲『平出修集』同前Ｐ３４０
注32　平出「後に書す」前掲同Ｐ３４２
注33　「文化新聞」第41号、昭和22年1月20日（『大逆事件（三）』専修大学出版局、平成15年3月所収）

〈補注1〉Ｐ36

この部分には以下の文言が列なっている。「竝ニ皇族ノ犯シタル罪ニシテ禁錮又ハ更ニ重キ刑ニ処スヘキモノノ豫審及裁判」。

ここに表れているのは、刑法学者が「神」である天皇の親戚筋の者（皇族）と言えども、罪を犯すことがあると想定し、一人たりとも逃さないぞ、という法による監視を怠っていなかった事実である。後段には「更ニ重キ刑ニ処スヘキモノ」とあって、これは皇位継承等に絡む国事を乱す等の事柄を睨んでのこととみられるが、前段の「禁錮」に相当する罪科をも規定していたことは、天皇制国家の揺るぎない存立を維持するため、刑法の大系を構築した法律家だったが、冷徹な客観姿勢は喪っていなかったというべきで、「神様の親戚」（皇族）だからといって無闇に「信じる」のではなく「犯罪の実行を疑う」ことを忘れていない。あっぱれというべきか。

他方、「神様の親戚」を「疑う」とは、「臣民」として許しがたい「冒涜」だとも言える。彼らが考案し文章化した既述の刑法第73条の隣には、第74条以下に不敬罪を設けていた。

「刑法第76条　皇族ニ対シ不敬ノ行為アリタル者ハ二月以上四年以下ノ懲役ニ処ス」。ここに皇族とは「皇室典範」（増補明治40年2月11日）第30条に「皇族ト称フルハ太皇太后皇太后皇后皇太子皇太子妃皇太孫皇太孫妃親王親王妃内親王王王妃女王ヲ謂フ」で範囲が示されている。末尾の「王王妃」とは「王、王妃」のことであり、「王」とは「五世以下ノ男」（同31条）とある。

要するに客体（皇族）の名誉に対する罪とされ、具体的には軽蔑の意を表明し、または尊厳を害する行為であり、それは客体の公私の別とか事実の有無には関係ないものとされ、公然非公然を問わず、例えば自身の日記や友人への書簡中の記述も不敬の対象になった。

新村忠雄の友人だった坂梨春水などは、友人への書簡が不敬罪の対象となり、懲役四年の判決を受けた例がある（明治43年11月）。加えて非親告罪とされたから、取締当局がその気になれば、いつでも立件できたことになる。

何を言いたいか？　「神様」たる天皇の親戚（皇族）と言えども「罪を犯す存在だ」としていることは、尊厳を冒涜する不敬の行為にあたらないのか？　という疑問である。則ち法案の成立時点で、法官らは自ら不敬罪の構成要件を充たしていたとも言えそうだ。

〈補注2〉Ｐ39

新井勉『大逆罪・内乱罪の研究』ｐ１１０〜ｐ１１１要約。明治新政府の最初の公式「刑法」が「新律綱領」（明治3年12月20日太政官布告）で、これには兇徒聚衆罪が規定されていたが、主たる目的は農民一揆等の取締が主眼だった。この綱領を修正増補し発布されたのが「改訂律例」（同6年6月13日同）だったが、両者は明治6年7月10日から並行施行された。本文記載のようにこの両者に「八虐六議」、すなわち皇室危害罪に相当する定めはなく、この状態がいわゆる旧刑法施行（明治15年1月1日）まで続いていたことになる。

この間に多発した不満士族を核とする謀反・治安妨害などに抵触する事案はどう処理されたか。佐賀の乱を契機にその鎮圧後の裁判を担当することになった権大判事河野敏鎌が法の不備を指摘し、のちに「臨時暴徒処分例」と呼称される五箇条の処断基準案を内務卿大久保利通に意見書として提出。これが政府の公式見解（明治9年11月8日）に格上げされ、以後の臨時裁判所判決基準となったという。

第二章　千葉監獄での獄中生活──新発見資料「新村善兵衛の獄中記録」と獄中書簡から

一　忠雄との別れ──東京監獄最後の日

一九一一（明治四四）年一月一八日、「刑法第七十三条ノ罪被告事件」で、新村善兵衛と新田融は、ともに罪名を爆発物取締罰則違反に変更され、それぞれ有期懲役八年、同十一年の刑を宣告された。翌一九日、善兵衛は新田とともに千葉監獄へ押送された(1)。死刑を減軽され無期懲役となった佐々木道元、峯尾節堂は遅れて二一日午後二時、両国駅を発ち、千葉駅に着いたのは午後四時を回ったころだったとされるから、善兵衛らも同時刻の列車だったろうと想像される。厳重な警備のもと下車すると、迎えに来ていた囚人馬車で千葉郡都村大字貝塚一九二番地の千葉監獄へ移送されたことになる。

善兵衛は千葉監獄へ押送される当日午前中、実弟忠雄からの獄内「通告」を受け取った。

「兄上様、貴方に謝罪します。八カ年の懲役にしたのは私です。私を怨んで被下《くだされ》。而《しこう》して御身大切になすって被下。私は貴方の様なおとなしい人には必ず仮出獄の恩典があるのです。」と謝罪した上で、「貴方の様な忠良な国民に対しては、国家は必ず特典を与へます。七十三条から七十七条までの罪(2)によって刑せられたものでなくば、皆事件の発生地の獄中で刑の執行を受けるのです。……その上に於て刑期の三分の一で御出獄になる様祈って居ります」と書いていた。収容監獄は発生地（長野県）のそれであり、獄則さえ守れば国家は必ず恩典を与え、刑期も三分の一で済む可能性があると励ました（「新村忠雄獄中日記」一月一九日(3)）。

しかし、忠雄の見込みは希望的観測で終わった。収容監獄は千葉であり、刑期が三分の一で済むなら二年八ヵ月程度となるから、可能的最短仮出獄日は一九一三（大正二）年九月一八日となるはずであった。だが、実際に仮出獄発令があったのは一九一五（大正四）年七月二三日だったから、見込みより一年十ヵ月ほど遅く、在監四年六ヵ月、未決勾留期間を含めれば、すでに五年二ヵ月近くの在獄期間だった。実弟の希望的期待は見事に裏切られたことになる。

第一章でも触れたように、新村兄弟は実に美しい愛情の絆で結ばれていた。判決が下る前の東京監獄で、ただに死刑判決を待つ弟に、兄はどんな思いを寄せていたろう。忠雄の極刑はすでに覚悟の裡にあったとしても、時間で刻まれるその宣告の日を待つのは息が詰まりそうで、気持ちを整えようと薄暗い獄舎で筆を持てば、文字が踊り乱れた。既に知られた善兵衛の獄中日記であるが、未読の読者のために判決前後数日分を選んで、抜粋転記をしておく。

一二月七日　自分は今何も望む所はない。たゞたゞ弟と共に手を取り合って水入らずで食事がして見たい。大声で談笑して見たい。忠雄忠雄と呼んで見たい。最も自分を慰めて呉れたのは矢張り彼弟であった。世間の兄弟とは違い、好く両人切りで散歩した。

一月一六日　弟から通告があった。其内に「私は科学を信じて居るから全く安心と満足で日を送って居りますから御安神《ママ》下さい。只貴下に済まなくお気の毒でなりませぬ。私は死刑は最初から覚悟の者、為に苦痛はありませぬ」云々の句があったが、若し自分が何も知らずに、法廷の様子も知らずに居たならば、喫驚《きっきょう》して腰を抜かす位なものである。吁噫《ああ》、之を母に見せしめたならば、如何に痛酷な悲嘆に咽《むせ》ばれる事であろう。咄《とつ》（舌打ち音）、忠雄の奴め、曾て祖父は母に男の子二人持てるの事を常に喜ばれ、お前は偉いな、二人の男の子であるからと、幾度ならずうらやみ給いしと聞きつるが、それが返って母上の御身に仇であった。

一月一八日（略）愈々《いよいよ》出廷の時刻も近きたれば着物着替へつ。早昼をなして出ず。法廷は公判にて護廷人を以て蔽《おお》はれたり。愈々判決の云渡となり長き理由を裁判長の読み行く内に、我は「万事休す」と絶叫せん許りの感に襲はれたり。主文に依れば被告二十六名の内新田融の一一年、我れの「八年」、自余の人々は憐れむ可し。痛む可し。吁嗟《ああ》。怨む可し。噫々《ああ》。惨《いた》ましの極死刑、極死刑。我は恐れたり、恐

れたり恐れたり。嗚呼。二十四人の人々如何なる心
地に彷徨なすや。吁嗟。

頭は吹き荒む嵐。胸は燃ゆる痛苦。
痛ましき哉。明日の老母の胸憶。
我は謝す　我は謝す　我は謝す
何思ひ何を為し何をかせんや。
唯頭抱いて叩頭して母に謝するのみ。
母よ母よ。願はくは健全にこの八ヶ年を。
噫《ああ》。嗚呼《ああ》。吁嗟。吁嗟　噫。
忠雄が忠雄が。痛む。

一月一九日　世の提灯と釣鐘と云ふ諺あり。吁嗟。昨日の判決はそれに非ずや。彼の四、五輩以外の人は犯さんとなす意志断じて存せしに非ず。然るに予想以外の大罪を問わる。我れや詞《ことば》窮して云ふの言葉無し。而して我れや亦それなり。普通の犯罪なれば八ヶ年の處刑を受く可きものならんや。曾て予審判事は「刑の執行猶予になればそれで好いではないか」等云ひし事すらあれり。（略）

母の君を書いて見たい。母よ。母よ。忠雄よ。忠雄よ。卿《きょう》（貴殿）の顔をよく見て行きたい。懐かしい此の東京監獄もここ一両日内に別れるのか。（略）母上よ。母上よ。八ヶ年を御健全に。忠雄よ。忠雄よ。一日宛も平安に。我れは唯々特赦のあらむ事を、無期にならむ事を切に願ふ。祷る。祈り入る。

右で気付くのは「彼の四、五輩以外の人は」大逆罪など犯す意志は持っていなかったとしていることだ。逆に言えば「四、五輩」のうちに避けがたく実弟忠雄が数えられていることを認めていたことになる。

善兵衛がこのような認識に至ったのは、他の被告らの予審調書等を読めたわけではないから、判断の出処は公判廷での検事の論告や被告、弁護人の陳述等からということになる。ここから公判廷では各被告らがそれなりに思いの丈を述べるチャンスがあったと想像できるのである。さらに指摘しておきたいのは、ここでは「略」とした部分に七五調の「歌謡」ともいうべきものが綴られていたことである。例えば全五連中、最後の部分を抜き書きしてみる。

○吁嗟痛ましや汝はそも
まだうら若き身をもちて
嵐の前の灯火か
いまや消えなむいと惜しき
消ゆる刹那の苦しみや
如何あるらむ我はしも
唯痛ましく嘆くなり
あゝ情なや痛ましや

少し乱暴な言い方になり、誹りを受ける覚悟で言えば、実弟が命を政治囚として奪われる深刻な場面であるにもかかわらず、古歌の情緒的色彩の中へ思惟《しい》を投じ、官権に対抗する意識に立ちきっていない姿が濃厚だ。こういう所からも、善兵衛は意識的な社会主義者に遠い存在だったと言うことができる。

書き終わるころを見計らったかのように獄吏の呼び出しがあった。木名瀬典獄の計らいで、押送出立の直前、忠雄との面会が許され、慌ただしくも今生最後の別れの場面が与えられた。当然、獄中日記に反映はない。

その後、善兵衛は新田融とともに千葉監獄へ押送されたのだった。

二　獄中生活を伝える新資料「獄中記録」

（一）資料概要（巻末資料Ⅰ）

一九一一（明治四四）年一月一九日、この日より新村善兵衛の千葉監獄での生活が始まった。それから仮出獄となるおよそ四年半の獄中生活はどんな様子だったか。その生活肉声は、これまで同獄中からの第一信として坂城町在住の実姉奈越《なを》の夫柳澤誠之助宛に出した書簡一通（消印・明治四四年一月二八日）と、典獄の命により書かれた二八〇字程度の「感想録」（官権記録「本邦社会主義者・無政府主義者名簿」（内務省警保局作成）が、唯一今日に伝わるものだった。執筆時期は一九一四（大正三）年六月一五日　昭憲皇太后崩御に伴う恩典に浴した際の「感想録」である。

ところがこの度、縁あって善兵衛の親戚筋に遺されていた獄中での記録を入手した。(4) 勿論、公開は今回が最初となる。(5) 以下に内容を掻《か》い摘《つま》んで報告する。

まず、資料の概要を紹介しておく。筆者が入手したものは本人自筆と確定までには至らないもののコピーのコピーである。それゆえ原本がどんな紙質のそれに書かれたものであるか窺い知ることが出来ないばかりか、判読が相当困難な部分が散在する。用紙に監獄署名や罫線などは見当たらない。縦書き、細筆使用で丁寧に行分けされて書かれてあり、総枚数B４判三一枚だが、紙片の中ほどに縦筋があるので、原本二枚分がB４判にコピーされていると分かる。原本のスタイルは一枚あたり一三～一四行、一行文字数三〇字程度である。総分量はザッと換算すれば四〇〇字換算で六〇枚程度となる。

既述したように、用紙に監督官庁（監獄）名がないことや、推敲的欄外文字も散見されるので、これを出獄後の清書稿と見る考え方も成り立つが、しかし、タイトルにそぐわない突然の内容変化箇所が少なからずあることなどから、少なくも推敲完成稿とするには至らないのである。

注記（注5）したように、初稿発表後三ヵ月ほど過ぎた頃、同じ資料提供者から今度は善兵衛の「獄中書簡」（後述）のコピーの提供を受けた。その中に、たった一枚だったが、「獄中記録」中の部分と重複するものがあった。[6]比べると文字・行数に異動がある。ここから、先に公表の元コピーそのものは、獄中で筆記されたものではなく、出獄後、書き改めの作業がなされた可能性が強くなった。したがって今後、別の推敲稿が発見される可能性が大いにある。何より期待したいのは、本稿で翻刻紹介する原本と、未だ発見されていない他の部分の原本である。

この度の翻刻部分は仮出獄に近い日々のもの（次項に詳述）で、在獄期間の長さや善兵衛の筆力から推して、もっと多量の「獄中記録」があっていいと推測されるからである。その意味で分量的に「新たな発見」を期待したい。資料提供者によれば、すでに三〇年近く前の段階で、遺族宅に原本は無かったとの伝聞である。

なお、ここでの呼称は「新村善兵衛・獄中記録」としておく。すでに広く知られている東京監獄中で綴った「新村善兵衛・獄中日記」（世界文庫）と区別するためだが、内容からしても日々の行動記録の要素は薄く、むしろ獄内で培った思念表明という趣が濃厚だからだ。

また、新たに見つかった書簡類は「千葉獄中書簡」としておく。これも「東京監獄」時代のものと区別するためである。

（二）執筆時期

さて、この「新村善兵衛・獄中記録」はいつ書かれたか。結論から言えば一九一五（大正四）年五月中のことである。文中に出て来る日付を列記すれば次の通りである。五月十七日、十八日、十九日夜、五月二十七日午後七時、三十日、六月一日、六月三日。さらに「二十七日、あゝ今日は満五年、以前午后忠雄と我家を相見た最后の日である。自分も我家を見ざる最早満五年になるのである」（「12　読書の感・愚雑の凡感」）とあって、具体的で迷うところはない。すなわち前記年月が確定できる。

なお、「記録」中の日付の初出は「五月十七日」だが、これは「7　麺麹雑感」の末尾にあることから、文章分量から推して書出し初日は五月初旬ころと推定できる。つまり、都合一ヵ月間余の記録という推測が成り立つ。仮出獄（大正四年七月二四日）のほぼ二ヵ月前にあたる。

当時、仮出獄者に記録の持ち出しがどの程度許されていたか不明であるので推測の域を出ないが、不許であったとするなら（何しろ事件関係の最初の出獄者だ、出獄後といえども厳しい四六時中の監視下におかれた）、逆に本稿「記録」の外部持ちだしの方法が気にかかる。許可されていたのであれば、残余の所在が杳《よう》としているのが腑に落ちない。いずれにしても初公開となる。

（三）善兵衛の内心

内容について概観するなら、在獄者にありがちな宗教的精神論が一貫して流れている。筆者の身近な研究対象で言えば坂梨春水《はるみ》の例を思い出す。事件の余波で不敬罪を蒙り、懲役四年の判決で前橋監獄に下獄したが、過度に仏教に帰依したかのように装って家族宛に認めていた。この場合、筆先にイメージされていたのは家族の面々ではなく、検閲する獄吏だったろう。一日も早い出獄を勝ち取るための「改悛・悔悟の情」をアピールするのが狙いだったと解釈できる。しかし、善兵衛の場合はもっと深刻で、世間と隔絶された環境下で、必死に自己確立を試み、生きる意義を何とか見つけ出そうとしていた。「生」への意欲をつなぎとめる必死の対処法だったと読み取れる。

これは当人の性格にもよろうが、刑期が長期になればなるほど「自殺・自死」という誘惑の魔手に捉えられやすいから、無理にも自己存在の正統性を身体に刻み込もうとする心理が強く働いていたとみられる。ここに「無理にも」というのは、そうしなければ生き抜き得ない不安に苛まれる日々があったということである。

「自分はつくづく思ふに今日迄《まで》の自分、入獄迄の自分は、全く人間生活を営んで来たのでは無かった。この本監と云ふ小区劃《くかく》を劃したのを不幸〔中〕の幸として、出獄后は人生の眞意義ある人間生活を仕よう」〔獄中記録「看板」〕とか、「忠実、愛國、孝親皆自己否定である。社会公衆に尽くすも何も総て自己否定の形式を洩れない。自己否定でなければ、労働と眞に云へ得ない。誠に自己否定の受用の大なる〔は〕殆ど際限がない」〔同「自己否定」〕等々である。

また、こうも記す。「あゝ監獄ハ厭わしき人世悲劇の劇場である。世の古今、時の如何を問はず、世に刑獄無用の時代があり得れば、それが即ち黄金時代であると思ふ様になった」云々〔同「獄苦」〕。

（四）忠雄への思い・母への思い

昼間は下駄表、夜間は鼻緒の芯の製造作業に従事し、読書に励み宗教上の信念を培い、郷里の母親から来信があれば、返書には必ず親戚筋への挨拶伝言を託すことを忘れなかった善兵衛だった。それが獄吏に好印象を与え、賞表下付につながったのかも知れなかった。

しかし、繋がれてある者の苦悶の毎日に潜む内心を、獄吏が見透せようはずもない。実弟忠雄を殺した権力への疑念・怨念・無念をひたすら諦観の中に鎮め、ひたすら出獄をまつ囚徒の一典型を善兵衛は生きていた。殊に忠雄への思いは「記録」の各所に突然飛び出してくることで、断腸の苦悶を知ることができる。「誠に夢のあと、覚めて想に耽るのは弟の夢である。忠雄を刑場へ送って、弟が処刑を受ける所を夢みたり、忠雄の姿が宙に下がって縮れて仕舞って、それが忠雄か？と叫んで目覚めたり」〔同「夢」〕とあれば、もう読者として言葉の挟みようもない。

また、さらに続く。「自分の様な獄中生活の者は、心の創痍《そうい》は、日に日に新に悲痛は尽きない。自分は喉の破け聲《こえ》も涸れん許〔り〕忠雄忠雄と叫んで、流せるだけ涙を出したらば、此の胸中の鬱結《うっけつ》は幾分滅しようと思ふて居る」。

実弟忠雄が司法強権に責められ、硯の墨さえ凍る東京監獄の独房で、寒さと粗食で胃腸をやられ、甘味一つ、否、記録を書き留める紙や筆一本を購求する金円を持てない苦痛の中で、日毎に体重を奪われていく姿を、兄善兵衛は公判廷でしばしば見る機会を得ていた。その残像が千葉監獄まで引き継がれ、時折夢に出て来るのである。「忠雄の姿が宙に下がって縮れて仕舞って、それが忠雄か？　と叫んで目覚めた」とは、何とも悲惨きわまりない。

だが、それほどに実弟を思い遣る兄の元へ「『英国産業革命』『陽明哲学』其他二冊ハ、兄善兵衛へ送付セラレタシ」とした極刑直前の遺言が、獄吏によって善兵衛に尽くされた形跡はない。

あるいはまた、母親への懺悔の気持ちも如実に語られ、その深さは他人には計り知れない。出獄したなら一身をなげうって尽くすと誓っている。この姿勢は終生善兵衛を貫いた、長男としての義務感に裏打ちされたものだったろう。

（五）善兵衛が捉えた峯尾節堂と佐々木道元

善兵衛が宗教や哲学書に関心を払い、何とか生きる意義を刻もうとすることができたのは、有期懲役八年が減刑で六年にというように、謂わば期限付きの我慢・忍苦であると思えばこそ、堪え得たものだったのかも知れない。同じ千葉監獄の獄窓に日々を送っていた峯尾節堂（和歌山）や佐々木道元（熊本）は、無罪を期待し信じていただけに、出口の見えない無期刑は「獄苦」をいや増しに高めたに違いなかった。その二人の横顔の一瞬を善兵衛が捉えていた。

「囚衣の人の顔には夏を除いては何時も陰鬱な蔭の消《ママ》いた時は余りない」と書き出し、峯尾・佐々木の「六ケ敷《むずかし》い憂鬱な相貌」を印象に刻んでいた。作業か運動などの際に目にした印象だったろう。哀しいかな佐々木道元は一九一六（大正五）年七月一五日、獄舎で病死した。二八歳だった。善兵衛がこれを記録したのは既述のように一九一五（大正四）年五月二七日より数日前だったが[7]、とすればこの記録に斯様な印象を記録されてから一年二ヵ月後の逝去だったことになる。

一方の峯尾節堂は一九一九（大正八）年三月六日に、やはり獄中で病死している。三五歳だった。共に体力的には一番充実していていい年齢だから、病を克服する「生欲」への減退が一因として作用したことは難くない。

千葉監獄には、ほかに新田融や別件の不敬罪で懲役五年となった早稲田の学生橋浦時雄が収監されていた。時雄は善兵衛と同じ懲役囚だったせいか、運動場で顔を合わせる機会があったという。編み笠をあげて目礼を交わす習慣があったらしいが、そこに見過ごせないことが起きていた。

「新村忠雄君の兄の善兵衛君は、千葉監獄で一緒になった人ですが、秘密の通信文で『事件の中心は宮下太吉・新村忠雄・古河力作・管野すが子・幸徳秋水の五人だ』と云ひ、『他は巻きぞへで、無理な結〔び〕付けの裁判だ』と云っていました」という部分がある[8]。これには些か違和感を覚えるむきもあるだろう。自らの実弟が主犯格だと言うはずがないとも思うからだ。だが既に紹介した善兵衛の東京監獄での「獄中日記」にもこのことは出ていたし、出獄後のことになるが、一九一六（大正五）年一一月六日、監視の目を潜って上京した翌七日、警視庁へ出向いて日常の生活監視が厳しすぎると抗議するなかで、「二十六名中眞無政府主義者トシテ」「危険思想ヲ抱持スル者トシテハ僅々四五名ニ過ギズ」ともしていた。

これらには明確に忠雄を指名しているわけではないが、また逆に、何れの記録中にも実弟が中核外の者だったとする文言も遂に発見することは出来ない。前記橋浦時雄の証言は警視庁の記録と符合するから、善兵衛の認識としては事実なのだろう。官権記録『人物研究史料』には次のような趣意（要約）が見いだせる。

「実弟忠雄は主義のために斃《たお》れたが、自分は弟が果して無政府主義を奉崇していたとして、それがどのようなものなのか知りたい。それは自分の将来のためでもあると思っていたが、獄中では関係書籍の読書が禁じられていたため研究できず、この気持ちは出獄後の今も続いている」と。

ここには割り切れない複雑な心境が交錯しているのがわかる。弟が死刑に処せられるほどの罪過を犯したとは思えないという率直な心情である。

（六）明らかとなった善兵衛の一面

その他特記するとすれば、これまで知られていなかった善兵衛の前半生の一端が思わず漏れ出ていることだ。「漏れ出て」と敢えて指摘するのは、見出しタイトルにそぐわずかつ唐突に、しかも数行程度の告白だからである。

それは何か。時期特定は出来ないものの去る一時期に、親を悩ますほどの放蕩的旅行があったらしいことだ。明治後期に流行していたパナマ帽やインバネスを着し、「遠く瀬戸内海地方の周辺、舞子明石の風光を贖したるのそれでもない。否それ等は却而《かえって》悲痛の思出である」と記し、「それが為忠雄の渡米は中止せられたのであった」と読める部分がある。この忠雄の海外渡航の願望は、押収書簡（「証拠物写」）中にも散見されるところだから、コトの現実味は暫く措くとして、少なくも獄中にあって刑死した実弟を偲べば、「あの時、自分の放蕩三昧を控えて、希望を叶えてやればよかった」という悔恨が書かせたものだったろう。「愛弟の将来を顧みず」との文字も見えている。その裏には、仮にも希望を叶えてやっていたなら、「事件」に巻き込まれることは無かったかもしれない、という実兄の想いが張り付いている。

三　獄中感想録——昭憲皇太后崩御に伴う恩典に際して

実弟忠雄を刑死に追いやられたという現実の前で、有期懲役八年の宣告を受け、千葉監獄の獄舎で新村善兵衛が見つめていたものは何だったろう。未消化だった弟の思想と行動を、理解の胃の腑に納め得ることができただろうか。

新村善兵衛の千葉監獄在獄期間は一九一一（明治四四）年一月一九日から一九一五（大正四）年七月二三日までで、翌二四日出獄した。この間、既決在獄四年六ヵ月五日、判決までの未決勾留期間七ヵ月二十六日を含めれば五年二ヵ月の間、獄中で過ごしたことになる。特に前半の未決期間は取調べに明け暮れたが、知られるように公判開始決定以後の一九一〇（明治四三）年一二月三日から獄中日記を書き出したから、断片的ながら善兵衛の東京監獄での胸中については、知られていたことだった。

しかし、千葉監獄在獄中の四年半に亘る期間はどんな心境だったか。これまでの官権資料は次のように伝えていた。

「入監以来教誨《きょうかい》ノ趣旨ヲ服膺《ふくよう》シ能《よ》ク獄則ヲ遵守シ改悛ノ状アリ。晝《ひる》ハ下駄表ノ製造ニ従事シ、夜間ハマニラ麻糸織《機》キノ工役ニ服シ、殊ニ大正元年八月賞表ヲ附與セラレ、爾来一層精勤セリ[9]」。

また次のようにも記す。「昭憲皇太后陛下崩御ノ論告ニ對シテハ愼ニ驚愕ノ色アリ、尚御大喪儀ノ當日ヨリ三日間ノ休役及恩赦減刑ノ論告ニ對シテハ皇恩ノ深キニ感泣謹慎ノ意ヲ表シ左ノ感想録ヲ草シテ典獄ニ提出セリ（大正三年六月十五日調）」と前置きして、次のような恩典に対しての「感想録」を典獄宛てに提出していた。

人の世に處するに於ては信用と同情の二つ程大切なるものはない。人として信用なく、又他の同情がなければ世に立って行くことは出来ぬのである。私は元来社会主義者ではないのです。故に出獄後若し些少なりとも主義者らしき行動を為したらんには、如何犯罪が犯罪な／（※ここで行替えあり、文章が不連続）」／□前生涯が前生涯ですから世人の非常なる注視の許にありますので、延《ひ》いては彼の不幸なる無期十二名の人々の運命に重大なる関係を有します。私は、更に厳正なる御叱正に依て誤想を正し、信念把持を確實になし得て、刑餘の行動を見よとの評を得たいと思ひます。茲《ここ》に減刑の恩典に浴し得まして更に信念を確持せねばならぬと深く思ひます。（引用同前）

この「感想録」なるものは二八〇字程度の短文である。別表にも掲げた通り二カ年の減軽があって、この時点で懲役が八年から六年となった。「私は元来社会主義者ではないのです」とし、出獄後は社会主義者とは交わらず、世人注視の中にいるので改悛の信念把持を確実にし「刑余の行動を見よとの評を得たいと思います」として、恩典に感謝して結んでいる。ここに描き出されている善兵衛は誠に模範囚であり、仮出獄が施されて当然というようになっている。任意提出物ではなく、典獄の命によるものである。これがこれまで明らかになっていた善兵衛の唯一の肉声であった。だがこの度、前項にて紹介した「新村善兵衛獄中記録」（仮称）を入手した。流れとしては本項は巻末資料Ⅰに続くものである。

四　獄中書簡――在千葉監獄（巻末資料Ⅱ）

新村善兵衛の書簡についてはこれまで東京監獄在獄中のものが、例えば『大逆事件ニュース』第一八号、その他などに紹介されてきた[10]。

ここでは提供に与った一二通をすべて翻刻紹介する。ただし、資料がコピーのコピーという性格上、誠に判読しにくく、殊に消印（執筆年月日）が不鮮明であったり切手部分が失われていたりして、配列順序を確定できない。勢い書簡内容を参考にするわけだが、役立つ情報は少ない。さらに封筒と本文の合致を保証しきれていない。一応年月日順に配列したが、右のような次第であるので、ご了知願いたい（注10参照）。

〈注〉

注1　忠雄の獄中日記1月20日のなかに、8時20分ころ獄吏から兄が使用した毛布を貰っておくか？　と問われ、欲しいと応えると「間もなく毛布が来た」とあり、雰囲気としては20日午前中まで、善兵衛は東京監獄に居た気配が濃厚だが、内務省警保局「本邦社会主義者・無政府主義者名簿」には、善兵衛の千葉監獄の在獄開始日を19日と記録している。

注2　皇室に対する罪のうち、73条（天皇及び天皇に準じる皇族に対する危害罪）、74条（天皇、及び天皇に準ずべき皇族及び神宮、皇陵に対する不敬罪＝但し本条に言う神宮は伊勢神宮であって熱田神宮その他は含まない。大場茂馬の解釈では、皇陵は勿論だが「神宮ノ称アルモノハ悉ク刑法第七十四条ノ客体タル可キヤ否ヤニ付テハ立法ノ精神ヨリスレハ疑ヲ容ル可キ余地ナキニ非サレトモ之ヲ法文ノ解釈トシテハ積極的ニ解スルノ外ナキモノ、如シ」（『刑法各論　下』Ｐ５５６）として、不敬の対象とするには拡大（積極的）解釈の必要を認めている。一般的な墓所等礼拝所での妨害は第１８８条で最大を6月以下の懲役、第74条にあてると3月以上5年以下の懲役となる）、75条（天皇に準ずべき皇族以外の皇族に対する危害罪）、76条（75条で規定する皇族に対する不敬罪）、並びに77条以下に内乱罪関係がある。

注3　刑法28条「懲役又ハ禁錮ニ処セラレタル者改悛ノ状アリタルトキハ有期刑ニ付テハ其刑期三分ノ一無期刑ニ付テハ十年ヲ経過シタル後行政官廳ノ處分ヲ以テ假ニ出獄ヲ許スコトヲ得」とある。忠雄の言はこの条文を念頭に置いたものだったことがわかる。ただし、経過刑期「三分ノ一」を以て必ず仮出獄できるわけではない。あくまで仮出獄の要件の一つに過ぎない。

注4　長野県千曲市坂城町在住の大橋幸文氏からコピーの提供に与った。氏はながらく教職にある一方、地元の町教育長や町史編纂委員を務められ、現在「さかき歴史同好会」を主宰しておられる。記して感謝申上げる。

注5　本稿の主要部分の翻刻は『大逆事件事件ニュース』第56号（2016（平成28）年1月24日）に発表したが、かなりの部分が「抜粋」もしくは「全略」であった。今回はほんの一部を除きほぼ全面翻刻したので、改めて「初公開」と記した。

注6　確認したのは僅か一枚であるが同一筆跡である。ここから推測すると、出獄後、本人またはごく限られた縁者によって、推敲の着手がなされた可能性を指摘できる。

　なおまた、不思議なことに、「千葉監獄獄中書簡」（整理番号[5]）の途中一箇所、行間に天地を逆さにして「書籍ノ差入ハ許可セス」と読める活字があることだ。その事実を書き添えておく。

注7　本稿に引用の善兵衛「獄中記録」の中頃に「二十七日、あゝ今日は満五年」とあるにより、事件勃発時、長野地裁松本支部で正式勾引状を発令された日を起点に考えているので、満5年が1915（大正4）年5月27日であることが確定される。

注8　神崎清『革命伝説4』第三章P90

注9　『社会主義者無政府主義者人物研究史料（第一巻）』柏書房1964年。

注10　管見の限りにおいて、「大逆事件ニュース」18号（1970年11月10日）に、もろさわ・ようこ「新村善兵衛・忠雄兄弟の生家をたずねて」があり、5通が紹介されている。そのうち明治44年1月28日消印のものについてはここで改めて翻刻した。

　また、「さかき」第10号（平成27年3月31日）に大橋幸文「大逆事件　新村善兵衛・忠雄兄弟に学ぶもの・補遺」として一通、現物写真と併せて翻刻紹介されている。

翻刻書簡一覧【巻末資料Ⅱ】〈Nは「大逆事件ニュース」第18号掲載〉

書簡番号	消印	宛名	備考（本文書出し等）
[1]	明治40年4月21日	柳澤誠之助	〈事件前のもの・2枚目略〉
N	明治43年11月2日	柳澤誠之助	拝啓先日母よりの手紙
N	明治43年11月16日	柳澤誠之助	漸々の事一昨日接見禁止
N	明治43年12月24日	柳澤　奈緒	あゝ姉上様誠に申し訳
N	明治44年1月12日	柳澤誠之助	獄中の新年―実に感慨に
[2] N	明治44年1月28日	柳澤誠之助	二十日出の手紙も拝見
[3]	明治45年7月2日	柳澤誠之助	一日附の御手紙四日拝見
[4]	大正3年9月19日【推定】	柳澤誠之助	略文は許容被下度く。
[5]	大正4年1月23日	柳澤　奈越	古歌におそろしき寅の年
[6]	大正4年5月5日	柳澤誠之助	無くなったとの御手紙拝見
[7]	大正4年5月上旬【推定】	柳澤　奈越	〈「人物研究」大正4年6月調べに対応〉
[8]	大正8年2月1?日	柳澤誠之助	彦衛の話に此の間に稲荷山
[9]	大正?年8月18日	柳澤誠之助	拝啓其後は御手紙の御出送も
[10]	断簡（他の書簡の続き）		夫れから立町への話は拾弐円
[11]	大正?年?月?日	柳澤誠之助	今年は頗る寒気激しく
[12]	大正9年2月18日【推定】	柳澤誠之助	家に逆いた者には天は幸を
別録			

第三章　減刑の真相と仮出獄

一　勅令違反？——明治天皇崩御に伴う大赦令からの除外の法理

一九一二（明治四五）年七月三〇日、明治天皇（六一歳）が崩御した。これに伴い九月二六日に大赦令（勅令二四号）が発令され即日施行された。その効力の及ぶ範囲は次のように定められた。抜粋する。

大赦令　大正元年九月二十六日　勅令第二十四号

第一条　大正元年七月三十日前左ニ記載シタル罪ヲ犯シタル者ハ之ヲ赦免ス

一　刑法第七十四条及第七十六条ノ罪（注＝不敬罪）

二　刑法第七十七条乃至第七十九条ノ罪（注＝内乱罪）

三　刑法第九十条乃至第九十四条ノ罪（注＝国交に関する罪）

四　刑法第百六条及第百七条ノ罪（注＝騒擾《そうじょう》罪）

十七　治安妨害ノ目的ヲ以テ犯シタル爆発物取締罰則ノ罪

二十一　新聞紙法違反ノ罪

二十二　出版法違反の罪

第一条で規定された大赦対象の罪名総数は、末尾が第二十四号となっているので、この号数が示している。第二条では第一条で記載した罪と性質を同じくする旧刑法の罪も、赦免対象とすると謳っていた。

右からわかるように、一号から四号までは国家の治安維持の観点からすれば「重罪」にあたる。それらを赦免するというのだ。これらから比べれば爆発物取締罰則が第十七号に謳われていたということは、少なくとも右の四つの罪より軽い位置付けだったとしていいだろう。要するに本令は明治帝治世の間に服役した者への、主としては政治犯に傾いた在監人の赦免が狙いであったといえる。この際、全国的に見れば、大逆事件関連では一四名が恩典に浴したとされる。(1)

群馬県を例に引けば、本件に関連して不敬罪に問われ前橋監獄に服役していた長加部寅吉、坂梨春水、岩崎松元の三名が赦免され出獄した。

ところが不思議なことに、善兵衛や新田融らは爆発物取締罰則違反とされて服役していたのに、「赦免」の恩典に与っていない。その不思議を思う。否、疑問を強くするところだ。本項タイトルを「勅令違反？」としたのはこれによっている。

大赦とは赦免である。赦免とは有罪の言渡しを受けた者についてはその効力を失わせ、未だ言渡しを受けていない者は公訴権が消滅する。そうであればこの時点で、善兵衛らは晴れて無罪同様に扱われ出獄になっていていいはずだった。(2)

今村力三郎が戦後の一九四七（昭和二二）年一月になってから、『芻言』（大正一四年一月）に盛り込めなかったこととして新たに「幸徳事件の回顧」を発表し、遅れ馳せながら大審院の裁判官らを権力におもねる輩として批判したが、その「回顧」記の後段には、新村善兵衛が明治帝崩御に伴う大赦の恩恵に与っていないことに触れ、次のように言う。

「司法部が、新村善兵衛を、恩赦令より除外したのは、恐らく彼が、幸徳の大逆事件の連累者たるがゆへでありましょうと察せられますが（略）彼が単なる爆発物取締罰則違犯として処断されたのは、事実上、大逆事件の加工者に非ざることを、裁判所において認定せられたからであります。然るに、唯同一判決書に、名を列したるの故を以て、恩赦令の、恩典に浴せしめざる、司法省は、皇室に向て、阿諛便佞《あゆびんねい》（おもねり、口先だけが巧みで心のねじけている様。『大逆事件（三）』専修大所収に「便倭」とあるは疑問）の最も賤しむべき態度であります。しかして此阿諛便佞が、却って累を皇室に及ぼすのであることは縷々我の述べた如くである」と指摘するに止まり印象批判の範囲を出ない。法律家としての法理の見解が述べられていないのである。

そこで一見勅令違反ともとれる当局のこの対応は、どんな法理に立てば可能なのか。善兵衛、新田融の両名を赦免対象外にできるのか、それを考えてみた。

改めて第十七号に注目すると、この条項は他の条項とは違った書き方になっていることに気付く。つまり第一号から第二十四号までのほとんどが、至ってシンプルに法条そのものを端的に明示している。僅かに第六号の陸軍刑法を謳うなかで、除外規定が謳われているに過ぎない。そこが異例の表記と言える。

ところがこの異例が第十七号にも見逃されやすく適用されていた。思えば爆発物取締罰則第一条は罰の対象を二つあげていた。第一章で繰り返したとおり、「治安妨害」と「身体財産侵害」である。すると大赦令第一条第十七号の書き方は「治安妨害ノ目的ヲ以テ犯シタル爆発物取締罰則ノ罪」を大赦対象とするとあるから、「身体財産侵害」を目的にしたものは、赦免対象から除外される規定だったことがわかる。単に長文のため前段だけを明示し、後段を省略したのではなかった。「治安妨害」は許すが「身体財産侵害」は赦免しない。この意味は、政治的な意味で罰した者らは、考えようによってはその治世の最高責任者の統治能力の非力・瑕疵に起因する事柄だと評価すれば、大赦という制度を設けて「寛容」を示す装置とするのも統治者の智慧だろう。別言すれば、犯罪者の行為は公憤に基づいたものだったと認めているとも言える。

これに対し「身体財産侵害」の発起は、犯罪者の個人的内意に基づくもの、例えば爆発物を使用しての私憤の発散（強盗放火殺人等々）などであって、謂わば私人の利害に関係する事柄を主としては対象としていると一般的には解せる。勿論、「治安妨害」のなかには、「身体財産侵害」と競合する場合も含まれるし、私憤といえどもその対象や晴らし方によっては、十分「治安妨害」に至ることも考えられる。つまり謳われている犯罪目的は二つだが、事実上競合する部分が出て来ることだ。この競合ゾーンに該当すると当局によって認定されれば、「治安妨害ノ罪」は赦免する旨を謳われていたとしても、内側に「身体財産侵害」が張り付いていて、恩赦対象から除外することが可能となる。

すると善兵衛の場合、判決書を注意深く見ると、「爆発物取締罰則第三条中第一条ノ目的ヲ以テ爆発物ヲ製造シタル者」と認定されていた。これによれば「第一条ノ目的ヲ以テ」とあるところに、別段「治安妨害」若しくは「身体財産侵害」の区分は為されていないから、二つの目的罪が同時並列で科せられていたことがわかる。典獄は細心の注意をもってこの部分を再読したことだろう。決して意地悪く彼ら二人を対象除外にしたわけではなかった。大赦令の条文に忠実に従っただけだった。さらに付け加えれば、大赦令を成文化し確定した司法官僚たちの要らぬ恣意的条文操作でもなかったのである。こう言い切れるのは、実は一八八九（明治二二）年二月一一日に発令された大日本帝国憲法発布に伴う大赦令（勅令十二号）の第一条第十八号が、ほぼ同様の記述の仕方をしていたからである。

大赦令　明治二十二年二月十一日　勅令第十二号
第一条　本令発布以前ニ於テ左ノ罪ヲ犯シタル者ハ之ヲ赦免ス
十八　治安ヲ妨害スルノ目的ヲ以テ爆発物取締罰則ヲ犯ス罪

二　誤判？――適用罰条の誤り

元々善兵衛が犯したとされるのは、太吉・忠雄らが計画した至尊への危害、若しくは同盟罷工《ひこう》などに使用する目的を知っていながら、薬研を送付し爆裂弾を「製造した」ということだった。そこから出発して至尊に危害を加えることは知らなかったとしても、「暴挙ノ用」（治安妨害）の目的は知っていた、とされた。

そうであれば裁判官は、善兵衛の犯した罪の実態から推して、判決文は「第三条中第一条ノ目的ヲ以テ爆発物ヲ製造シタル者」と二つの目的を包含するような適用は避け、「第三条中第一条前段ノ目的ヲ以テ爆発物ヲ製造シタル者」とすべきではなかったか。なぜなら事実認定において、「薬研ハ暴挙ノ用ニ供スヘキ爆裂弾ノ製造ニ使用スヘキモノト推知シタルニ」となっているからだ。あくまで前段の「治安妨害」に限定し、後段の「身体財産侵害」まで含む適用は、認定した事実から逸脱するからだ。これは裁判官の不注意として指摘していいのではないか。

そもそも「製造シタル者」というからには、一度は製造現場に赴いて製造の実行行為に着手したという事実が必要ではないか。現今のように情報機器を使っての図面提供、その他の製造技術の情報提供などという専門性を提供したのであれば十分「製造シタル者」に該当するとの見解も一理あるが、薬研送付という行為は、事情の知・不知に関係なく、誰でも行える。それをまともに製造に関わった者と同一に扱うのは適用の誤りではないか。

それゆえ善兵衛は本来爆発物取締罰則の対象者にさえならないのだが、つまりは起訴不当なのだが、百歩下がって右罰則の対象者だったと認めたとしても、判決文のような二罪を包含する「第一条ノ目的ヲ以テ」云々を適用するのではなく、「(爆発物取締罰則)第三条中第一条前段ノ目的ヲ以テ」と限定すべきだったと考えるのである。

また、少なくも今回の大赦令の文案作りにおいては、単純に明治二二年の大赦令を先例として引き写すのではなく、条件をつけず単に「爆発物取締罰則ノ罪」とだけ書き入れればよかったとも考えるが、これでは私憤に及ぶ罪をも赦免してしまい、そもそもの大赦令の本旨に違うとなれば、「大審院ニ於テ判決シタル爆発物取締罰則違反ノ罪」という別の一項を加えてしかるべきではなかったか。それが大審院が認定した犯罪の事実に添っての大赦の効力を遺憾なく活かす方途ではなかったか。「治安妨害ノ目的ヲ以テ犯シタル」を包含することになるからである。

ここから教えられる事は、一つの些末な行為でさえ、それが拡大解釈されると複数の罪科を背負い込むことになり、法条のコトバのなかだけで無闇に拡大して行くことである。

そもそも善兵衛が犯したとされる罪の実情が、次第に現実から離れて法条の条文(コトバ)のなかに取り込まれ、まさに「言説空間」(山泉進)で扱われていることに改めて気付くのである。本件は同一の法条に謳われた二つの罪の目的のうち、善兵衛が犯したと認定されたのは「治安妨害ノ目的ヲ以テ」の違法行為とされていながら、罰条適用において、これに「人ノ身体財産ヲ害セントスルノ目的」をも加算されてしまったのである。誤判だったとする由縁である。

その意味では大赦令の発布は、行き過ぎた科罰を調整するチャンスだったのに、また大赦制度の本旨もそこにあるのに、それが活かされなかったことを指摘しておきたい。

なお、ここで蛇足を承知で付け加えておきたい一点がある。それは、なぜ善兵衛は「人ノ身体財産ヲ害セ

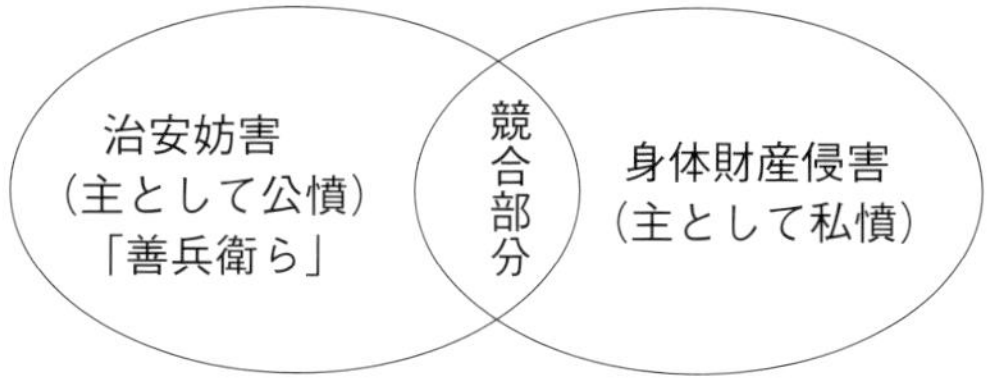

「爆発物取締罰則」第一条に規定する罪

ントスル」者とまでされたのかということだ。この場合の「人」とは一般的には市井の人々となるが、ここに天皇を読み込むという考えも無いわけではない。それなら第七十三条を発動すればいいことになる。それが結論なのだが、のちの昭憲皇太后崩御に伴う減刑令（大正三年五月二四日）の場合も、「減軽セス」の罪名に皇室危害罪のほかに、主として強姦殺人等が謳われていて、逆に安寧秩序妨害等の罪は基本的に減軽対象になっているから、恩赦による減刑とは、そういう性質のものだとわかるが、その際、「赦免セス」とされたなかに、尊属殺人関係があった。

そこで思い出すのは、一八七七（明治一〇）年一一月に成ったとされる「日本刑法草案」の第一章「天皇ノ身体ニ対スル罪」第一三一条に、「天皇皇后及ヒ皇太子ノ身体ニ対シタル犯罪ハ子孫其祖父母父母ノ身体ニ対シテ犯シタル重罪軽罪ニ同シ(3)」とあって、結局は明治四一年刑法第七十三条の表記に落ち着いたのだが、刑法案構築過程でそれこそ大宝律令以来の伝統とされる皇室への危害と尊属への危害が同列に論じられた経緯を見れば、当時の検察・裁判官等がなお第七十三条違反の疑いを棄てきれず、その放つ臭いの部分を「人」に被せて完全放免としなかったという見方である。そうであれば、先刻記述した裁判官の不注意なる論述は撤回しなければならない。不注意どころか意識的に「人」中に天皇の影を読み込んでいた（競合部分）かも知れないのである。

三　勅令恩赦と特別基準恩赦

ここで補足的に恩赦の仕組みを振り返っておく。

一般に恩赦には①大赦、②特赦、③減刑、④刑の執行の免除、⑤復権があるとされる。では、この五種類の恩赦を行うについて、どんな手続が必要なのか。その実施方法を尋ねてみると以下のようになる。

1、政令（勅令）による方法

・罪や刑の種類、基準日等を定め、該当者に対して一律に行われる。

・種類としては①大赦、③減刑、⑤復権が該当。

2、個別恩赦による方法

・特定の者に対して個別審査の上行われる。検察官、行刑施設の長、保護観察所の長が職権により発議し、又は本人の出願に基づき、中央更生保護審査会に上申し、同審査会の審査を経て内閣が決定し、天皇の認証を受けて行う方法。

・種類としては②特赦、③減刑、④刑の執行の免除、⑤復権が該当。

さらに実施時期別に区分すると以下の二つになるとされる。

2-1常時恩赦

・常時行われるもの。

2-2特別基準恩赦

・政令恩赦の際に同恩赦の要件から漏れた者等を対象に、内閣の定める基準により、一定の期間を限って行われるが、政令恩赦と関係なく単独で行われる場合もある。

以上は現行の制度であるが、旧憲法下においては、恩赦は天皇の大権事項とされ、また、その運用も勅令恩赦（現在の政令恩赦）と特別基準恩赦が中心で、常時恩赦は極めて制限的なものであった。(4)

要するに国に大事があった場合（ここでは明治帝の崩御）の恩赦は、上記1に掲げた勅令恩赦によるのであって、この勅令恩赦とほぼ同じ要件を備えていながら、罪と刑の範囲を定める勅令（ここでは大赦令）第一条に謳われなかった該当者の一部を救済するために、特別基準恩赦という形を整えたのだと説明されている。即ちこの特別基準恩赦は、罪の該当者全てを救済しないがゆえに、直接罪名等を第一条に書き込めないための措置だったというのである。明治帝が崩御した際の恩赦には、勅令による大赦令の外に、この特別基準恩赦が通牒された。

ところで、明治帝の御大喪により発せられた勅令二十四号による大赦令は、この第一条に謳われた該当者には、等しく一律に効力が及ぶべきものと解してよい。ここに謳われなかった者のうち、類似の者が個別恩赦（特別基準恩赦）として救済されたのであるが、新村善兵衛の場合、明らかに勅令で謳われた者に該当すべき者だった。すなわち、特別基準恩赦とは違って有無なく赦免されて然るべき対象者であった。これが仮に特別基準恩赦（特赦）の該当者であるなら、内務大臣や司法大臣などが、あれこれの情状を参酌するから、大逆事件関係者ということを引き出して赦免対象外としたとも考えられるが、このたびは大赦令ゆえにあり得ない。ともあれ、善兵衛らは三審制の制度の利益に浴せなかったと同じく、ここでも釈放リストから外されたのである。

四　賞表と減刑令（昭憲皇太后崩御）

（一）「賞表授与」の意味

一九一二（大正元）年八月（官権資料に日付記載無し）、善兵衛は模範的獄囚だとして、典獄から「賞表」を付与された。監獄法第五十八条は「賞遇」として「受刑者改悛ノ状アルトキハ賞遇ヲ為スコトヲ得」を謳い、同法施行規則第百五十二条以下でその詳細を明らかにしていた。

なぜこの時期に善兵衛は係る処遇を受けたのか。勿論「改悛ノ状」が典獄によって認められたからに外ならないが、明治天皇崩御日（明治四五年七月三〇日）と御大喪日（大正元年九月一三日）に挟まれたこの慌ただしい時期の賞表授与は、単なる偶然とするには些かの疑問が残る。御大喪日からさらに一三日待てば大赦令が公布（九月二六日）されるというタイミングである。なにやら崩御に伴う大赦のお零《こぼ》れを先に受けたような感じが拭いきれないのである。

「明治帝崩御」の一事は、国家的大事件だ。諸方煩雑さが尋常でないなかで、大逆事件絡みの在監人に賞表を交付するとは、何やら裏に事情を隠しているのではないかと想像させる。

明治帝が崩御してひと月が経過しようとしていた八月下旬、典獄の許にはこの度の大赦の内容が内々に伝わってきたはずだ。典獄としても釈放対象者が居れば、それに伴う獄内儀式（典獄の訓示伝達式）や、外部に向かっては身元引受人への事前通知、釈放日に合わせた出頭要請等々、普段にない仕事が増す。人一倍大きな机を前に、典獄は確認のため司法省の電話番号を回したかも知れなかった。善兵衛、新田の二人が釈放リストに無いがそれでよろしいか？　と。雑音に絡んで聞き取れた返答は、「リスト記載内容に間違いは無し」だった。

典獄がこのような行動に出たと推測するのは、大赦令の原則趣旨（政治犯の釈放）からすれば、善兵衛らは十分大赦令対象者だったはずだからだ。それが適っていない事実を突きつけられ、典獄は自らの権限内での救済の筋立てを考えたに違いない。大逆事件絡みの者らゆえ、明治帝の崩御をもって過去精算とするには、なお「社会感情（というより強権政府）が許さない」という考えだろうが、一方、日々の善兵衛らの獄内態度をみれば、およそ皇室や社会に危害・混乱を与えるような人間とはどうしても思えない。日頃幾多の囚人を管理している典獄なれば、彼らを見抜く慧眼は持ち合わせていたと考えるべきだ。すなわち、「賞表授与」は、典獄による「恩赦に代わる恩情の配慮」が形になったと考えられなくもない。関心が他に及んでいるうちに、との典獄権限による救済措置だったという見方である。

しかし、この筆運びには異論もあろう。本来なら釈放されて然るべきものを、賞表授与で誤魔化したという見解もなり立つからである。しかし、その批判は少なくも千葉監獄の典獄職以下には及ばない。

大赦といえども全ての罪刑を対象にするわけではない。既述してきたように必ず対象から除外されるのが刑法第七十三条及び七十五条該当者で、皇室に危害を加える罪に関わった者らである。その他には尊属に対する殺人・傷害・保護遺棄・監禁等があった。

> 賞　状
>
> 第○○○号
>
> ○○　○○（氏名）
>
> 平素能ク監獄ノ規則ヲ謹守シ改悛ノ状顕著ナルヲ以テ監獄法第五拾八条及同施行規則第百五拾弐条ニ拠リ賞遇ヲ為シ賞表壹個ヲ附與ス
>
> 大正○○年○月○日
>
> ○○監獄典獄　○○　○○　印

因みに触れておけば、賞表授与は監獄法施行規則(5)第百五十四条に「賞遇ハ左ノ如シ」として、接見・信書発送の機会を各一回増加されたり、肌着の自前調達、作業の変更が許され、作業賞与金が二〇％増加し、特別の糧食・飲料を与えられるという特典があった。

右に賞表の書式を例示しておく。

（二）永井直治に来獄要請

一九一四（大正三）年三月一二日、善兵衛は事前に来獄を要請した浅草区須賀町在住の従兄永井直治（浅草教会牧師。従兄＝父・二代善兵衛の兄弟の子で当時五〇歳。埴科郡中之条村出身）と、千葉監獄で面会を果たしている。呼び出された永井は何用かと怪訝な面持ちだったろう。要件は一つ、領置金十五円を宅下げする、ただそれだけのことだった。仮出獄を前提としての監獄署側との事前打ち合わせとするには著しく早すぎるからだ。領置金は善兵衛の元々からの所持金若干に、獄内作業による給付金を加えたものだった(6)。

ではなぜにこの段階で、善兵衛はこのような行動に出たのか、それを語る資料は存在しない。そこで推測になるのだが、この年十一月に大正天皇御大礼（即位式）

永井直治

が挙行されるとの予定を、獄吏の漏話として聞いたという可能性である。期待したのはその恩典である。

仮に仮出獄が実現すれば、善兵衛のことだ、まず身なりを整えねばならないと考えたはずだ。彼はそういう所の不首尾を極端に恥じる性格だった。例えば事件当初、屋代の生家から拘引され、翌日松本へ押送される際、乗換えの篠ノ井駅での場面を思い出すなかに「自分は餘りにも見苦しい服装である。この装身《みなり》が気になって仕方がない」（「獄中日記」明治四十四年一月七日）とあったし、一二月一〇日の初公判の日、大審院の大法廷に入廷した時の実弟忠雄を見て「自分は弟の古い形の羽織を見て口惜しく思ふた。自分はどんなでもよい。攻《ママ》めて弟には新しい着物が—羽織が—着せたかったのだ」（同前一〇日）とあったことを思い出す。これに先立つ一二月六日の項を見ると「昨日夕方、羽織の差入に預る。母の心尽しを想ふて痛ましき心地がした。（略）之は是非弟に遣りたいと思ふた。課長様に贈与願を認めたが、イヤ弟にも矢張御送り下されたであろう。兎に角拾日の公判日に弟を見ての後にしようと思い返して盤面を消した」とある。これを見ると、判決前に母から忠雄へは差入れが無かったことを窺わせる。

それはともかく、大赦で出獄が叶うとなれば、季節に見合った下着を含む着衣、履物から帽子まで総て新品でなくては、生まれ変わった気分にはなれない。それゆえ、その手配を永井に頼んだ可能性を指摘しておきたい。惨めな身なりでは郷里はおろか一般の娑婆の土さえ踏めない善兵衛だった。

永井には生前忠雄が一七歳ころに上京し寄寓して世話になっていた。出獄後にとりあえず身を寄せる場を探すとすれば、親しさの点から他に思いつく身内はなかった。そこまで算段して大正天皇の御大礼を待ちに待っていた。この八ヵ月も先回りした行為について、些か手回しがよすぎるのでは無いかと訝かる向きもあろうが、それは変化に乏しい獄中生活を知らない者の感想だと退けられるかも知れない。一日一日を生き抜くには希望に繋がるものは全て引き寄せねば生きていけなかった。

だが、この年、予定した御大礼は挙行されなかった。予期せぬ事態が発生したためだ。三月二八日、東京朝日新聞は「皇太后宮御違例　狭心症御発作の御容体」と報じた。永井の来獄から一六日後のことだった。昭憲皇太后が突発的に発病し、四月九日になって崩御するに至った。これにより一年間宮中が喪に服すということになり、結果的に御大礼は翌一九一五（大正四）年一一月一〇日に延期された。それゆえ期待した大赦令の発布が行われず、恩典は得られなかった。代わりにという表現は不適切だろうが、昭憲皇太后美子の崩御による減刑令が一九一四（大正三）年五月二四日公布され、懲役八年が六年に減軽されることになったのである。落胆が少しは癒やされたかも知れなかった。

（三）懲役八年が六年に——四分ノ一ヲ減軽ス

善兵衛にとって、一九一四（大正三）年五月二四日公布、即日施行された昭憲皇太后（明治帝皇后）の大喪の儀による減刑令（勅令一〇四号）は朗報だった。

これによれば第一条で本令が対象とする刑の言渡し時期、及び刑の執行区分をあげている。善兵衛は本令発布日時点で、在獄三年二ヵ月余（四年未満）に達していた。それゆえ第四条第二号但書により、同条第一号で規定する「刑ノ執行ヲ始メサル者」と同等の扱いとなり、「刑期ノ四分ノ一ヲ減シ」られ、有期懲役八年が同六年になった。それには当然、第六条で掲げる本令の対象外の罪名に爆発物取締罰則が含まれていなかったからである。

因みにここに第一号に掲げる第七十三条と第七十五

減刑令（大正三年勅令第一〇四号）抜粋

第一条　大正三年四月十一日前刑ノ言渡ヲ受ケタル者ニシテ其ノ刑ノ執行前ニ係ルモノ、刑ノ執行猶予中、執行中若シクハ執行停止中ノ者又ハ仮出獄中ノ者ハ本令ニ依リ其刑ヲ減軽ス但シ其ノ執行ヲ遁ルル者ハ此ノ限ニ在ラス

第四条　有期ノ懲役又ハ禁固ハ左ノ例ニ依ル

一　刑ノ執行ヲ始メサル者ニ付テハ刑期ノ四分ノ一ヲ減シタルモノトス

二　刑ノ執行ヲ始メタル者ニ付テハ残刑期ノ二分ノ一ヲ減シタルモノトス但シ刑ノ執行刑期ノ二分ノ一ニ至ラサルトキハ前号ノ例ニ依ル

第六条　左ニ記載シタル罪ニ付テハ其ノ刑ヲ減軽セス

一　刑法第七十三条及第七十五条ノ罪（皇室に対する危害罪）

二　刑法百三十一条第二項ノ罪及其ノ未遂罪（皇居等侵入罪）

三　刑法百八十一条ノ罪中人ヲ死ニ至シタル罪（強姦致死傷）

四　刑法第二百条ノ罪及其未遂罪（尊属殺人）

五～十一（略）

条は、ともに皇室に対する危害罪であり、第二号は皇居等侵入罪である。したがってそれ以外の、例えば不敬罪や内乱罪をも減刑の対象範囲にするというものだった。

五　仮出獄

（一）大正天皇の即位式を待たず

一九一五（大正四）年七月二三日、善兵衛は仮出獄を発令され、翌二四日出獄した。これは刑法第二十八条に基づくものであった。

刑法第二十八条

懲役又は禁錮ニ處セラレタル者改悛ノ状アルトキハ有期刑ニ付テハ其刑期三分ノ一（略）ヲ経過シタル後行政官廳ノ處分ヲ以テ假ニ出獄ヲ許スコトヲ得

仮出獄の決定権限は内務大臣と司法大臣にあるとされた。しかし当然に出獄対象者の環境調査が必要になる。出獄した場合の身元引受人、生計の見込み、何よりこの場合は思想信条の「改悛」程度、および交友関

係等が注視の的となる。それゆえ、仮出獄の恩恵に預かるためには、現場の典獄の意見・判断が何より重みを持つ。社会に復帰した当人の素行について十分信頼がおける者でなければならない。それには身上調査書の該当欄に「賞表交付」は欠かせない要件だった。

逆に善兵衛の立場に立って考えてみると、彼がこの「賞表」を活かして可能になる最短仮出獄の日はいつだったかを探ってみると、既述のように賞表授与は一九一二（大正元）年八月だったから、この段階では未だ刑期は八年であるから、三分の一経過時点は翌一九一三（大正二）年九月一七日となり、この日以降なら、いつでも仮出獄者の対象になり得る立場にあったと云える。つまり極端な言い方になるが、前記昭憲皇太后の減刑令の日付（大正三年五月二四日）を待たずに仮出獄になる可能性はあったといえる。そうならなかったのはそもそも仮出獄（刑法第二十八条）は酌量的なものであるから、当時の社会感情が仮出獄を是認するか否かは行政官庁（内務・司法両省）の判断にかかっており、この点で、時未だ至らずと判断されたと思われる。結局、見合わせが続いていたのである。

勿論、死刑被告まで出した事件絡みであってみれば、それとのバランスも当然加味されていたことだろう。条文にある「改悛ノ状」ばかりでないこのような事情が善兵衛には暗黙裡に張り付いていたと解せる。

ともあれ、仮出獄時点で刑期はすでに四年六ヵ月が経過し、未決勾留期間を含めれば、娑婆と断絶して五年二ヵ月が過ぎていた。しかし、二カ年短縮されたとはいえ一九一七（大正六）年一月一七日まで一年半の残刑期を背負っての仮出獄は、その間に罰金刑以上の罪や遵守事項の違背があれば、処分取消し（刑法第二十九条）となり、監獄に舞い戻らねばならないという見えない鎖で繋がれていたのである。

ところで仮出獄の直後、善兵衛はどんな感想をもったか。生家に帰宅した日の翌七月二八日、生地所轄の屋代警察署に規定の「生計届」提出のため出頭した際、署長に次のように述べたとされている。

「（大正天皇の）御即位ノ御大典ニ際シテ、再ビ恩典ニ浴シテ出獄シ得ル機会ヲ、再ビ得タシト心窃《ひそ》カニ祈リツ、アリシニ、今回假出獄許可ノ恩典ニ浴シテ出獄スルコトヲ得タルハ、全ク夢想ダニ及バザル所ニシテ感泣ノ情表シ難ク昨夜帰宅シテ親子骨肉會スルヤ何レモ嬉シ涙ニテ暫時無言ノ状況ナリ……[7]」というものだった。

大正天皇の即位御大礼は出獄年の一一月一〇日に予定されていたから、それを待たずに下された仮出獄の許可であってみれば「全ク夢想ダニ及バザル所」というのは本人の素直な感想だったろう。ここに「再ビ」とあるのは、既述のように前年の昭憲皇太后の崩御に伴う恩赦減軽を得、これに続く大正天皇の御大礼恩赦を大いに期待していたからであった。二度の「再ビ」表記が幾分文脈の乱れを誘っているが、それは書き留める署の書記係の筆先にも乗り移った善兵衛の気持ちゆえだったかもしれない。それほどに待ち焦がれた理由は、実は本来なら前年（大正三年）中に大正天皇の即位に伴う御大礼があり、減刑令が発布され、その「恩典」に与って仮出獄できるものと考えていたからであろう。それが一年遅れてこの年の一一月にずれ込んだのは、昭憲皇太后の崩御で宮中が喪に服していたからだ。皇室服喪令第二十条による一年間の服喪期間だった。

皇室服喪令　明治四十二年六月十一日　勅令第十二号
第二章　第二十条　天皇ハ（略）皇太后ノ為ニハ一年ノ喪ヲ服（略）ス

ではなぜ、行政官庁側は四ヵ月後に迫る御大礼を待たずに善兵衛の仮出獄を許したのか。現在、その理由を明かすものはない。唯に刑法第二十八条に規定する「改悛ノ状」をあげる以外にないのである。しかしその傍ら、法律の素人として思うのは刑法第六十六条にある「酌量減軽」という考え方も暗黙裡に作用していたのではないかと愚考する。「酌量減軽」とは「憫諒《びんりょう》（哀れんで思い遣ること）スベキモノ」とされ、当時「実害ノ軽微ナルコトモ亦酌量減軽ノ理由ト認ムルヲ妨ゲザル場合アリ[8]」という法理が働いていたとも思えるからである。

本来、本条の目的は法定刑の最低刑をもってしても、尚刑が重いとされる場合、裁判官がさらに量刑を軽くする根拠法令なのだが、したがって既に判決言渡しがあり服役中の者に及ぶことはないのだが、考え方として善兵衛の懲役八年は重すぎるとの見方が法曹界隈にあったのではないかと想像させる。

なぜなら善兵衛が「再ヒ」を二回繰り返すほど待っていた大正天皇の御大礼に際しては大赦令は発布されず、昭憲皇太后崩御の時と全く同じ減刑令にとどまることになっていたからだ。それを一獄囚が知るはずもない。ただ大赦（赦免）に与れると思い込んでいたのかも知れない。

司法施策として考えた場合、特にこの種の刑罰では「恩典を与える」という恩着せの形態をとった方が、統治効果の観点から甚だ有効であることは自明の理だ。「聖恩」の遠大なることを「臣民」に知らしめる絶好の機会となる。そのチャンスを目前四ヵ月後に控えて、あえて受刑者自身の「努力」、言い換えれば「改悛の状」を「評価」しての措置は、右のような事情を参酌したのかもしれない。そう考えれば、入獄一年七ヵ月後で賞表授与があった。これは典獄権限に属するものだ。仮にもその権限者が山縣―桂ラインとその配下の司法官僚松室至や平沼騏一郎らに忖度する気があったなら、普通・常識の賞表授与を可能な限り行わないことだってできたはずだ。そしてまた、このたびの仮出獄措置。すでに桂内閣は二年五カ月前に退陣し、山本権兵衛内閣を挟んで第二次大隈重信内閣に移っていた。遅ればせながら春の微風が司法官らの頬をかすめたのかも知れなかった。司法大臣は尾崎行雄、内務大臣は桂の覚えがよかった大浦兼武だったが、選挙違反で辞職に追い込まれる（七月三〇日）寸前だった。

（二）仮出獄――従兄永井直治方を経て屋代の生家へ

一九一五（大正四）年七月二三日、仮出獄許可を受けた善兵衛は、翌二四日千葉監獄を出獄した。囚人として四年六ヵ月、未決勾留八ヵ月を加えれば五年二ヵ月余を娑婆から隔絶されて生きた。ここでは仮出獄した後の善兵衛の生活がどんな様相を帯びていたか、それを官権記録やこの度発見された「獄中記録」を援用しながら見ていくことにする。

在獄中「出獄の日、獄門を潜る第一歩を以て人間生活に入る第一歩であると念ふて居る」（「獄中記録」）と記し、生まれ変わって踏み出す決意を固めていた善兵衛であったが、その第一歩を待ち受けていたのは物見高い興味本位の新聞記者たちだった。殊に一部の新聞が「大逆事件犯人」などと掲げているのを知って、実に悪寒戦慄を覚え取材拒否を伝えたが、それでも執拗に押し寄せて来る。終いには断り切れず、紙面に非掲載を条件に面会したところ、会うや否や取材記事への

【表1】新村善兵衛の入出獄経緯

1910（明治43）年 5月25日	捕縛され、屋代署に連行される。27日、長野地裁松本支部から正式に拘留状を交付される。
1911（明治44）年 1月18日	刑法第73条で起訴されるも、爆発物取締罰則違反で有期懲役8年の判決（大審院）。法令の適用に不備があり誤判。この時点で未決勾留8ヵ月。19日千葉監獄へ押送される。
1912（大正元）年 8月	賞表付与される。（服役1年7ヵ月経過）（※明治天皇崩御は7月30日）
9月26日	明治天皇崩御に伴う大赦令（勅令第24号）発令されるも恩恵に浴せず。第1条第17号（爆発物取締罰則）の規定に該当せず。よって赦免されず。（服役1年8ヵ月経過）
1913（大正2）年 9月17日	忠雄の予測した刑期3分の1経過の日。これ以降なら「改悛ノ状」（模範囚）ありと認めれれば、仮出獄の対象者となる（刑法第28条）。実際は、出獄までなお1年10ヵ月を要した。
1914（大正3）年 5月24日	昭憲皇太后御大喪の儀による減刑令（勅令第１０４号）。この時点で服役3年2ヵ月＝4年未満。執行刑期2分の1（4年）未満の者は刑期の4分の1（2年）を減軽するとのことにより、懲役2カ年短縮、6年となる。
6月15日	典獄宛に「感想録」を提出。２８０字余。末尾に「茲に減刑の恩典に浴し得まして更に信念を確持せねばならぬと深く思ひます」と記す。
11月	当初、大正天皇御大礼（即位式）が予定され恩赦を期待するも、昭憲皇太后崩御に伴う宮中喪中につき延期。
1915（大正4）年 7月24日	仮出獄。刑法第28条（改悛ノ状アルトキ）。刑期3分の1経過した者が仮出獄対象者（発令は前日）。在獄4年6ヵ月。未決勾留期間を含めると5年2ヵ月経過していた。残余刑期1年6ヵ月（大正6年1月17日まで）。但し刑法第２０９条により罰金刑以上の再犯の場合や「仮出獄中遵守ス可キ事項ヲ遵守セザリシトキ」仮出獄の処分取り消しとなる（謂わば不完全自由人）。
11月10日	大正天皇即位御大礼。減刑令（勅令２０５号）発令。本来なら式典は前年中に挙行される予定だったが、昭憲皇太后崩御による喪中により、挙行が1年遅れた。（当初、窃かに仮出獄を期待していた日）。
1917（大正6）年 1月17日	勅令１０４号による新たな刑期満了日。活動を始める（完全自由人）ならこの日の24時（18日0時）以降。ただし、善兵衛はこの日のうちに上京行動に出る。細則に謳う3日未満の合法無届けを参酌して外出（東京滞在1カ月）。
1919（大正8）年 1月17日	原判決（懲役8年）による刑期満了日。

署名や写真撮影まで強要してくる始末だった。

彼は言う、幸徳事件も漸く衆耳を離れようとしている昨今、諸君の来訪は、実に迷惑なことだと。「彼等ノ意思ハ如何利用スルカ忖度ノ難キニヨリ署名ハ拒絶シ写真ハ彼等ノ知ラザル間ニ窃ニ東京市ニ向ケ出発シ其ノ撮影ヲ免レタリ」(9)とあるから、出獄当日の押し問答は、疲れを理由に翌二五日再会を約して打ち切り、翌早朝窃かに宿を発ったことが容易に想像できる。その行く先は浅草区須賀町に住む永井直治宅だった。それを証明する明らかな資料はないが、前述したように事前に永井を千葉監獄に呼び寄せ、所持金円を渡していた事実や生家への帰省日を勘案すれば、まず間違いないことだろう。出獄翌日の七月二五日、及び二六日の両日を費やして、一時の休養と身形を整えるため、善兵衛は浅草に向かったのである。即ち永井宅に二泊したことになる。関東圏でほかに身を寄せるところはなかったから、この度の件で永井への感謝は特別だったろう。

永井宅では「大逆事件犯人出獄　改悛の状顕著」との見出しをつけた新聞を目にしたはずだ。それには「新村善兵衛は改悛の状顕著なるより刑期三分の一を減ぜられ、二十四日仮出獄の恩典を与へられ千葉監獄を出監したり」(「東京朝日」一九一五(大正四)年七月二六日)とあった。(補注1)二五日の取材を空振りした記者が、少ない持ち合わせの情報のみでベタ記事を報道していた。そして二七日午後、東京を発って夜半、屋代の生家に帰着したのは二二時を過ぎたころだったろう。坂城町の義兄柳澤誠之助夫婦も駆けつけていた。

翌二八日午前、善兵衛は改めて義兄にお詫びと感謝を述べ、次のように語ったとされる。

まず、自分はこの度の事については何も知らず。弟が関与していたため共犯とされたが、自分が「不忠ノ民」でないことは、今後の行動で疑いを晴らすつもりだ。また、既述のように新聞記者に追いまくられ、実に閉口したと。

そして同日午後、屋代署に「生計届」のため出頭した善兵衛は、署長に向かい以下のようなことを述べたとされる。

即ち、自分が獄内で考えたことは、社会生活を営む上で必要なのは「正道」であり、多くの人がこれをもって世に処していると信じている。しかるに、新聞に「代議士ニシテ瀆職《とくしょく》罪ヲ犯シタルモノ、高等官ニシテ収賄ヲ敢テシタルモノ、記事[10]カ何レノ新聞ニモ掲載セラル、実況」との現実を見ると、却って在監中の囚人の方が「正道」の観念が十分であるという感想を持つとし、他方、衆目から忘却されようとしている大逆事件を、その関係者の出獄だとして、騒ぎ立てて自分を記事にすることは、却って社会に悪影響を及ぼす恐れがあると訴えている。

　言外にあるのはいたずらにマスコミを使って衆人を煽動する取締当局への怒りそのものであろう。抗議であり告発の気持ちが滲んでいる。

　ともあれ、善兵衛の仮出獄から屋代警察署への出頭までの四日間の動向は、二四日＝出獄・監獄近傍旅館泊、新聞記者多数押し寄せ閉口、二五日＝早朝上京、浅草区須賀町永井直治方に投宿、翌二六日＝同所泊、二七日＝午後、人目を避けて帰郷（高崎線→信越線）、夜半生家着、二八日午後＝屋代署に出頭ということになる。

〈注〉

注1　森永英三郎「不敬罪と恩赦」『大逆事件ニュース』第8号）。明治帝崩御当時、大逆事件捜査の過程で不敬罪を問われ服役していた者は一四名ほどだったとされる。その全員が大赦令により釈放された。これにてその言渡しの効力がなくなった。釈放された人数は千葉監獄から七名、前橋監獄から三名、以下名古屋監獄、山口監獄、函館監獄、札幌監獄から各一名、計一四名だった。

注2　善兵衛の刑期関係については現に内務省警保局作成の「人物記録」中の「刑罰」欄に、大正3年5月勅令百四号（＝昭憲皇太后逝去に伴う減刑令）による減刑と、大正4年7月23日假出獄許可を記載しているのみである。

注3　新井勉『大逆罪・内乱罪の研究』P136

注4　平成9年版「犯罪白書」第2編第6章第6節

注5　明治41年6月16日施行

注6　給付金については善兵衛が獄中作業として下駄表や鼻緒その他の作業に従事し、獄中生活4年半の間に如何ほどの金円を手中にしたかは、ここで示す15円がヒントになるくらいで他に資料は無い。荒畑寒村が赤旗事件で千葉監獄に一年半を過ごし出獄時（明治43年2月）に得た鼻緒作業の給付金は1円数十銭だったと言っている（『寒村自伝　上』P180）。1円数十銭を1円50銭と仮定し、同様に4年半在獄したなら4円50銭となる。善兵衛に多少の所持金を考慮し比較してみると、善兵衛の方が3倍ほどの給付金を受けていたことになる。彼が如何に作業に精励していたかの根拠としたいが、実は寒村らは獄吏の目を盗んで頻繁に読書に耽ける術を行使していたから、単純比較はできない。仮に物価変動が給付金に考慮されたと怪しみ、当時の大工手間賃で補正してみると、この間、ほぼ1割の値上げがあるが、善兵衛の3倍の頑張りは動かない。賞表増給もある。

注7　『社会主義者無政府主義者人物研究史料』社会文庫叢書1964年10月

注8　泉二新熊『刑法大要』明治44年6月

注9 『社会主義者無政府主義者人物研究史料』（同前）

注10 5月下旬、時の内務大臣大浦兼武（山縣・桂閥）の選挙違反や収賄罪容疑が発覚し、さらに一派の衆議院議員板倉中らが陸軍増師案の議会通過を画策、政友会議員や同院書記官長らを買収したとする事件。当時紙上を賑わせていた。これらを指すか。

〈補注1〉 刑法第二十八条【仮出獄ノ要件】では「懲役又ハ禁固ニ処セラレタル者改悛ノ状アルトキハ有期刑ニ付テハ其刑期三分ノ一無期刑ニ付テハ十年ヲ経過シタル後行政官廳ノ処分ヲ以テ仮ニ出獄ヲ許スコトヲ得」とあるから、新聞報道にある「刑期三分の一を減ぜられ」の表現は、これにより今回の仮出獄に至ったかに受け取れるが、誤り。刑期3分の1減は仮出獄の要件の一つである。本稿中「減刑について」を参照。

仮に新聞報道（「東京朝日」）の「刑期三分の一を減ぜられ」が正しいとするなら、仮出獄時の1915（大正4）年段階では刑期が6年に減軽されているので、在獄期間は4年間で済むことになるから、仮出獄は判決直後の入監から数えて満4年めの1915（大正4）年1月17日となるはずである。しかし実際の仮出獄がこの年7月24日だから、6ヵ月ほど余分に在監したことになり、新聞報道の記述に合致しない。

また、仮に「刑期三分の一を減ぜられ」の新聞表記が元々の刑期八年を算定根拠にしていたとすると、在獄期間は三分の二の64ヵ月、即ち5年4ヵ月経過しなければ仮出獄には至らない。これによれば満期は1916（大正5）年5月17日となるが、実際には10ヵ月早い仮出獄だった。これも新聞報道の表記に照らすと合致しない。それゆえ新聞表記は首肯しがたい。

この部分を新村忠雄に言わせると、判決直後に認めた獄中日記「一月十九日」の条に善兵衛への「通告」として「その上に於て刑期の三分の一で御出獄になる様祈って居ります」と見えている。品行方正なら理論的には最短刑期の三分の一在獄で仮出獄は可能だから、忠雄の方が法制を熟知していたとしていいだろう。現在も一部にこの新聞記事に惹かれてか獄吏が在獄計算を誤ったとする見解を散見する。

〈補足〉

神崎清『大逆事件事件記録　新編獄中手記』（昭和39年3月世界文庫）に新村善兵衛の解説文末尾に善兵衛の減刑理由を「大正天皇即位に伴う大赦令」としているが誤り。正しくは昭憲皇太后崩御に伴う減刑令であり、大赦令が罪名を指定して大赦するのに対し、減刑令は一部の罪名を除いては主として量刑を減じるというもので、性格が異なる。また、獄吏の計算違いで一年多く服役していたという趣旨も合点がいかないところである。

第四章　人生打開への挑戦——その後の善兵衛

一　事件後の忠雄に対する思い

「身長一五九センチ、色白、顔は丸く、眼鼻口が整い、一見好男子にして体質強健」（官権記録）とされた新村善兵衛は、実弟忠雄が無政府主義の急進的思想の持ち主になりさえしなかったら、かくも悲劇的な人生に終始することはなかったろうことは、衆目一致するところだ。だが、こういう言い方は誤解を与えるので慎まなければならない。

そもそもことの発端は思想弾圧が原因だ。急進無政府主義と言ったところで思想の一流派だから、これを許さない暴力的法制を盾に弾圧した強権政府の姿こそを明らかにするのが先であって、日露戦後になっても増税続行、軍備拡大に走る国策に、疲弊を増す日本社会を憂えて、忠雄ら知識青年が社会変革、紳士閥打倒を叫んだどこに非があるというのか。正義感溢れればこその止むにやまれぬ言論活動を、暴力で鎮圧したのはいったい誰だったか、その中での反政府の抗議の旗を押し立てた価値こそ、見逃してはならない事だろう。

ところで、事件後の忠雄に対する善兵衛の思いは、どのようなものだったろう。東京監獄での獄中日記に表れたところをみてみると、次のような一節があった。

その一室から忠雄が顔を出し、喫驚《きっきょう》したような聲で突然に「ア、兄さん」と叫んだ。私は「汝（おまへ）の為に吾れまで斯う……」「ア、駄目だ―」と密語《ささや》いた（善兵衛「獄中日記」明治四四年一月八日）。

第七十三条事件に該当するなど予想だにもしなかった松本警察署段階のころを思い出しての記述である。それさえ後ろ半分は飲み込んでいる。つまり兄において「弟は社会が言う極悪人、それゆえ（極刑は）致し方なし、吾はその被害者なり、実弟を怨むなり」という単純な線引きにはなっていない。それよりも「蒲柳《ほりゅう》（体質が弱いこと）の性質《たち》の忠雄の身で、寒い暑いの気候の異《ママ》り日も気遣しく只管《ひたすら》痛ましく思はれ」と綴っていたことを知る方が、善兵衛の気持ちの確認には相応しい。あるいはまた「実に怨むべきは幸徳・管野である。忠雄・宮下である。であるが自分は法廷でも如何なる処でも弟を詰問する事が出来ない。彼は内心如何に自分に対し謝罪なし居れるかを好く知悉《ちしつ》し居れば、余り其心情の憫れむ可き処あるを知り居れば――唯自分は黙して而して弟の爲に痛々しい犠牲となり行くの他は無い――唯運命の神の命ずるまゝに」（同前明治四三年一二月一〇日）とあることでも知れる。ここに語られているのはあくまでも肉親としての忠雄の「罪状」を赦すという立場であって、社会革命の闘士への階級的連帯でないことは承知しておく必要があろう。

とまれ、善兵衛は忠雄の何処かに兄分を感じ、尊敬の念をも持ち合わせていたことは、二人の間に交わされた書簡が証明している。それは現実には善兵衛書簡忠雄宛が失われているにしても、返書の忠雄書簡や「善兵衛日記」に明らかである。また、判決翌日（一月一九日）、東京監獄での最後の「獄中日記」には以下のような詩が遺されていた。

○嗚嗟《ああ》痛ましや汝はそも／いとしき父のめぐみすら／味はいかねつその後は／甲斐なき兄のその為に／心ならずも田作りや／鍬持つむれに交〔は〕りつ／燃ゆる心を餘所《よそ》にして／過せし事の痛ましや」
○嗚嗟痛ましや汝はそも／知識の慾にいと耽《ふけ》り／自由の天地の《ママ》あこがれて／不平・不満を抑えかね／ひと日一日と暮しゝが／それや仇なるアナキてふ／主義に触れたる初かも／遂に深入りなしてける」（以下略）

父が逝去した後、家長として尽くしきれなかった長兄の責任を詫びるかのような筆遣いだが、最後を次のように締めくくっていた。「忠雄よ。一日宛も平安に。我れは唯々特赦のあらむ事を、無期ならむ事を切に願ふ。祷る。祷り入る。」

右は囚われてから千葉監獄に押送されるまでの善兵衛の弟に対する心境だが、では千葉監獄在監中、あるいは仮出獄後の思いはどうだったろう。「能ク獄則ヲ遵守シ改悛ノ状アリ」と獄吏によって観察された善兵衛の姿は、そのまま内心まで染み通った彼の真実だったろうか。読者はやがて仮出獄後の善兵衛の行動で、彼の真の姿を見る事になるだろう。

二　突然の上京――大正五年三月一二日

仮出獄して生家に帰っても虚《うつ》ろに所在ない善兵衛は、在監中習い覚えた藤蔦細工による下駄表の製造に勤しんだが、かつての盛時に陰りが見えていたとはいえ中流程度の資産の家であってみれば、今日明日の食を心配するという境遇ではなかった。獄中で体得した技能は手慰みであり、獄吏の手前、生業予行としていたに過ぎない。

心身を改めるべく、ある懐かしさをもってたまには地元の教会へも出向くが、牧師が信者と認めず、という一例が総てを語り尽くしているように、世間を憚《はばか》って「寂莫《せきばく》タル生活ヲ営」まざるを得ないところへ押しやられていく。「生地」はいつもその残酷さをもっていた。

特に官権の監視は強烈を極めた。長野県庁文書「公文編冊秘書雑件」中に残る「大正三・四年戦役ニ関スル功績者内申ノ件」なるもののなかに「大正四年十月七日ヨリ同年十一月二十八日ニ至ル部内特別要視察人新村善兵衛外一名ニ対シ、部下ヲ督励シテ終始其ノ動静及通信者、来往者等ヲ注意シ視察取締」を厳重に行ったとのことが直接担当警部大橋吾一によって報告されている。[1]

右に依れば「視察取締」の始期は善兵衛仮出獄後二ヵ月余後に始まっている。察するところこの日より大橋が担当になったということだろうし、一見監視終期と勘違いしやすい「十一月二十八日」は視察取締警部ら功労者の内申報告の〆切日だった可能性がある。「視察取締」はその後も続行されたことは再言するまでもない。

出獄した一九一五（大正四）年の暮れから翌年一月初頭ころには、『高原文学』の同人だった山口元吉と多少の文通を開始したとされるが、年賀状の範囲に留まるものだったろう。山口は新村兄弟、とりわけ忠雄とは『高原文学』などを通して親密だったとされ、尾行監視には厳しいものがあった。それが禍となり長野郵便局職員の身分を失っている。

翌一九一六（大正五）年三月一二日、善兵衛は突然上京する（以下、後掲表2参照）。仮出獄して八ヵ月目に入っていた。駒込の染井墓地にある忠雄の墓参や、入出獄時種々世話になった永井直治らへの挨拶が表向きの理由だったろうが、本心は判決主文にあった「公訴ニ関スル訴訟費用ハ刑法施行法第六十七条ヲ適用シ」という裁判長鶴丈一郎以下判事六人の宣告文への憎しみを抱いてのそれだった。即ち「共犯ノ訴訟費用ハ共犯人ノ連帯負担トス」により、裁判所から善兵衛に督促状が来たのだ。その金額五二〇余円。なぜ善兵衛に？と問うなかれ。二十六名中十二名は刑死し、十二名は無期懲役で在獄中であり、有期懲役の新田も未だ獄窓に日々を送っているとなれば、高枕などさせるものぞと官権側が唯一の仮出獄者を、これでもって責め立てたのである。加えて四六時中張り付いている角袖《かくそで》（私服警官）。刑獄の風は獄外にも吹き荒れることを、善兵衛は肌身で知ったことだろう。一人自分だけ出獄自由を満喫することなどなかったのである。

吉川守圀

　生真面目な善兵衛は思いあまってその相談のため吉川守圀《もりくに》方を訪ねたが、吉川は留守で妻君に挨拶して引き上げた。なぜこの際、吉川守圀が選ばれたか判然としない。吉川は歴とした社会主義者だが、事件当時は秘して『やまと新聞』校正係に職を得ていた。善兵衛は社会主義者に縁故がない人物だ。いったいどんな機縁から選び出したのかを強いて探すと、事件勃発直前に、手紙を出したことがあった。これを吉川に語らせると、「信州の新村善兵衛から『弟の警戒が厳重になった。只事ではないと思ふ、ソチラは如何』といふ意味の手紙があった。続いて彼から第二信が来、第三信が来た。それによると、弟がつひにやられた――――といふのである。然し筆者には何がどうしたのやらサッパリ訳が分らんので、不審に思ひながらも兎に角やまと新聞へ出社した」[2]となる。

　二信、三信は首肯しがたいが、しかしこれだけでは理由にならない。やはり忠雄からその人物像を聞き及んでいた結果の投函だったろう。思えば忠雄書簡善兵衛宛中に、吉川の名前は散見される。具体例を示せば、判決日が直近に迫った一月一二日の忠雄の獄中日記の一節に「吉川君が『英国産業革新論』と『陽明学講話』を差入れてくれた通知が来た。一度監獄に入った人はどうしても違ふ。否や入った人で親しい人達さへ顧みぬのに度々の差入は感謝しておる」とあるから、明らかに忠雄を介しての「親しさ」ということができる。

吉川宅を辞して向かったのは堺利彦[3]の宅だった。運良く当人に会えたようだが、「被告全体ノ連帯ノ負担人ナリ居ル故ナレバ」（「人物研究」）君が絶体にその責任総てを負うことではないとし、今日では謹慎を表し、老母や親戚に心配を掛けず、「此際仝志ノ誰彼ヲ訪問シ徒ニ世ノ誤解ヲ招クガ如キ行動」（同前）は慎むべしと注意されて了解した。

上京中は兵役時代に知り合った斎藤小作（後述）方に世話になり三月二十日、夜行列車で東京を発ち翌二十一日生家へ戻っている。出発から生家帰着まで都合十日間の日程だった。こうして仮出獄後最初の県外行動は終わった。

その後、同（大正五）年九月二九日、新潟在の平岡榮太郎なる社会主義者の訪問を受け、社会主義関係の雑誌創刊を持ちかけられたりしたが、丁重に断っている。

三　警視庁への抗議――大正五年一一月六日

善兵衛が再び生家を出るのは同年十一月六日である。この際は自宅を見張る警察の目を眩まして上京し、再び先の斎藤小作方に入った。

斎藤小作と善兵衛の関係の詳細は不明だが、日露戦争従軍時の戦友として官権は捉えていた。善兵衛が日露戦争（明治三七年二月八日〜三八年九月五日）で砲兵として充員召集されたのは開戦後三ヵ月ほど経った五月一九日のことだったが、除隊になったのは翌年九月二七日だったから、終戦後直ちに内地帰還したことが判る。

二人の交際は事件後突然に始まったわけではない。すでに一九〇七（明治四〇）年四月中、煩悶を抱えた善兵衛が東京出奔をした際にも訪れていることが知れている。住居地は判然としないが下谷区下根岸の可能性が高い。錺職《かざりしょく》（彫金師）を生業としていた。仮出獄後の善兵衛を受け入れてくれた唯一の友人だったとしていい。友情は並外れて深く、お陰で善兵衛との交際を疑われ準要視察人のリストに登載されている。

このたびはその錺職の手伝いをして技能を習得し、

将来に備えるという腹案を抱いての上京だった、とは表向きに置いた理由に過ぎない。上京翌日の七日、警視庁に出向いて、日常の生活監視が厳しすぎると抗議している。何事についても「只管《ひたすら》諸々と従う」善兵衛に、ようやく変化が表れ始めていた。

一、自分ハ昨年出獄以来今尚危険ナル思想ヲ抱持スルモノ、如ク認メラレ常ニ厳重ナル監視ヲ受ケツ、アルハ頗ル遺憾トスル所ナリ自分ハ曩《さき》ニ幸徳事件ニ連座シ刑餘ノ身トナリタルモ当時ヲ追想スレバ実ニ思慮浅薄ニシテ何事モ検事ヤ警察豫審判事ノ問ハル、侭《まま》ニ唯々諾々殆ンド自己ノ真意ヲ語リ能ハザルナリ従テ今尚自分トシテハ何ガ故ニ処罰セラレタルヤ了解シ能ハザル処ナリ斯ハ境遇ナルニ不拘警察側ハ自分ヲ一廉《ひとかど》ノ思想家トシテ認メ出入毎ニ尾行ヲ附シ時ニ露骨ニ張番詮索シテ自分ノ名ヲ拮《きっ》シテ引継ヲナシ又郵便脚夫ヲ途ニ擁シテ自家ニ配達スル郵便物ヲ点検シ又ハ両三日附近ニ湯治ノ旅行セハ忽チ不在不明云々ト称シテ所轄警察署ハ大騒ヲ為スガ如キ自分ハ其ノ何タルカ知ラズ

ここで注視すべきは「今尚自分トシテハ何ガ故ニ処罰セラレタルヤ了解シ能ハザル処ナリ」の部分だろう。自分を一人前の思想家と見なし、郵便脚夫が配達する前に、尾行警察が点検したり、あるいは二～三日湯治に出れば、屋代署挙げて大騒ぎをする、その理由が全く解らない、としていた。

さらに、実弟忠雄は主義のために斃《たお》れたが、自分は弟がはたして無政府主義を奉崇していたとして、それがどのようなものなのか知りたい。それは自分の将来のためでもあると思っていたが、獄中では関係書籍の読書が禁じられていたため研究できず、この気持ちは出獄後の今も続いている。しかし、この主義を研究して理解出来たとしても、それをもって欠陥ある現代に実現しようとまでは思っていない。こういう趣旨をぶつける善兵衛だったことを確認しておく必要がある。

なおまた見逃してはならないのは「検事や警察、豫審判事に言われるがままに諸々と従い、殆ど眞意を語ってこなかった」という部分である。具体的に例示すれば以下のような部分（第一章五で既述）になろうか。

「問　其方ハ其薬研ハ宮下ニ於テ爆裂弾製造ノ用ニ供シ何乎革命運動テモ致スノテハナイカト思フタノデハナイカ」

「答　私ハ革命抔《など》ト云フコトハ考ヒマセヌ宮下ハ機械職工テアルカラ其薬研ヲ用イテ爆裂弾ヲ造リ同盟罷工カ何カ威嚇的手段ヲ為ステハナイカト思ヒマシタカ忠雄カ度々借リテ呉レト言フテ寄越シマスノテ不得止《やむをえず》薬研ヲ借リテ送リマシタ」（第八回調書）などを指すだろう。

「同盟罷工カ何カ威嚇的手段ヲ為スノテハナイカ」と思ったという部分が、後日命取りになるのであるが、実はこれは予審判事の作文であることに疑いを入れないことは、既に第一章で述べた。ここでは毅然とした態度をとらなかったことへの後悔を深くしているが、そしてそこに官権の付け入る隙も生まれたろうが、仮に毅然とした対応を為していたら、あるいは無罪判決でも下されることができたろうか。残念ながら、どのような対応をとろうが、仕組まれたでっち上げ事件であってみれば、結果は同じだったに違いない。

しかし、仮にそうであったとしても、自分が威嚇に屈せず主張すべきところを最後まで貫いたとしたら、この「唯々諾々と」という悔恨はうすらいだであろう。その意味においての「思慮浅薄」を悔やんだのである。併せてここで善兵衛が問い糾しているのは、何で忠雄は死刑にまでされなければならなかったのか、その理由がわからないということである。

ところで、善兵衛が強く抗議した四六時中の尾行監視について触れておくと、「旧刑法第五十五条　仮出獄ヲ許サレタル者ハ（略）本刑期限内特別ニ定メタル監視ニ付ス」があったから、所轄警察の運用上の参酌は期待できても、原則的には幾ら抗議しても監視そのものは解除されることはなかった。

さらにまたここでは、裁判費用五百二十余円の弁済が案件に登っている。昨年中に裁判所から納付するよう督促されたというのだ。自分一人にてはとても納付できないと訴えている。

しかし、善兵衛が以上のように警視庁に出頭し、思いの丈を述べたのは一九一六（大正五）年一一月六日だったが、一月前の一〇月一〇日、新田融が仮出獄しているので、同様請求が行われていた可能性がある。

善兵衛は右の抗議を為したのち、一一月二一日に屋代へ帰ったが一二月八日になると再び上京、同一五日には渡辺政太郎、久坂卯之助らが発起した「労働青年講演会」に出席し、二二日に帰郷している。ここには善兵衛の心境変化が見て取れるのであって、官権への憤怒が行動になって表れたことになる。

四　用意周到な刑期満了直前の上京――大正六年一月一七日

一九一七（大正六）年一月一七日、善兵衛は四度目の上京という行動に出た。この日はまず永井直治方（推定・後述）に一泊、翌日から斎藤小作方に寄寓し、例によって錺職人の見習いをした。辞したのは二月一四日だったから、従前とは違って一月滞在したことになる。この変化は何を意味するか。前回までの滞在期間は、およそ半月だった。一〇日以上居住地を離れる旅行となるから、監督警察官署たる屋代署の許可が必要だった。

ところがこの度の第四回は倍の一月近くになっている。この変化の原因を考察すると、実は善兵衛の短縮された懲役六年の刑期の満了日が上京当日の一月一七日二四時であったことに気付く。即ち、それまでの「仮出獄」という透明な鎖で繋がれていた身体がこの日の二四時をもって解放されるのである。翌一八日から公に自由となるのである。

ところが、善兵衛は一七日二四時を待たず、どうしたことか未だ「刑期中」に行動を開始したのである。ここに危険はなかったのだろうか。

旧刑法で定める仮出獄には条件が付されていた。第五十六条（新刑法は第二十九条）に「仮出獄中更ニ重罪軽罪ヲ犯シタル者ハ直チニ出獄ヲ停止シ出獄中ノ日数ハ刑期ニ算入スルコトヲ得ス」となっていた。ここに軽罪のうちには仮出獄中に、大別罰金刑以上の犯罪を犯した場合、又は遵守事項に違背があった場合には、最終的には司法大臣に申報され、仮出獄が取り消される、という仕組みになっていた。そうなれば、仮出獄後の日数は無に帰し、すべて残余の刑期に組み込まれることになる。この間は刑に服していない期間と見なされるのである。たった「一日」といえどもそういう危険をはらんでいた。

そもそも刑法は刑の執行開始や仮出獄等どのように定めていたか。まず、刑期の起算日だが、「刑期ハ刑名宣告ノ日ヨリ起算ス[4]（以下略）」としていたから、判決日の一九一一（明治四四）年一月一八日から刑期がはじまり、二ヵ年の減軽があったから、刑期満了は一九一七（大正六）年一月一七日二四時、ということになる。これ以降、完全自由人となる資格を得る。つまり翌一八日から行動を起こせば晴れて自由人だから、仮に尾行に悩まされても「中止せよ！」と強く抗議できる資格を持つ。ところが善兵衛は一日が待ちきれなかった。未だ刑期満了に至らない前日の一七日に行動を開始したのである。

察するところ、屋代署にしてみれば、最後の「一日」にまた人騒がせにあったことになる。だが、この行動を屋代署は止めることができなかった。なぜか。

仮出獄取締細則が定める仮出獄者の旅行は、三日未満なら届出を義務付けていない。一月一七日段階で上京という旅行行為に出たとしても、翌一八日午前零時には刑期が満了するから、もはや監督監視の対象外となるからである。つまり、三日未満の合法無届の挙に出たことになる。ここに善兵衛の反抗心が見え隠れしていることを見逃すわけにはいかない。善兵衛は用意周到、熟慮しての行動に出たのだった。「唯々諾々」の己を叱り飛ばした結果だった。

この段において屋代署が法制上の職務として行わなければならなかったのは、一七日二四時までの尾行監視だった。一八日を迎えれば、一応監督警察官署としての役割から解放されたのである。だが、現実には任意の監視は続く。この度の上京について、官権記録にはどのように残されたかというと、以下のようになっていた。

「一月十七日上京シ知人ノ許ニ止宿シ次デ丙號斎藤小作方ニ轉宿ニ及一月廿五日未明染井墓地ニ赴キ實弟新村忠雄（幸徳事件刑死者）ノ墓参ヲ為シ二月十四日上野駅發歸卿《ママ》セリ」。

この第四回目の上京の際、「知人ノ許ニ止宿シ」とあるのは浅草須賀町の従兄永井直治としていいだろう。出獄時に世話になってから一年半が過ぎていた。記録上は二度目の訪問ということになる。地元メソジスト教会で宗教者の説教の裏側にある真の顔を見せつけられてきた善兵衛だったが、ここではその気遣いは不要だったろう。

上京二日目からまたまた斎藤小作方に寄寓したが、右のように一週間ほどが過ぎた一月二五日未明になって一人、染井墓地にある実弟忠雄の墓参に向かった。二四日の命日を一日ずらしてのそれだった。前年三月、堺利彦らを訪問した際にも彼岸の入りあたりを目途に墓参したと思われるが、官権側の記録にはない。はっきりしているのはこの時だけである。未明を選んだのは尾行刑事を意識してのことだ。

それから二月中旬まで、斎藤小作方で遊んで暮らしたわけではない。昨年以来、長短織り交ぜて今回は四度目、銹職人の技の体得にかなり専心したような気配があるが、はたしてどこまでの本気度だったかは分からない。

ほぼひと月が過ぎた二月一四日、斎藤小作に憂鬱な顔をあげて、やっと謝辞の声を発すると、帰郷の途についた。職人技の習得が一段落したということではないだろう。右も左も分からない十代の若造の弟子入りではない。師匠の斎藤としても善兵衛の置かれた立場を理解しての寄寓受入だったから、虚ろに眼が泳いで手先に神経が集中していないと分かっても、怒鳴り飛ばすわけにはいかなかった。しかし、尾行警察の巡回点検には「熱心精励ゆえ、大分腕も上がってきた」と答えたろう。

【表2】から改めて窺われるのは、仮出獄以来二カ年に手が届くかと思われる時間経過があっても、生地が安住の場所に戻ることは無く、人目を憚った窮屈なものだったことを偲ばせている。たかだか七カ月程度の短期間とはいえ、地元屋代町の収入役を務めたこともある。先々代・先代時代には、手広く蚕種販売業で名望もあった。その新村家の長男の居場所が、外ならぬその生地に無いのである。そこへまた帰り着かねばならない善兵衛だった。手持ち金円の底が見え始めれば致し方なかった。官権表現を借りて表向き「銹職の手伝」と言ってみても名前ばかりだ。斎藤とて気遣い満載の受け入れだったろう。

五　突然の発意——日本脱出

（一）官権記録にのこる善兵衛の不可解な行動

【表2】 假出獄後の善兵衛の県外行　実態一覧（帰郷日とは生家着日を指す）

回数	上京日（大正五年～六年間）	帰郷日	滞在日数	寄寓先及び用向き等（滞在中ハ多ク斎藤小作方ニ止宿シ同人ノ従事セル錺職ノ手伝ヲ為スヲ例トセリ）
第一回	大正五年三月一二日	二一日	一〇日	訴訟費用相談の為、吉川守圀訪問も留守、妻が応対。堺利彦に不動の時と諭される。
第二回	一一月六日	二二日	一七日	「警察ノ視線ヲ脱シテ仝志斎藤小作ヲ訪問宿泊」。七日警視庁に監視続行他を抗議。
第三回	一二月八日	二三日	一六日	一五日渡辺政太郎ら主宰労働青年講演会（同志茶話会）に出席。
第四回	大正六年一月一七日	二月一五日	三〇日	一七日永井直治訪問。二五日忠雄の墓参。
第五回	五月三日	※一七日	一五日	帰郷直前、寄寓中の斎藤から天津渡航のヒントを得る（推定）。夜行列車で帰途の途中、帰郷の考えを翻し神戸へ赴く。中国の天津へ渡る算段をした模様（本文参照）。
	（※屋代で下車せず。松本経由で神戸へ。神戸出立は翌一九日。夜行で翌二〇日午前、東京着）			
五月二〇日午後、斎藤方を出立し、天津へ向う。【表3】参照				
第六回	八月二日天津から斎藤方に帰着	一二月九日	約四ヵ月	天津から帰国後、斎藤方にて錺職人の修行を約四ヵ月間続ける。帰国後初めて帰郷。

善兵衛が五回めの上京に出るのは一九一七（大正六）年五月三日になってからだ（【表2】参照）。農作業が一段と忙しくなる時期である。人の出入りが増したことだろう。世間体を憚る身であれば、庭先に小作人の姿を見ても、いたたまれなかったに違いない。この年二度めの上京を決意したのは背景にそんな事情があったと想像される。例によって斎藤小作方に寄寓を始めるのである。

「本気で錺職人になるつもりだ」と、教える斎藤は感じたかもしれない。集中力を必要とするこの職種は、寡黙と根気が成功の秘訣だ。ピッタリではないか、師匠は疑いなくそう思ったろう。実状調べに来る角袖にも、躊躇無くこの印象を答えたと思われる。世間から「国賊」とされ、のけ者扱いにされている人物を、官権の威嚇に堪えて世話をするには余程の理由がなくてはできない。そう思えばこれは一種の恩返し的行為だったかもしれない。推測を逞しくすれば、あるいは日露戦役での兵役中に二人を固く結ぶ何事かがあったか。事情不明ながら、数度に亘って寄寓を許すからには、警察側にも納得する事柄があったとしていい。同時にそれが続行したということは、この間、善兵衛の行動に怪しむに足る何ものも無かったことを間接的に物語ってもいる。

ところがその寡黙な善兵衛が何を思ったか、半月過ぎた五月十七日になって急に帰郷すると言い出した。師匠の斎藤にしてみれば、晴れて刑期満了になったからには、最短でも前回同様一月くらいは滞在すると思っていたとしても不思議はない。多少の訝しい気持ちを抑え込んで、「弟子」の出立を見送ったに違いなかった。

異変は帰郷の途次現われた。いま、官権資料（「特別要視察人状勢一班　第八」）に掲げられている該当部分を抜き書きしてみる。

長野県
（A）新村善兵衛（下駄表製造業、陰謀事件ニ関聯シ爆発物取締罰則違反ニ依リ処刑セラレ大正四年七月二十四日仮出獄ノ恩典ニ浴シ出獄セル者）ハ大正六年五月三日東京ニ着シ斎藤小作（準）方ニ滞在同十七日出発帰路ニ就キシモ自宅ニ帰ラス翌十八日松本市ニ入リ同日同地出発翌十九日神戸ニ着シ陰謀事件ニ依リ長崎監獄ニ服役中ナル小松丑治ノ家族ノ所在ヲ承合シタルモ不明ナリシヤニテ即日出発翌二十日着京再ヒ前記ノ斎藤小作方ニ到リ同日外出シタル儘行先不明ナリシカ同二十八日支那天津ニ渡航同地日本租界ナル井上照（無編入、新村トハ一面識ナク上記斎藤小作ノ遠キ親戚ナリト云フ）方ニ寄宿シ井上ニ対シ「自分ハ或者ヨリ圧迫ヲ受ケ内地ニテハ発展ノ余地ナキヲ以テ渡津シタルモノナリ」ト語リタルコトアリ井上ハ本人ノ経歴ヲ知ルヤ敬遠主義ヲ取リ其ノ帰国スルノ可ナルヲ諭シ若干ノ金円ヲ支給セルヨリ同七月二十一日出発同八月二日東京ニ帰還シ同十二月九日帰県シタル処其ノ後同七年三月五日所在不明トナリ未タ発見スルニ到ラス。

一読して誰もが不可解な感じを受けるだろう。ここに表れている行動行程をつぶさに見ると、何やら落ち着きのない思い付き的行動であることが窺える。帰省するため乗車した列車は北を目指した筈なのに、生地屋代を通り過ぎて突然神戸へ行き、そこで住所も名前も定かでない人物（小松丑治ノ家族）を探したというのだ。分かっているのは、かつて丑治が神戸海民病院に勤務したことがあるということくらいだろう。「所在ヲ承合シタルモ不明ナリ」は当然のことだった。「承合」とは問い合わせて知ることだが、いったい誰に問い合わせたというのか。この時、死刑判決から無期懲役に減軽された丑治は、当時長崎の諫早監獄に収監されていた。それゆえ「家族ノ所在」となれば、期待するのはその妻ということになる。

では一面識も無い妻はるに、善兵衛は何用があったのか。丑治は事件勃発前、すでに海民病院の事務職を辞し、妻はると共に神戸市湊川町で養鶏業を始めていたから、夫の入獄後、妻はこの養鶏業で生計を支えていたはずだ。[5] だが、そこまでの情報準備が善兵衛にはまったくなかったといえよう。甚だ心許ない突然の神戸行だったのである。

しかし人間は常に周到な準備を構えてからアクションを起こすとは限らない。不意に突き上げて来る衝動的希求によってアクションを起こすことだってある。その場合、恐らく目的達成は二の次で、重心はその方向にアクションを起こした自分自身を確かめる方にある。つまり、自己意思の確認行為ということになる。

すると今度の善兵衛の場合、神戸からトンボ返りし、また、もとの斎藤小作方に舞い戻り、その日のうちにまたまた行方知れずとなったということは、何やらアクションを繰り返すうちに、次第に自己意思を固めていったように見受けられる。そして次に発見されるのは五月二八日になって中国（支那）天津の日本租界地だというのだ。いったい官権記録が記さない空白部分で、この間に何があったのか。順を追って見ていくことにする。

（二）神戸へ――小松丑治家族訪問の真相

まず、西下の理由が小松丑治の家族を訪ねることにあったという。その真偽を探ってみる。

小松丑治は神戸市夢野村にあった神戸海民病院の事務職で、事件当時は三四歳、郷里を共に高知市とする岡林寅松と神戸平民倶楽部なる平民新聞読者会を開催したりしていたが、訪ねてきた内山愚堂の誘いに乗り、爆裂弾製造にリスリンを使用したら如何かとの茶飲み話が仇となり、たったそれだけの、それ以上の作り話は出来ない程度のことを理由に犯人に仕立てられ、無期懲役（死刑を減軽）で長崎監獄に収監されていた。

そういう経歴の丑治の家族を、なぜ善兵衛は訪ねる必要があったのか？　読者は隠れた理由があるのでは無いかと疑うだろう。特別に忠雄を通しての脈絡・筋があったのではないか、それを聞き知っていた善兵衛がいたのではないかと。それには丑治に被せられた嫌疑を、もう少し見ておく必要があろう。

判決記録の核心部分は一九〇九（明治四二）年五月二二日、内山愚堂（箱根林泉寺の住職）が海民病院を訪れた際、丑治・寅松らはそそのかされて大逆に同意したという筋書きになっていた。

（略）此地（神戸）ハ横浜ノ東京ニ於ケルカ如ク大阪ニ事アラハ直ニ之ニ応スル要アリ卿等ハ医業ヲ為ス者ナレハ爆裂弾ノ研究ヲ為スヘキ責任アリトノ旨ヲ以テシ且皇儲弑逆《こうちょしぎゃく》ノ策ヲ唱ヘ以テ其賛助ヲ促スヤ（岡林）寅松ハ初難色アリシモ愚童ニ説破セラレ遂ニ丑治ト共ニ之ニ同意シ愚童カ爆裂弾ノ製法ヲ問フニ及ヒ」、それに応えて「丑治ハ硫酸ト『リスリン』ヲ以て製スヘシト答フルニ至リタリ（「判決理由第六」『社会主義沿革第三』P２４９）。

要するに核心部は皇太子に危害を加えるべく、爆裂弾製法の話をした、とされたことだった。

小松丑治の起訴については、検事側も余程迷いがあったらしい。神崎清によれば『平沼騏一郎回顧録』に「被告は死刑にしたが、中に三人陰謀に参与したかどうか判らぬ者がいる。死刑を言い渡さなければならないが、ひどいと云ふ感じを有っていた。陛下に減刑の御沙汰の気配はないかと、桂さんから申上げてみた。そして特赦することとなった。陛下はこの三人は特赦してもよからうが、他にはもうないかと仰せられた。他はないと申上げた。それならよかろうと仰せられて、三人特赦と定まった」とあると指摘し、次のように言う。「特赦になったという三人のうち二人は、証拠がなくて検事局が最後まで起訴をためらった神戸の岡林寅松と小松丑治のことだろう。あとの一人は、自供のとれなかった坂本清馬と推定している」としている。ここに平沼が「三人特赦と定まった」とは、「まず最初に」という意味だ。最終的に一二名が減軽されたことは周知の通りである。

だが、善兵衛には小松丑治、岡林寅松らが官権側の創作によって罪人に仕立て上げられたと直感するものがあったと思われる。脳裏には自分に類似して罪に貶められ、無期懲役という出口の見えない遠地の牢獄に閉じ込められている事実に、同情の域を超えたものを感じたかも知れなかった。すなわち、『獄中記録』で見てきたように、悲哀を分かち合う境遇の存在が、訳なく欲しかったのかもしれない。最も心情暴露に適任だと思える永井直治にすら、その重たい内心を吐露できたとは思えないから、孤独も頂点に達していたとみていい。その意味では丑治は善兵衛によって偶然に夢想のなかに選ばれた同志だったのかも知れない。善兵衛はあって無いような理由を拵えて、その留守を守る夫人を脳裏に神戸入りをしたということになる。

因みに丑治が言い出したとされるリスリンは、爆薬原料のニトログリセリンの製造などに用いる（『広辞苑』）とされるが、透明の液体で、筆者は幼少時、冬期に母親がよく手の甲に塗ってくれたことを思い出す。皸《ひび》予防のためである。使い果たすと昨今の唐辛子用小瓶大の容器を持たされ、よく薬局に買いに行かされたものだ。つまり庶民生活の日常に溢れているものだった。

新村兄弟と小松丑治の間には、殆ど交流の事実は無い。そう言い切るのも「証拠物写」中の「小松丑治」の項には平民社中枢を担った人物からの通信記録は皆無であり、同じく「新村忠雄」「新村善兵衛」双方の項にも丑治の影はない。ましてや忠雄の実兄とはいえ社会主義者でもない善兵衛が、赤の他人の妻君という、さらに遠い人物を前触れもなく突然訪ねるということは、尋常な行為ではない。そこに出獄後の善兵衛の不安定な精神状態が見て取れる。否、まったく現実味のない行動記録ということになる。

そこで考えてみたいのは「小松丑治家族訪問」の真意だ。このあと善兵衛が中国天津へ向けて旅立ったことを考察に加えるならば、この電撃的な小松丑治留守家族（妻）訪問の目的は、先述したような情緒的な理由ばかりに頼った行動ではなく、天津に渡るについて、実際必要な諸手続などの情報を得ることが目的ではなかったか。

神戸海民病院は名前から推測できるように、神戸港に出入港する船員や乗船客を専ら患者として扱う施設だ。当然に外国航路に詳しい人々がたむろっていると誰しもが想像できる。善兵衛は丑治妻が、病院の事務職としてあった夫から、出入国手続の一端を漏れ聞いて、多少の知識をもっていると期待したのではないかという可能性を指摘しておきたい。そうでなければこの奇行は説明できそうもない。

衆目にはわざわざ神戸くんだりまで足を運ばずとも、渡航手続きに関してくらいなら身近の誰彼に依頼して調べれば訳ないことと思うだろう。だが、それは白昼往還を堂々と往き来できる者の発想だ。監視対象人物がいつ何処で、誰とどのような内容を話したか、尾行警察の追及は厳しい。その厳しい尾行警察の追及を回避し、あるいは嫌がらせに堪え得る者が善兵衛の人脈内に居たとは思えない。ひと言渡航の意向を洩らせば内心を見透かされ、その方面の警戒が増すばかりになる。そうであれば、同じ境遇の人物以外には声掛けすら出来ない。それほど緊張して、髪の毛一本のまことにか細い縁《えにし》を頼りに訪ねたとの推測は許されよう。

「か細い縁」というのは、この時までに丑治妻はるの住所地を善兵衛が知っていたとは思えないからだ。仮に知っていたとすれば、第一回上京時に、堺利彦から教示があったとすることができるが、恐らく「現在は不動の時」と諭された位だったから、関係者留守宅住所を聞かされる可能性はほとんど無い。

可能性の点で言えば半年前の第三回上京時だろう（表2参照）。渡辺政太郎は幸徳に親しかったから、この繋がりから留守家族の様子が語られた気配を想像するのである。しかし、これは善兵衛がこの時点で神戸を意識した渡航を考えていればこそのことであって、まず、そういうことは無かった。善兵衛が渡航を現実的に描くようになったのは、この度（第五回上京時）としていいだろう。何より行動異変がそれを証明している。

(三) 渡津手続情報を探る――忠雄書簡をヒントに（外務省・外国旅券規則）

神戸に着して、善兵衛が具体的にどんな方法で丑治留守宅を探索したか、まるで見当がつかない。官権記録も何も示していない。神戸市内に在住で、夫が海民病院の元職員だった程度の情報では、事実上手足が出なかったろう。市井無傷の一住民という立派な「肩書」でもあれば、どこへでも自由に人捜しの行動はできただろうが、そうはいかなかった。ましてや第七十三条事件の被告とされた丑治の名前を出すからには、自分との関係をまず告げねばならない。それが出来ないのだ。官権記録の空白には、善兵衛の痛恨の思いが張り付いていた。

だが、振り返って見るに、幾ら思い付きのアクションだとはいえ、丑治の家族に面会できない場合、致し方なくカラ帰りする覚悟での神戸行だったろうか。実はこれは表向き半分の理由で、別にしっかりした別の秘匿した目的を定めての神戸行だったとした方が現実的解釈だ。真意は別の所にあったのである。もっと正確を期せば、実は「小松丑治家族を訪ねる」は全くの虚偽で、尾行警察を眩ます手段だったというのが、筆者の結論である。

これは神戸からトンボ返りして再び斎藤小作方に姿を現した際、斎藤から問われて適当に洩らしたことが、後刻調べに来た尾行警察に引き継がれ、そのまま官権記録に刻まれたとするのが正鵠を得ているだろう。またそれを見越しての善兵衛だった。

ここで善兵衛の内心を覗いてみると、次の一事が脳裏にへばりついていたに違いなかった。

忠雄書簡善兵衛宛（明治四二年一一月二日消印の封書）には次のようにあった。「上海へ行く事は旅行券が入〔要〕らぬ。長野より旅費三拾円か四十円円でよいとの事、私は出来得るなら来春か来秋までに一度行きたく思ふのです」。

一九一七（大正六）年五月一七日夜半、帰省車中の善兵衛に、この書簡は二つのヒントを与えていた。「上海」渡航に旅行券（旅券）は不要であり、経費は凡そ四〇円程度、この二点である。善兵衛はこれを「天津」に読み替えたのである。

一九〇七（明治四〇）年三月、外務省は外国旅券規則を定め、同時に各府県の受け付け事務を円滑化させるための取扱要領、即ち「外国渡航者取締内則」を定めた。渡航申請者のどういう所をチェックするかの要領である。経済的生活の程度や補助者（周囲の身内）の資産状況、徴兵忌避者、「外国旅券規則」第十条に定める渡航禁止の該当者であるか否か、その他不正等の有無である。仮出獄者の扱いについては翌年九月、追加的にチェック項目が設けられ、犯罪の事実、宣告年月日、裁判所、刑名、刑期、出獄期間、出獄後の状況、生活、家庭の事情などを確認することになった。(6)

この点を善兵衛に当てはめてみれば、すでにこの年の一月一八日からは刑期が満了し、法的には有期懲役刑は完全に消滅し全くの自由人になっていたから、特に「外国渡航者取締内則」に抵触する心配はないはずだった。

【表3】善兵衛の渡津前後の行動とその後

※〈 〉内は推定

大正6年5月3日	上京、第5回目。斎藤小作方に寄寓開始。
17日	夜半、帰郷の途に就く。上野駅から信越線夜行列車。
18日	早朝、屋代で下車せず〈尾行を振切る。長野駅にて下車〉。篠ノ井線に乗換え松本駅にて下車。〈最寄り郵便局にて生家宛に金円の手配（斎藤方に電報為替送金）を依頼した模様〉。松本駅から塩尻に出て中央線にて神戸を目指す。
19日	神戸着（正午前後）。同日、神戸を発って帰京の途（夜行列車）に就く。〈神戸港で乗船手続（切符入手方法や運賃情報）調査〉。
20日	午前、斎藤小作方に入る。〈天津在住の井上照（斎藤小作の遠戚）宛紹介状を貰い受け、最寄り郵便局にて電信為替を換金後、東海道線で神戸へ向かう。「同日外出シタル儘行先不明」（特別要視察人状勢一班　第八）。
21日	〈早朝、神戸駅着。近海郵船の船便待ちのため神戸港近傍で泊。〉
22日	〈午前10時、近海郵船にて神戸港出港。〉
26日	〈天津（中国）に午後入港。着後、一両日をかけて井上照の居所を探る。〉
28日	天津日本租界の井上照（斎藤小作の遠戚人にして、初対面）を訪ね、寄宿。事情を伝える。〈在津中の身元引受人の労を依頼した模様。〉以後、滞在50日余。不信に思った井上照は「経歴ヲ知ルヤ敬遠主義ヲ取リ其ノ帰国スルノ可ナルヲ諭シ」（特要視第八）、若干の金円を与え善兵衛に帰国を勧める。
7月21日	〈天津を発ち帰国の途に就く。〉
25日	〈神戸港入港。〉
8月1日	〈神戸駅発夜行列車で東京に向かう。〉
2日	早朝、東京に着し斎藤小作方に入る。以後、再び同宅にて鋳職人見習いとして従事すること約4ヵ月。
12月9日	前日、夜行列車にて上野を出発。早朝屋代に帰省。
大正7年3月5日	「所在不明トナリ未タ発見スルニ到ラス」（特要視第八）
大正8年12月22日	大阪市此花区桜島に独身にて在住。流行性感冒に罹患床に伏す。
大正9年1月7日～2月17日	7日、危篤状態に陥る。雇った近所の「お婆さん」に看病される。19日に至り高熱（40・8度）から解放される。次掲する義兄宛の書簡中に「高熱」と「肺炎」の二語が認められているところから、当時世界的に流行していたスペイン風邪の主訴に酷似。生活困窮。
2月18日	近況（右病状等）を義兄柳澤誠之助宛に封書で発信。
4月2日	「死亡セリ」（特要視第九）

しかし旅券交付事務とともにもう一つ注意が払われたものに「転航防止」という事案があった。例えばハワイへ渡航すると称して、英領（当時）カナダへ渡るの類いである。これは相手国からの抗議によるものだろう。

ところが、シベリア、清国、韓国（現・朝鮮半島）などへの渡航はどうだったかというと、わが国として些か奨励する傾きをもって処理されていたから、自国側の都合態度が貫かれ、旅券は不要であった。その気になれば旅費さえ整えば明日にでも渡航できた。

しかし、この時点で帰省車中の善兵衛が、斎藤小作の誘い（後述）や忠雄の書簡を思い出し、気持ちを渡津に傾けたとしても、確認しなければならないのは、かつてと違って刑期が満了したとはいえ、皇室危害罪の「犯罪者」を疑われた国賊になってしまっていることだ。仮に「旅券不要」を思い出したとしても、現実面でこの点がどう扱われるか、確認しなければならなかった。

（四）必要なものは渡航費用と紹介状――再び東京へ

神戸に着した善兵衛は、丑治留守家族の探索など全くせずに、多分神戸港へ足を向けた。そこで渡航に関する情報を入手した。当時、神戸港から天津行は、近海郵船がほぼ五日おき、大阪商船が不定期（概ね月四便）で運航していた。前者の定員七十二～九十二人程度、後者は一一三人程度で、運賃は前者で一七円五二銭（三等）後者で二五円ほどだった。善兵衛はこれらの出港日時、混雑具合（乗船切符の入手難度）及び手続等々の情報を得たと思われる。そこで直ちに乗船切符を購入可能であることを知ったが、手許不如意では致し方ない。しかし、この度は乗船が目的では無い。手続情報の入手が主眼だ。兎に角それがつかめたことだ。仮に懐に金円が潤沢だったとしても、直ちにそこから渡航する訳にはいかなかった。準備するもう一つのモノが欠けていた。

善兵衛はその日（五月一九日）のうちに、東海道線の夜行列車でとって返した。向かうは東京の斎藤小作方である。人生上忘れていた明るい気分が戻ってきていた。

翌二〇日、午前中、斎藤小作は帰郷したはずの善兵衛が玄関先に現れたのでびっくりしたろう。何があったのか、また面倒なことを持ち込んできたかという思いがよぎったかも知れなかった。と同時に、斎藤の方にも伝えるべき一事があった。それは屋代から電報為替が斎藤方気付きで善兵衛宛に着していた。一昨日の五月一八日、途中下車した松本市中の郵便局から善兵衛が郷里へ要請しておいたものだ。これを直接証すものはないが、官権記録が「同十七日出発帰路ニ就キシモ自宅ニ帰ラス翌十八日松本市ニ入リ同日同地出発」とある「松本市ニ入リ」での尾行報告の完全空白部分に、実はこのようなことがあった、と推測を強めて言えるのは、その後の善兵衛の行動と、何より松本市中に入ったとする記録の意味をつなげるためである。

物見遊山で市中に入る筈がないことは、行路の慌ただしさが証明している。ならば善兵衛にとって可及的に意味ある行動とは何か、を問えば、必然、天津渡航の準備である。そのための郵便局が思い浮かぶのである。そしてもしもこの行為がなかったなら、善兵衛の天津行はあり得なかったとすべきだ。すべて結果の事実から推測して言うのである。

善兵衛は渡航費用を手にできてホッとしたろう。世話を掛けた斎藤小作への挨拶もそこそこに「井上照」宛の紹介状を是非にと頼み込んだ。見ず知らずの人物を訪ねて行くのだ。紹介状は必携だった。それを持たないでは内地を離れることができない。それからいっとき、寝不足の疲れを一服の茶で誤魔化していると、斎藤が錺職人らしい楷書の整った字面の紹介状を手渡してくれた。要するに自分との縁と就職斡旋を頼むという程度の内容で、簡潔だったと想像される。

善兵衛に渡津を勧めたのは次項で詳述するように斎藤小作である。ほかに候補者はいない。「井上照」の字面を見ながら、とりあえずの縋《すが》り先ができたことで、善兵衛の不安はひとまず消えたろう。

それからさらに小半時が過ぎて、善兵衛はほどなく外出し、行方不明になったと官権記録は伝えている。善兵衛はそれからどうしたか？　まずは最寄り郵便局で電信為替を現金化し、再び東海道線で神戸に向かったのである。

いったいなぜ、このような段取りになったか？　それには善兵衛が五回目の「錺職人修行」を終えて帰省する五月一七日まで、遡らなければならない。

六　新天地を求めて天津渡航

（一）斎藤小作の提案に乗る

一九一七（大正六）年五月一七日、仮出獄後通算五度めの上京で、例によって斎藤小作方に寄寓していた善兵衛は、急に郷里に帰ると言い出した。五月三日の上京以来一五日が経過していた。上野駅発の高崎線経由長野行き夜行列車を選んだと推測するのは、鬱陶しい角袖の尾行もさることながら、生地の屋代駅から北国街道に面した自宅まで、徒歩でおよそ二〇分余の知り尽くした街道で、顔見知りと出会うのが何とも辛かったからである。街並みが一番の朝日に目覚めないうちに生家の門を潜りたかった。上野駅を二二時ころ乗車すれば、明け方六時過ぎころには屋代駅着となる。いつも利用する列車だった。

その車中の善兵衛を捉えていたのは、恐らく斎藤から出立間際に洩らされた「遠戚の者が天津に居るので、もしも新天地を求めるなら紹介する」という類いのことがあったと思われる。そうでなければ、善兵衛に渡津の件は浮上しようも無い。斎藤とて度重なる寄寓は、重なれば官権の威圧もあってそろそろ限界に近づいていて不思議は無かった。秘かに「仮出獄」という冠言葉が除去されるまでの間、という目算を立てていたかも知れない。こうした場合、官権の威嚇がなかったとするなら、ウソになる。些か度を増すそれが感じられてきたとの想像は許されよう。それを胸底に抱いての天津行の勧めだったとは十分考えられることだ。遠戚筋の井上照なる人物が、現在、天津の日本租界地に住しているという。必要なら紹介するとも。その一言を胸に刻んで、善兵衛は郷里へ出発したと思われる。

察するところ、この提案は善兵衛には唐突だったに違いない。前々からというのであれば、腹を決める時間がたっぷりあった筈だから、東海道線で神戸に直行したはずであり、トンボ返りで再び斎藤宅に舞い戻り、何やらあって、同日再度神戸にとって返すという不可解な行動をとる必要もなかった。準備万端、持参すべきモノを携帯して出発すればよかった筈である。そうならず、一度は郷里屋代を目指す列車の人となった事実から考えれば、提案は帰省の出立間際に行われたと想像させるのである。

善兵衛は夜行列車のなかで、随分と悩んだはずだ。提案に乗って異郷の地天津へ行くとは、過去の自分ばかりでなく、新村家にも見切りをつけるということだ。「父母を蹴れ！」という言葉が現実的に蘇ったことだろう。しかし、それを慮《おもんばか》っていては現状は何も変わらない。来年の今日も、再来年の今日も、「国賊」のレッテルを貼られたまま、同じ繰り返しの生活で、何処にも生きていく場所は無い。考えれば考えるほど、以後の人生は虚しく終わる予感に溢れていた。

信越線列車が碓氷峠でスイッチバックの軋みを黒い山肌に反射させ終わると、やがて明けの薄い横陽のなかに、そろそろ代掻きを待つ懐かしい善光寺平が佇まいを拡げ始める。車内も目覚めたとみえ、ざわつきが出始めてきた。屋代が近づいてくると、また「世間を狭くする生活」が脳裏に鮮やかとなる。列車が刻む走音は、刻々決断を迫っているかのようだったろう。三六歳、生涯をこんな形で生きて行かねばならないのか。

勘のいい善兵衛だ、斎藤小作が渡津を勧める胸底も読み取ることができていた。斎藤に嫌われては、もう他に身を置く所はなかった。どうすべきか？　上海と天津という場所の違いはあっても、この際ほとんど同義だ。忠雄が見たかったもの、遣りたかったこと、それを理解出来ないで居る自分だが、身代わりとなって渡り、その様子を墓前に報告してやりたい気持ちも湧いてきた。「突然の発意」はこうして固まった。見ると、尾行角袖もそろそろ下車が近づいたことで任務完了の大欠伸をしている。

列車が止まる。おもむろに身繕いをして車外に出ると、善兵衛は次の客車に身をサッと翻して乗り込んだ。ホームに降りた尾行がそれなりの人混みの中に慌てて改札口に向かっている。こうして善兵衛は追尾を振り切ったと思われる。即ち、屋代駅に降りると見せかけて、そのまま長野駅に向かったのである。

右は必ずしも筆者の創作ばかりではない。明らかに尾行警察が善兵衛を見失っていたことは、先にも引いた官権記録そのものが暗示していた。一部を再掲する。

「（斎藤小作方に滞在していた善兵衛は五月）一七日出発帰路ニ就キシモ自宅ニ帰ラス翌十八日松本市ニ入リ同日同地出発翌十九日神戸ニ着シ」云々とあって「松

本市」市中で何やらの所作をしたようだが、官権記録はその内容を明らかにしていない。屋代で下車する素振りを見せつつ、再乗車して長野駅まで乗り継いだ東京からの乗客を、尾行警察が見失っていたことがわかる。

乗り換えた篠ノ井線松本駅での下車は何を意味したか。後日の補充追跡により、駅員からの聴取で空欄を埋めることが出来たとしても、「松本市中」で何をしたかは、さすがに駅員に問うても解るはずはなかった。

既述してきたように筆者の推理では、郵便局へ駆け込み、郷里へ向けて日ごろ利用する斎藤小作方最寄り郵便局を指定し、斎藤方に電信為替で送金するよう依頼した可能性が高いのである。もちろん、渡津の思惑は伏せたままである。母親やいは、何事があったろうと不得要領で斎藤方に送金したろう。

この電報為替送金の件は筆者の推理であるが、現実に善兵衛が渡津している事実から逆算すれば、他に松本駅での下車の理由を探し得ないのである。

再び松本から乗り次ぎ神戸に着したのは、翌日の五月十九日だったと記録されている。おそらく到着は当時の列車事情を勘案すると正午前後だったと思われる。

（二）二ヵ月で破綻した天津生活

神戸港からは汽船会社二社により、天津航路が開かれていた。当時の時刻表に照らせば、天津行の神戸港出港時刻は概ね午前一〇時前後だった。翌日午後、寄港地門司を出港すると、いよいよ外海である東シナ海だ。天津に入港したのは五月二五日午後ということになる。足かけ五日間の船旅だった。

天津に着いた善兵衛は、翌日から井上照なる人物を探し歩き、二八日に遂に目的を達成した。善兵衛のことだ、ウソを隠し通すつもりも無かった。紹介状を持っているとはいえ、不審な突然の来訪者に、迎え入れる側も戸惑いを隠せなかったろう。

それから約二ヵ月、天津の租界地で善兵衛がどんな日常を送ったか、定かで無い。些少とも覚えた彫金の技を持っていたとしても、それを活かせたとは思えない。下駄表という職業も日本なればこそ通用するものだ。恐らく、井上が紹介する日本人経営商店などでの就職を試みたろうが、区分すれば知識半農民でり、客商売は得手とはしなかったろう。否、得手であれば、生家元来の蚕種業も転業するなどして廃業するまでには至らなかったろう。

懐中の蓄えは日を追って減少してくる。見かねた井上は帰国を勧め、若干の旅費補填をしたと、その後の官権資料にのこっている。

一九一七（大正六）年七月二一日、天津を出発した定期船が神戸に入港したのは七月二五日だったろう。天津での移住生活は善兵衛にとって再起を賭けた決行だったが、結果的に最大の挫折を噛みしめることになった。

神戸の土を踏んでから数日、定まらない今後を思い、途方に暮れたのではなかったか。今更、屋代へ帰ることはできなかった。異郷での生活再建失敗は、却って郷里を遠くした。

八月一日、神戸から重い身体を東海道線に乗せ、斎藤小作方にまた拠り所求めたのは翌日のことだった。余りにも短い天津生活ゆえに、母親に合わせる顔がなかった。それから四ヵ月ほど寄寓し、一二月九日に屋代に帰り着くのである。

（三） 不明な後半生

明けて一九一八（大正七）年、鬱勃《うつぼつ》たる精神生活を続けていた善兵衛は、三月五日、官権の目を盗み、窃かに生家を脱出、以後再び行方知れずになる。

次に善兵衛の動静が伝わってくるのは、一年半後の一九一九（大正八）年八月一八日になってからだ。「信濃埴科郡坂城町と宛名書きの裏面には「櫻嶋在にて野村生」と認められていた。櫻嶋とは現在の大阪市此花区櫻嶋であり、善兵衛の変名便である。文面には甥の彦衛（旧制中学校生）に暑中休暇を利用して遊びに来るよう誘い、序でに内山紙などを購求して持参するようにともあった。現在のところ、これが生家出奔後の所在を示す最初の資料だ。次に知れるのは半年後の翌年二月中旬ころと思しき同義兄宛の書簡だ。そこには昨年暮れから流行中のスペイン風邪に罹患し、正月を越えた現在でも就労できる状態に無いと認めてあった。僅かばかりの貯蓄も医者に運び、最早帰郷するにもままならないが、母親には決して告げてくれるな、と認められていた。

それから二ヵ月と経たない四月二二日、新村善兵衛は大坂にて死去したと官権資料は伝えるのみで、大坂での生活や遺骸処理の顛末を語る資料は、現在のところ発見されていない。千曲市坂城町の柳澤誠之助遺族方にも該当資料は無いとのことを、地元研究者大橋幸文氏から聞き及んでいる。善兵衛が「賢譽至徳善雄居士」の戒名を与えられ、実弟忠雄「禮譽救民忠雄居士」と共に生地に帰還できたのは、私見では一九二二（大正一一）年四月、善兵衛の三回忌だった[7]。そして今、生地の市民によって兄弟の生きた時代の検証がスタートしている。

新村善兵衛・忠雄の墓（青木信知氏提供）

〈注〉

注1　松本衛士『長野県初期社会主義運動史』（弘隆社1987年11月）P277

注2　吉川守圀『荊逆星霜史』（不二出版1985年3月）P251

注3　堺利彦（1870～1933）は福岡県京都郡の生まれ。新聞記者として数社を歴任した後1899（明治32）年7月『萬朝報』に入社、同僚記者として幸徳秋水、内村鑑三らを知る。1901（明治34）年ころから社会主義に関心を強め、翌々年、『萬朝報』が日露開戦支持に転じると秋水・鑑三らとともに同社を退社。直ちに秋水と図って週刊『平民新聞』を創刊した。事件時は赤旗事件（明治41年）により重禁錮2年他で千葉監獄に入獄中で一難を免れた。事件の年（明治43年）の9月出獄するや、直ち入獄者らの救済支援活動の中心となり、また、在野の社会主義者の生計支援のため売文社を設立した。判決・処刑後は刑死者遺族の弔問のため各地に赴いた。著作、飜訳多数。晩年は労働者政党の結成に尽力した。懐の深い人柄が幅広い人望を集めた。

注4　旧刑法51条、新刑法第23条

注5　上山慧「神戸の大逆事件余聞」大逆事件ニュース第55号2016年1月

注6　大日方純夫『警察の社会史』1993年3月、岩波新書P71。外務省の「外国旅券規則」（明治40年3月）を受け、各府県が対応したが、埼玉県では「外国渡航者取扱方要旨」を定め、「清韓両国への渡航はきわめて簡易に」するとしていたという。

注7　拙稿「新村兄弟墓碑建立時期一考」『大逆事件ニュース』第52号（2013年1月）

〈巻末資料Ⅰ〉

新発見資料「新村善兵衛の獄中記録」翻刻

巻末資料の概要については既に第二章第三節と第四節で述べたが、改めて述べておく。

【資料入手】

この二者の資料は長野県坂城町在住の地方史研究者大橋幸文氏から提供に与ったものである。氏によれば「昭和五六年にお借りし、コピーさせていただいた時は、菓子の空き箱にきちんと整理され、封筒と一緒に保管されていました。誠之助・なお夫妻の几帳面な性格がうかがわれました」（大橋幸文「大逆事件新村善兵衛・忠雄兄弟に学ぶもの補遺」『さかき』第一〇号・平成二七年三月）とし、それは同年二月のことだったとしている。貸与者は坂城町在住の柳澤誠之助孫柳澤道彦氏とのこと。縁あって右のコピー資料の再コピーの提供に与り、公表についても大橋氏を介して貸与者の了解を得ている。記して御礼申し上げる。

【資料概要】「獄中記録」について

原資料は未見であるが、第二章第二節で述べたほかに特徴を記せば、特段に日記形式のような執筆日付は意識されておらず、時々散見する程度で、必要ならここから換算して執筆日付を推定することは可能である。

文中、小見出し的に標題があり、内容は煎じ詰めていえば獄中者にありがちな精神論的記述が多く、これは獄中で許される書籍の種類に影響されての結果とみられる。なお、コピーのコピーゆえ不鮮明で読み取りに苦労した。誤読もあろうかと思う。御寛恕を乞う。

【凡例】

1　「獄中記録」原本には「小見出し」がある。順に従い以下に列挙した。便宜上番号を付したが、原本には無い。

2　〔　〕内は筆者が補ったもの。また、句読点は全て補い、適宜改行した。

3　判読不能の文字は□で表し、判読に疑問がある文字には傍線を、また読者の便を考え一部にルビを付した。明らかな誤記は（　）で正した。

4　難解部分は〈　〉内に注記した。

5　一部に注記を施した。

【記録見出し】（目次）

新村善兵衛・千葉監獄　獄中記録

1　看板

それぞれ売店は看板を懸けて居るが自分も一つ看板を持ちたい。

それは馬鹿な貧乏の看板である。即ち自分は馬鹿である。世人が自分に対し注意を拂はず顧〔み〕ないのは當然の事で否な寧〔ろ〕自分を笑ふて居ろう。

然し実際自分らは馬鹿なのだから仕方がない。自分は貧乏です、誰れも自分に對して渋面を作って□□に笑顔を見さ《ママ》ない。お世辞一つ云ふ人もない。それは當然であり自分は貧乏であるから人が用がないのであると斯う馬鹿と貧乏看板をかゝげれば、何いふ事も不満もなく心中誠に寂静である。

馬鹿である貧乏であるなら衣食の為めに非常な労働をするのが當然で、この仕事に對して不平を感ず譯《わけ》も理由もない事となる。

自分は飽くまで是の馬鹿と貧乏の看板を忘れずに持って居たい。殊に出獄すると最《も》一つ刑餘の人と云ふ看板が増加するのであり、世人の擯斥《ひんせき》指弾も愈々《いよいよ》加るであらう。

然しこれが當然であると思へば、何も不平も不満もなく却《かえ》ってこれを甘受して行かるゝ。そして自然努力も奮発も出来る。「柳原看板なほし」が出獄后も自分の仕事である。自分はつくづく思ふに今日迠《まで》の自分、入獄迠の自分は全く人間生活を営んで来たのでは無かった。

この本監と云ふ小区劃《くかく》を劃《かく》したのを不幸の幸として出獄

后は人生の眞意義ある人間生活を仕よう。即ちそれには出獄の日、獄門を潜る第一歩を以て人間生活に入るの第一歩であると念《おも》ふて居る。

2　自己否定

欲望を制馭《せいぎょ》するも自己否定の形式である大我〈悟りによって得られる絶対に自由な在り方。真我。利己的な立場を克服し広い立場に立つ主体。『大辞林』〉に接するにも自己否定である。忠実、愛國、孝親、皆自己否定の形式である。社会公衆に尽すも何も総て自己否定の形式を洩れない。自己否定でなければ労働と眞に云へ得ない。誠に自己否定の受用の大なる殆んど際限がない。然し自己否定否定と飽迠否定を続けよ。否定、否定と否定を続くる裏面、肯定を為しつゝあるのである。否定の極と大肯定は□然冥合して一分の間隙を見得ない。自己否定の□后で大なる哉。

3　明日はいすく

監獄生活をして居ると明日は何処の嘆〔き〕に堪いない。自分は今宵はこの室に眠るのであるが、明日はどの室に眠るのが《ママ》判らない。戒護上の都合に依りては何処に引き移るのか判らぬ。全く明日は何処である。否々少しく考いて見れば人世は畢竟《ひっきょう》するに、明日は何処である。秋の日の、明日の日和の頼み得ぬが如く、瞬間后に如何なる事変が起らぬとも知れぬ。

三陸地方の海嘯《かいしょう》〈津波〉の時には婚礼の儀式中のものもあったと聞いて居るが、全く夜半に嵐□吹かぬとは限らぬ。天変天災は無くとも、金鉄ならぬ人の躯の、今にも血管は破裂せぬとも限らぬ。如何なる病魔が背後に窺て居るやも知れぬ。明日はさて置き、五分間後の事も確言保證する事は考いて見ると出来ない。

勿論人間は目的が在って、この目的に向って発展向上しつゝあるのは争ふ可からざる事であるが、他面から見ると全て途なき曠野を彷徨して居る様なのである。念へば思ふ程儚ないものだ、愁しいものだ。斯う考いて来ると、全然生の意義が無くなって来る。

然し先頃、フト思ひ出したのは道元禅師の黒澁の崑崙《こんろん》夜裏に走るの句である。間違て居るかは知れぬが、人間の先途は総て斯うであらう。

然し飯に逢ふて飯を喫し、茶に逢ふて茶を喫す〔の〕である。即ち、富貴に処しては富貴の生活を為し、貧苦に処して〔は〕貧苦の生活を営み、敢〔えて〕羨望不平を起さぬのである。生ある内は生を楽〔し〕み、死神の手に囚はれたるの際は、徒らに生を望みて懊悩《おうのう》せぬのである。

獄中生活は、獄苦を甘受して生を楽んで居るのである。

徒らに煩悶して恐観絶望するのではない。何処なる苦境、如何なる苦痛の内に処しても静かに生を楽んで、国家社會の恩賞を感謝し、神仏に感謝する寂静な心の持方を云はれたのかと思ふた。

念へば畢竟時間は比較的のものだ。無始の時に比すれば百年も刹那も限りがあるから、長短を云ひ得ない。蚊虻《ぶんぼう》の短命を人が云々し得ないのである。百年も刹那も無始無終の時に比すれば、相違や微々たるものである。然し今茲《ここ》に、刹那即ち永遠なりと観して我れを想ふと、実に我れが偉大なものになる。唯我独尊と沾観じ得らるゝ。満象宇宙委く我の對象顕彰である。刹那が永遠で森羅満象悉く我れの對象であると観すれば、如何なる境地、如何なる苦中も我身を愛し尊重し、生を楽み得るのであろう。石田三成が斬首の間際、串柿は痰の毒なりと却《しりぞ》けたと云ふ事は実に気高い。此の一語で彼の凡小の武士で無い事が偲れる。眞に死に処して悠々として居るのは気高い。

己れには如何にしても現在の刹那を永遠なりと観ずるより他に、比較的易い途は無い様に思はるゝ。現在の刹那を永遠なり、永遠の生命なりと想念せば、この永遠の生命に對して苟《いやしく》も汚濁を印する様な行為は、心として出来得ない。刹那の一不□事が永遠自己を悪人たらしむるのである。不仁の人とならしむるのであると思へば、□然としてこれを謹み得よう。訌々《けんけん》自己欲念〈やかましく襲って来る欲望〉を制馭《せいぎょ》して、小書なりとも累ね續け積めば、刻々は人世の五十年とも百年とも連續して居るのであり、微細し小書事も不断續行し得ばやがて□他の□事となる。あゝ最早明日は何処を嘆ぜず、今日現在も刹那に努力せんかな。左りながら凪々の自分にはチト・・・・・（ナウトーデー）

4 獄苦

かねて自分らが東京監獄で□□して既結（決）の人の室に這入って備付けの盤面を見ると、自作か何かは知らぬが、

うき事の重なることの嬉しさよ犯せる罪の消と思へば

と云ふ歌の書い〔て〕あったのを、今日典獄の御話から想起した。

元来自分等囚徒は、或る一面からすれば疾病不興の者である。何等欽《か》けるところ在って、これが為法に触れ罪を犯して今の境遇、殆度狂人が他人を障害するので止〔む〕を得ず拘禁した。それが一般である。

さてその病原を尋ね投薬治療すれば、無論口舌に苦い外科手術は不快である。痛い獄苦は即ちそれである。厳しい沈黙能戒護も反側（則）し厳罰も各の重さに□□□いるのも、

夏の蚊に攻免らるゝのも、念々不□前行く罪過を想て、死念消滅せしむるの慈悲し□□□□であるから、実にそれ等を感謝して居らねばならぬのである。そして全快、社會に出て人並に歩行をせねばならぬ。

自分は泌々《しみじみ》想ふのは、世に犯罪程文明を阻害するものははない。犯罪程人世悲哀の暴露の甚しいものはない。獄門程悲劇の演られつゝある場所は世に尠《すく》ない。幾多の肉身《ママ》の親戚は在監中の囚徒を見送り来たりては泣き、世間の手前斯るものは持ちしを慚《は》ぢては暗涙、面会に来りては僂ない念に愁然として涙に暮れ、出獄を待っては亦涙。あゝ全く監獄は人世の墓場である！

自分等囚徒は各の夕暮、石の窓辺によりて、鉄の格子の間から空行く雲を望み見て想は故郷の空に馳せ、若葉の初夏に候いと、しめやかな雨の夕、身も心も涙の露に霑《うるお》いてしとしともの憂く、ありし昔の家族団欒の夢に、胸も張り裂く想に暮れるのである。あゝ監獄ハ厭はしき人世悲劇の劇場である。

世の古今、時の如何を問はず、世に刑獄無用の時代があり得れば、それが即ち黄金時代であると思ふ様になった。周〔り〕に刑獄用〔い〕ざる四十年と特筆してあるのは□一記事でこの時代を充分偲ぶ事が出来ると思ふ。

人が箱に囲まれ、犬にかこまれたいまわしいそんな字は、早く廃字にしたい。

監獄無用の時代は如何に、如何に社會は安静で温かであらうか。犯罪の裏面に女の笑顔があるとは実際であるが、亦悲劇も包まれてあらう。然し小欲知足に甘くなかった結果だ!!!

5　夢

人が一切社会の影響も受けずに専心或事物に心を傾けて居るとき、勢い頭脳は單純になって仕舞って、それ而已《にて》想ひ続くる為か、夢□不可思議な夢を見る様になると思はるゝ。自分が現時の胸中には、始終忘れんと欲して忘れ得ぬのは母と弟の事である。それがして折々種々の様□に故里の様や、母の、俤弟の事共、夢となって顕れて仕方がないが、時に讀書に熱中した時は、亦これを夢みて詩文を誦ずる様な事が折々にあるので、時に奇妙な想に耽る事がある。嘗て□□を読み、古代支那の宗廊に奉仕する様の、如何にも荘重な有様を考いつゝ、眠った時は、実に嗚呼ケ間敷しい〈烏滸《おこ》がましい〉が、孔子が大廟《たいびょう》に詣て居る様を夢みたのであった。

で思ふに夢は現在自己思想の反映であると。唯自分は夢を以て自己修養反省の一助とすべしと思ふ。若し夢に食物の夢を見たなれば、現在自己の頭脳はそれが第一に大部分を領有して居るので、それで見たのである。亦それ以上肉体上の夢でも見たならば、それは自分が卑劣な想念を以て頭脳を占有されて居るの為であると、鞭撻して上向発憤せねばならぬ。

　自分は食物等の夢を見た時は、自ら励ました事も折々あったが、この二三年と云ふものは衣食に関する夢を見なくなった。折には作業上の夢、下駄表の出来が善い悪いなんと云ふ下らぬ夢を見る事もあるが、夢としては重《ママ》に母の夢や故郷の夢である。誠に夢のあと、醒めて想に耽るのは弟の夢である。忠雄を刑場へ送って弟が処刑を受ける所を夢みたり、忠雄の姿が宙に下がって縮れて仕舞って、それが忠雄か？　と叫んで目覚めたり、忠雄と共に手を携へてそゞろ歩きをして居る内に忠雄が見いなくなって、古里で探して駆け歩いたりなど、さまざまな夢を見る。

　あゝ忠雄は自分の生涯、自分を痛嘆されるものである。これもそれ夢と云ふも□儚ない淡い。覚めて想〔ひ〕のいやますものよ。

　父と忠雄が手に手を採って広い囲いの博覧会の内へ這入って□□□□□□と、外を廻れと入口ちゃ見いぬ。

　ボンヤリあきれて停躕《ていちゅう》〈ためらうさま〉すれば、内じゃ音楽鐘太鼓。トンナ逸楽とまたくるくると、外を廻れと這入れぬつらさ。

□□うらめしそこ立ち去って、家へ帰ろと磯浜行けば、これはドーした岩石峨々の、下は青海浪打寄する。

下は青海浪打寄する木の根藤つる頼りの小□、船のたよりと首さし飛乗りゃ、そこは無人のあらあら磯の、絶いてたよりの無いなぎさ。

入るにゃ入られず帰りもならず、血に泣く思いで地団反踏めば、夢が破れていや増すおもひ。

去る者は日々にうとしとは、それは社會に活動し、妻子快楽に囲繞されたる人、頭脳は懐古□□余地余りない□事である。

　自分の様な獄中生活の者は、心の創痍《そうい》は、日に日に新に悲痛は尽きない。自分は喉の破け聲も涸れん許〔り〕忠雄忠雄と叫んで、流せるだけ涙を出したらば、此の胸中の鬱結は幾分滅しようと思ふて居る。キリストペテロを顧みて「我れは悲みの余り胸も張り裂けん許りなり」と。

　然しこの胸中の苦を滅す人あるを、至親の弟子あるを、羨〔ん〕で、自分ではこの憂鬱の胸中を語るの人なし。唯恨〔む〕は影翳相對して、己が浅間しき境遇を嘆じ、弟を悲しみ、胸中無聲の叫び。母上許し玉へ、私の愚を暗愚を。忠雄を殺したのも私、あなたを涙の谷に蹴落したのも私！ウム・・・と瞑目すれば、胸は〆木に壓《あっ》せられし如くしゞとして痛し。

6　今日此頃

□□□□□であるかは知らぬが、今日も又今日もと連日陰鬱な天候には、全く気も滅入って仕舞ふ様な心地。殊に□□□□□□肩身すぼまする同囚の姿を見ると、哀愁の想は胸に湧き上る。

自分等には春秋の差異の感はない。花も紅葉も知らねばうら□□ければ、何時も社會の人の秋の寂しき心地に、日を暮〔ら〕すのである。

囚衣の人の顔には、夏を除いては何時も陰鬱な蔭の消いた時は余りない。殊に峰尾氏の淋しい悲し気な姿、佐々木氏の六ケ敷《むずかし》い憂鬱な相貌を見ると、実に何とも云いぬ感に打たるゝ。たまたま相見て苦笑する。苦笑の跡の瞑想に何日も生の終末、死の趣構である。噫《ああ》、実に運命の不可思議を嘆じ、奇しき生活を念ふのである。自分は折々余り感銘の激しさに、あゝ五工場〈獄内の第五作業場のことか？〉を去りたいと想ふ事がある。実に悲劇だ。全て悲劇である。

自分は弟の死后、兎角死――と云ふ事を念い耽って仕方がない。死后の生命霊魂の行徳、さては生の意義なぞ。是れは全く□□の□□で、自分等如き浅薄の頭脳の者の思考すべき所でないとは思いながらも、想い続けて仕方がない。これ□□□□哲学的の書籍を好むようになって来て、宗教上の趣味も非常に興を覚ゆる様に思はれる。実践道徳を修め実践道徳の書籍を讀み、社會へ出する処世の助とするの賢なるは、之々然りとは念ふて居るものゝ、現在の心の要求は決してこれではない。実に自分は明瞭に知解出来得んでも、人生の意義を尋ねたい。死の趣構《ママ》も知りたい。宗教的書籍を可成見たい。一知半解の誤〔り〕は自分に善く承知しては居るものゝ、矢張〔り〕心の要求はこれである。

倫理学的亦同義的の教は、兎角囚徒――即ち実践道徳の入を許さゞる岐路に踏入り、其向ふ所を誤れる彷徨者――に對しては叱責的であり、然らざるも自己中心には充分己が罪過を想念し、悔恨して居るのに、更に厳しく良心の呵責を呼び起すのである。到底宗教書に暖か〔な〕味はない。キリストの「神は罪ある者、弱き者の神なり」なぞの語には接し難いのである。

旅人の、嵐には笠も蓑も堅く身に纏《まと》ふも、温き日々には、知らず知らず笠も忘れ蓑も忘れ棄つるが如く、如何なる執拗の悪人も温言賞語には首をたれ、恥心を起すのである。親切の一言一行は罪悪の荒《すさ》めるものゝ心には、非常の慰安である。暗黒中の黎明である。

自分は宗教書中の温き言葉に接しては、漠然として寸時の忘我を得る事がある。実に篤信者の言行を見て、寂寞の心胸を慰めたいと切に念ふて居るのである。

今日教誨席上で伊勢の□□禅師の徳善の行為を拝聴して、禅師の如きは心経の空観の権化であるかの様に思はれた。

眞に偉大な人格と云はねばならなぬ。聖とは申汝等慈善をなさん時、右の手にて為す事は之を左の手に知らしめざるが如く行ふ可しとの語を念い出した。自己否定は総て善行の基であるが、一度空観に即すれば自己なる者が既に空である。

社會我即ち大我と□□して居ったのである。大我の為にその一小部分の我が事を為す。恰《あたか》も口に入る丶の食を取る手の様な関係なのであるとすれば、何も之を誇示するの要を見ないのである。否誇るは実に笑ふ可き事となりつ丶あるが、然し眞乎皎潔、念仏教理の観念に□して、事に當れば念はざるも至誠、以て事を処するのである。

至誠以て事に當れば、行として一も悪食莫作□衆奉行ならざるはない。然らば法律の如き、普通道徳の如きは、遙かに遙かに脚下にある。然り公徳や法律に超越し□して居る至誠の一食こそ、最要なれ。

守るとも想はずながら小山田のいたずらならぬ案山子なりけり

7　麺麭《パン》雑感

釈尊が断食苦行は正覚を得るの途に非ずにて、菩提樹上に立て温河に浴を採られた。婆羅門徒は之を見て破戒を笑ふた。釈尊は遂に食を取って心身優安正覚せられたとの事は、実に飲食の人間に欲《か》く可からざる事を示されたものである。

元来人はパンが無くては生を維持する事は出来ない。一日もパンを欠けば心身共に憂苦を観ずるのであり、消耗あれば補修は必然なのである。然るに徒に断食苦行すれば躬体は疲れ、筋肉は補修を頭脳に訴ふ。頭脳は不安を感じてその断食苦行と云ふ事に而已《のみ》飲有されて仕舞って、それ以外余地なくなって仕舞うかと思はる丶。

亦持戒《じかい》〈戒律を保つこと〉と云ふ事も、或は限度を越せば唯々その持戒と云ふ事を而已《のみ》想い続けて、頭脳に餘裕を與ぬかと思はる丶。独逸の一聖者が幼少の時にマリヤを見て、生涯女に遂に接せぬ事を誓ふた。

それ以后は実に恐々として、薄氷を踏むが如く婦人に近づくを恐れ、甚だしきは生母の許に到るも、什者《ママ》がなければ行かず、知らず後に婦人にても居る時は、慄然顔色を変じて恐れたから、戒行堅固で青年時代に入ったが、その結果か否やは知らざるも、三十前の血気盛なるの時に遂に死去して仕舞ったとの事である。持戒に魔せられ〔た〕のであろうか。然し何も柳下裏の冬の寒い夜に、若き婦人の凍死を恐れて、抱て夜を明したそれを学べ。至誠の一食を以てせば李下に冠を正せ、瓜田に足を入れよ、と念ふのではない□る。

馬には遠□□危険は避くるのは當然為す可きであるが、亦戒行に余り慄々たるも人を因陋に陥らしむると思ふ。

パンは全く人に緊要であるが、往昔禅宗の高僧の内には、深山に僅かの木の實や山の芋を噛んで長壽を保ち、佛果を得られた人があると聞くが、それは例外な偉人である。風俗の□しに様に飲食なんて云ふ□□□を以て自然の大母と交通しなくとも、心が直接神明に通い交る□て居るので、長壽も保ち得るのである。風俗の吾々如何してもパンに依て大母と交通せんければならぬ。

エスキモー人種は肥ゆるを非常に美と思い居るとの事であるが、妙な美もあるものである。然し古く処に依れば極寒酷烈な極地の事とて冬期は寝食は得難く、或る者は実に被服の一部を囓《かじ》って飢えを凌ぐとの話である。必（畢）竟斯く飢餓に苦しめらるゝ結果、飽食を誇り飽食の結果は肥満を来すので、遂に肥満を美と感ずる様になったのかと思ふ様になった。

よく人が清痩とか云ふてブクブク肥た者を笑い、肥満したものは豚の様に遅飩（鈍）であるとて、清く痩せたとか云ふが、而し自分が毎日毎日検身所で裸体列行列の時に見るに、痩せて骨の立て居るのは何となく淋しい哀れ気である。肥たる者程美（?）《ママ》の感はない。或る低（程）度迠は肥た者の方が生気がある。

それには矢張りパンには大関係がある。

元来囚人は一見あま相に見ゆるが、其実甚だ脆弱であると思ふ。自分の体質を念ふと、年一年と寒暑に對するの抵抗力が減じて来たように思はれる。寒暑共年ごとに苦痛の度を増して来た。

初年二年は凍傷も此がなかったが、去年今年は膝頭迠凍傷にかゝった。長刑期の者は念ふに飲食そのもの為に体質が変化して仕舞のかと思はるゝ。

自分は歴史もパンの消張《ママ》であるに依る。文明の発祥も戦争の争□□も一面は確かにパン――物資の需要経済に依るを離れないと思ふ。由来、人が饑寒□内に在ては単にその寒さ饑え、それより脱出せんと顧慮するにては、他事も顧る餘裕がない。疑ふ可くんば厳冬に空腹を抱いて綿入れ壱枚で震いて見る可しだ。其時に空腹哲学でも考究する人は、これは水平線上の人である。進歩したる現時の思想に□□発達した所の頭脳の人である。風俗の多くは唯々その饑寒を而己想い続くるのである。頭脳はそれに占有せられて余地を興〔さ〕ない。饑寒を脱して此処に余裕を生ず。余裕が文明の第一歩である。

古代文明國は何処に発祥せしや。其多くは饑寒の憂の無い赤道附近である。メキスコ、イニプト〈エジプト〉、印度皆食を採るの容易な、寒さを知らぬ地方である。ひとり支那は北方に文明を発祥した。然し矢張饑寒を凌ぐの容易なるに依れりと思ふ。あの大陸の沃野、獣族は非常に夥多であるため争ふ可からざるところである。

その獣族の肉を食し□皮を着す。饑寒は容易に凌ぎ得たのである。曽て遼東に十月候、野営して居ったが鳧鴨《かも》の饒多なのに驚いた　然し日本で群雀なんどの比ではない。

昼夜群がれる鳧鴨がガアガアと鳴いて南に飛ぶのは、支那的形容を以てすれば、実に天を覆ふであった。それを思ふと如何に古代にての数に於て、更に一層甚だしかったか、如何に衣食の容易であったかを思ふ事が出来る。余がパンを離れては人種も文明もない。

飾らず赤裸々に云へば、腹の皮の緊縮に依て人世観は違ふと思ふ。たがそれに種々雑多の肉を附け衣を着せた沾を思ふようになった　曽て二月頃であったが、朝、人が男心中が在ったとて鉄道線路に群れを為して居たが、聞けばそれは自分の町のものであった。一人は六十余りの仕立て職、一人は四十余りの日傭人であった。

老人にはその僅か前沾女房が在った。これは跛《あしなえ》の饒舌な女であったが、何処となしに人附の好い方で、一寸と禅機《ぜんき》〈ここでは気の利いた話術を指すか〉もあり折々誓句を吐いて人を笑わせ、料理屋藝者屋等廻って仕事を貰い集めて、その仕立賃で比較的楽に暮して居った。亭主の方は一寸と仕立の手際は善いがムッチリとした男で、別に悪気はないが底意地の悪そうな皮肉な言語を吐くので至極人馴れ悪いのであったので、女房が死ぬとパッタリ仕事が無くなって仕舞た。亦他の一人、元越後の生れで姉と共に出稼に来て居たが非常の癇癪持で、折々田畠の内でも着込みを起す腰は海老様に曲て居るので、□貧と云ふ渾名を取た。氏名等は殆んど知らぬ為□貧□貧で通って居ったが、その姉が□貧を指揮して日傭に出歩かせ仕事の無い時は二里余りの山に薪を採りに行き、辛く日を送って居ったが、この姉が死ぬと指導者を失ったので、堕《だら》け出して遊んで居った。

遊ぶと覿面《てきめん》急ち《ママ》パンに窮したので、前年五月頃他人の桒畑に入って芽発《めぶ》きの大事な処をした、か桑葉を盗んだので、三ケ月許りの刑を受けて監獄に戻った。その時癇癪には余程苦〔し〕んだとの事で、出獄后は一層弱くなって念ふ様に働けず、僅か藁仕事等で凌《しの》いで来たが愈《いよいよ》窮して死を覚悟したのであったとの事であった。人の物を盗めば監獄に入らねばならず、いっそ死——と思ふて線路へ行くと老人が居って、如何なる話をしたか自分には書き得ぬが、想いやれば涙もこぼれる憐れな話である。

そこは往来の多い路□と遠からぬので、路行く人は乞食の野宿と思ふて居ったとの事であった。

あゝ飲食パンの無い程うら淋しい悲しい事は無い。

恰度《ちょうど》その出来事件《ママ》が町の豫算《よさん》編成中で在ったが、町長はこの町の豫算に救済金の欽《か》け居るのは手落ですね——と云ふて、救助費と云ふ項目を新た〔に〕加〔へ〕たが、自分の入獄后米價騰貴の際はどんな事をしたか？

自分は誤れりと痛棒《つうぼう》〈坐禅の警策《きょうさく》〉三十喫しても構はぬ。飲食は人世の大部分であると。で出獄すれば第一に老齢の母に飲食だけは充分の満足を感ぜらるゝよう捧げたい。后は姉と妹を母の後身と念ふてこの二人に出来得るだけ尽くしたい。余れる処あれば一片なりとも近隣の貧なる人に分與したい。自分自身は監獄生活を忘れずに、粗衣粗食に甘〔ん〕じて戻らず、自分には飲食以外に読書の楽がある。

茲に□して心に誓ふ社會に出□□□□一の誘惑際の一助たらしめむ為。

五月十七日記

8 念　十八日

今日教誨師に面接して自分の所感を陳べたが、監房へ帰って轉《ころ》〔がっ〕た。寂しい自己の腑甲斐なさを嘆いた。自分には如何しても家郷を忘れ母を忘れる事は出来ぬ。それが為に遂に愚にも付かぬ事にも悚然《しょうぜん》として恐れ、想を悩ます。大死一番総ても忘れて仕舞て、自分はこの獄中に生れたものと思い、一切社會を忘れ去りすれば、総ての苦悲も消い失せ、優々乎として居れる。それが現時の生活には尤《ママ》もふさわしき事である。由来、人は執着往事に恋々たるは、人を悶苦せしむるものであらふ。□心を教ゆるもそれである。□□な仏教や哲学を攻究するには、確かに肉縁のあるのは障りである。己の想を切り断って仕舞とて、不着心を教へられてあるのであらう？　然し何と云はれても自分には忘れ得られぬ。凡夫よ癡夫《ちぶ》〈愚か者〉よと譏笑《きしょう》〈そしり笑う〉せられても、何でも母の事許りは忘れ得ぬ。呉の子胥が日暮れて道遠し〈出典は『史記』伍子胥《ごししょ》伝〉と云ふて嘆いた。それを想ふと、更に哀愁に堪いぬ。自分はその嘆は何としても仕たくない。一日も早く母を見たい、詫びたい。

あゝ自分は愚夫だ、凡夫だ。何を忘れても是許りは。十八日も床へ突入ても、ついいろいろと家の事共思い続け、眠れば夢、朝何となく懶《ものう》い心地、空沾曇って居〔る〕。

十九日朝

9 覚へ

貞永式目に曰く「神者囚人之故増威　人者囚神徳而　沃途〈観経蔬無照〉」〈以下、不鮮明につき省略〉

10　批評

批評と云ふ事は言語や文字而已《のみ》に於て表現せらる、□□□ない眼に依って、態度に依って発表せらる、のである。然し晩近は自分が思ふに、批評は中々容易ならぬ勢力を有して居るものであり、秦漢以来一般に尊崇せられたる荀子《じゅんし》の説は、一度柳々州□の峻列なる評に遭ふて、宋以后は□□□異端視せられ、朱学を奉ずる学者は之に手を触る、だに、□□厭ふに□れるが如き批評の勢力の如何なるかを念はしむ。然れ共自分の最も恐れ慎む可しと思ふは、発表せられたる批評に非ずして発表せられざる処の評、即ち無言の批評にあり。凡そ批評中最も真摯なるは無言の批評である。然して無言の批評は最も威厳を極めて居る。如何なり。

匹夫《ひっぷ》も如何に高位の大官に対しても、憚からず真面目になし得るのは、無言の批評である。否々、自分が監房に獨居して居る間に於ても、視察窓や明窓而已《のみ》より視察批評せらる、のでは、四囲の壁が常に批評をなしつ、ある。如何に隠れ遁れむと欲するも大母―神―仏陀―は常恒に眼を離されずに批評せられて居り、亦自己良心は自己の評を為しつ、ある。実に慎む可きは無言の評である。自分が工場に於て同囚の行為に對し悟〔り〕亦役人の言行に對して私かに評を為すが如く、役人も同囚も亦我に對して批評を為しつ、あるのである。此の権威ある無言の批評に對して、危懼《きぐ》することなく自己を保たむと欲せば、反省して我の言行を荘重にせねばならぬ。自分は自己良心の半生涯の行為に對しての評に、眞乎赤面自失するのである。発表せられたる批評は時に真摯の態を欸《か》き、亦忘れ去られむとするか。無言の批評は容易に忘れ去られぬのである。更に茲《ここ》に痛切な批評がある事を感じた。それは己や子孫の批評である。己か子孫か或年の后、深夜竊《ひそ》かに吾が父は如何なる人なりしやと評さむとする、それである。

これ程痛切な批評はないと思ふのである。今后自分はこの無言批評に對して大に慎み備〔へ〕ねばならぬ。

11　黒住教

之の教会の信条は平易にして然も力あり。殊に道の栞《しおり》は些《いささ》か精神之義や精神療法に似たる処なり。道の栞に誠を取外すな□物を想へよ、陽気になれ、我を離れよ、自然に任せよ。

心は大盤石の如くおし鎮め、気分は朝日のごとく□敷せよ。無欲に成れ無食に成れ、足〔る〕事を知れ。天の御擬作を大切に勤めよ。阿房《あほう》に成れ、慢心を去れ、人智を去て天に任せよ。取越苦労をすな。

臆病を去れ念《ママ》をつくな。美人の罪を作るな。何事も話し上手に成れ。難あり、難有し。陰気を去れ、ご気分を傷め

〔る〕な。邪陽に□□□心の角をとれ、怠らず御陽気を吸へよ、下腹で息をせよ。不足が起〔き〕たら裸で生きた昔を思へよ。毎朝毎朝生れ変った心地で日拝せよ。

　臆病と疑が去らねば、御陰はあらはれぬぞ。□物といふ事で人間は勿論、蓄獣《ママ》に至る迠天照神の御神徳が二六時中鼻と口より通ひ玉ふ故、生きて居らるゝ。なんと難有く尊ひ事では御座らぬか。

　迷へば魔寄〔せ〕と申て人の心が迷ふ時は其虚へつけ込〔ん〕で、□魔がより集〔り〕て、さまざま因果たゝりをいたす。油断はならぬぞ□□□。

12　読書の感　愚雑の凡感

　獄中読書の感興は異れり。曾て読みたる書も現在の境地に在りて読めば、殆んど新〔た〕に初めて読む物の感もあり。陶淵明《とうえんめい》の帰去来の賦も亦読みて実に悶苦望郷し、念ふに堪い得ざりし□もありし。又徳我篤喜者の□話忠臣孝子の言行は、慎に巳分不幸の身につまされて落涙するのである。

　平凡なる孝子の話も実に非常たる感興に耽りたるのである。今茲に吉田松陰の書を読みて、実に実に胸を壓《お》さらる《ママ》ゝ如き□□て之を□讀するには自分の感興は余り□し過ぎて仕舞った。

　工場で独り□□薫風南来して、頻りに詩想を□□等と口語して居たこの温き日なるにも、松陰を読み感想激動して一種冷冥心身に□て冒し来れるかの感胸《ママ》は、疼痛を覚ゆるのである。　　五月二十七日午后七時事記
　二十七日、あゝ今日は満五年、以前午后、忠雄と我が家を相見た最后の日である。自分も我家を見ざる最早満五年になるのである。

　顧れば往事茫々夢の如し。噫《ああ》忠雄の後姿が聲音が耳に目に髣髴《ほうふつ》し来る。悲愁は実に胸を壓して将に泣かむと欲するのである……。

　あゝ念へば今宵の老母の想ひや如何。最早讀書も筆も手に為し得ぬ。瞑目端座思ふまゝに想をやらずにはと……七時半記。

九時、終役の鐘聲。不可思議にも胸底に徹して響きこたいた。徒に既往願望精神を疲らしむるの晨《あした》を避けむ。

　窓に寄すれば青葉の香は鼻を打つ。月は村雲に顕れつ隠れつ、皎々《こうこう》たる清光を授け、遠く届けましき楽隊の音は窓に漂ふ。九時記

【解説】

　ここに「二十七日――あゝ今日は満五年」とあるのは、一九一五（大正四）年五月二十七日を指す。「以前午後忠雄と我家を見た」とあるのは

五年前（明治四三年）の同日のことを言っているが、実はこの日、兄弟は午前中、松本の裁判所で尋問を受け、その日は監獄の未決監視に入ったから「我家」を見ることはできなかった。ここは二六日の誤り。同じ善兵衛が獄中日記として書いた判決直前の（明治四四年）一月八日付には、二十六日のこととして、以下のような文言がある。「霧がかゝった様で穏やかな朝である。町全體まだ眠ってゐる。戸を開けた家はない。自分は隔たってはゐるが我家を見た。如何にも淋しく見いた。そして眠りも得ず只管心を痛め居らるゝわが母を想へ情けない心地がした。」とあり、前日二十五日夜半、屋代署に拘引され、翌日早朝松本地裁検事局へ送致される、その朝の場面である。ここに忠雄は描かれていないが、同じ列車に乗車していたことになる。

　ユニオン読書中に、自然は吾人の精神をして向上発展せしめむと、常に人世に教へ語りつゝあると。殊に海洋は□□□□なる言語を以〔て〕天上の星に、答へつ問いつして居る。常に悲哀の音調となり、噛き急な慰藉の言語となり、威嚇となり、怒号となりて、常に人世に語って居る。それは神の話きたる言葉であるとかの意味の事を、記載しありしか。

　想ふに獨り海洋□□でない森羅萬象宇宙は挙て之れが次ぎなる書籍である。然れ共愚学の一小夫は□読み得ぬのである。たまたま少し読み得たらむが如く恣意するも、それは娯読錯読である。容易に読み難いのである。而し大人物は之を正読正解したのである。釈尊が之れである。孔子が之れである。キリスト、ソクラチヱス、マホメド皆之れである。然れ共如何なる大人傑士の大聖人も、宇宙全部を読□了したのではない。否な各々□読む方面を異にして居るので、勢い表裏、内外委しくを読み得難いのであろう。況《いわん》や無識の一小愚鈍夫は自ら之を読まむ等の心を起さず、大聖の読み遺し教へ給へし処の義訓を復誦するの外はないのである。□□これを読むに如何なる態度方針を以て誦服して可なるや。仏書而己《のみ》に頼るか漢籍而己に於て□□亦聖書而己に限らむ乎。それよし大に□あるべし。

　然れ共系統的研学をせず、頭脳は余りに踈謾の者には、単に一方面に□□□□□□の時は、やゝもすれば僻見〈かたよった見方〉に落入るの憂あり。殊に仏教儒教基督教回教と、それぞれ名称教義異なれ共、それ義象宇宙の大書籍を読めるの方面なるに於てむや。一休禅師の「仏法をかみやほとけとわかちなば誠のみちにいかゞいるべき」と登りて見れば一の高嶺であり、要するに教義の方法語こそ差異存すれ、必ずや帰決は一ならざる可からず。私かに思ふに、浅薄なる読書の中に於ても折々仏書に解を得ざるを、聖書中に於て之が解を得、特に仏書中の論議と聖書中の奇跡と髣髴《ほうふつ》たらしむの事あるを笑ふ可きならむも、若し出来得可くば、儒仏基督の教義は勿論回教モルモン黒住〈黒住教《くろずみきょう》。

天照大神を宇宙創造の神とし人間はその分霊であるとする。教祖は黒住宗忠〉はては遠くイスキモーの口碑も研究すべし。

ホッテントットの口碑も是は探す可し。而して之を宗一統合したらむには、或は宇宙完全の書籍読了と云ふ可きにや。

然れ共人生の単日月の到底為し能はざる所ならむと。然り然り人の人生は限りあり。眼界極限せられ頭脳は到□を報ゆるを許さず。為に得可からず。而し飜《ひるがえっ》て考ふれば、不可として之を棄て去らんには萬事停止して進むの期なし。不可能ならむも之に一歩を進めむには、一歩近づきたるものなり。求めざる者は永久之を得ず、求むる者而已《のみ》之を得、日一日月一月と怠らずんば進み行き得可きなる。曾て読みたる浄土宗聖典中の一話に印度一の王、ある年饑餓に際し民を救はむと欲して寶《ほう》〈宝〉庫《こ》を開き財具珍寶委《ママ》く之を與へ尽くせしも、饑餓の民は衆多にして財に限りあり。窮民救助の不可能なるに依り龍宮に到りて無尽の寶玉を得むと龍宮を訪問し、その趣を語り寶玉《ほうぎょく》を貰い受け、帰途将に陸に上がむとせしに、送り来れる一魚族、亦得難き斯かる珍寶を陸地の人に譲與したらむには、諸官は如何になり行くかと想ひ欺き、之を取りて隠れ〔る〕なり。茲に於〔て〕王は大に嘆き、我れ如何にしても之の珍寶を奪戻さんと決心し、海水を汲み乾《ほ》さばやとて、一具杓子を以て海洋汲み初めたるに笑ふ者あり。大洋を一具杓子にて汲む、何日を以てか之を汲滅し得可しやと□るに、その王は曰く、今世に於〔て〕能はずんば来世七世八世等劫を経〔る〕とも汲み汲み汲み乾さんと、頻りに汲み続けたるを見た天人、悉く之を助け共〔に〕汲みたるに依り、急（忽）ち龍宮の亀は顕れ来り。

龍王は之を見て大〔いに〕驚き、之の嘆きたる魚族を呼び寄〔せ〕、之の寶玉を王に更に贈與さると。是れ一の寓話なるも、想へば大〔い〕に味ふ可き処なり。□□如何なる発明も発見一代二代にて之を成し遂げしは、比較的少数なり。多くはその端緒を次ぎに次にと傳へ、以て成就せしなり。七世生れ實って事を成すの気概あらずんば、何事をか成し得ん。然り至誠以て怠らず事に當らば、何れの日か之を成し得む。然らざるも一歩なり。其之に近づき得ん。

13　強者の権利

国家社會組織、初期に在ては、否な比較的近代迠、強者の権利は個人間に於ても之を認められたり。

殊に人類社會以外に於ては、凡て強者の権利の許に生殺は演ぜられつあり。然れ共人類は古来幾多の仁君義人に依り得た。亦《また》、家族団体民族国家の団体〔に〕組織せられ、強をひしぎ、弱を助け、相互扶助に拠て強者の権利てふ事は認め得られず。法律は更に之を制し、社会道徳は之を阻み、忠君愛国の精神は之を敢行せず。然れ共国と国との間に於ては、未だ容易に是を萬国公法に依るも制し得ず、強者の権利は黙認され居るなり。果して然り、□に吾人は自己の生命財貨を耗《へら》し、安全に生活を成し居〔る〕この国家をして、益々充實強健になす可く務めざる可からず。然らざれば一朝他民族と角（確）執を生じ、最後の手段に訴へし際に於て如何。

我が生命を尊重す可くば、この民族をして細微なり共、健全に赴く可く、努力せらざる可からず。微かなり共、之を阻害す可き行動は、慎《つつし》まざる可らず。自己の一挙手一投足は、之れ皆民族社會に関與しつゝあるなり。自己は社會我てふ大我の一分子なり。この分子に各自任意の方針を探り、行動したらむには如何。大我の国家社會は崩潰し去らむ。国家社會にして崩潰せむには、忽ち強者の権利は認容せられ、弱肉強食の修羅場と化し去らで、嗚呼眞個慎む可き各人自己一身の行動に在りと想（相）剋して、今現在の我れの境遇を顧れば如何。遺憾千萬ながら国家社會の不良寄生の悪魔ならむとは。

噫《ああ》、厭ふ可きは犯罪、獄中生活である。自分〔は〕日毎に幾分か宛を、国家に損失せしめつゝあるのである。大いに働かむと浴するも能はず、唯々碌々として工場に手先の仕事〔を〕悲しむ可し。

松田松陰を読みもて行くに、□や自己の朦々口復の欲を而已《のみ》追求せし頃業に慎に一学者なりしとは驚嘆読み続けつゝ、己が既往を顧れば、眞乎報愧自分は薄く軽く少さく成り行きて、遂に秋の枯葉の木枯に飛散る一破片の價値だも無く、哀れ一毛塵となり果てぬる感。さてさて残念至極何故かこの書種読みて、哀傷に襲る、書はない。十数年前、曾て旧著を読みたるの感とは全然その感じを異にして居る。あゝ自分の良心は如何に自分を鞭撻叱責しつゝあるや？と、獨り叫ぶのである。実に続行読了は出来ず、新し〔い〕巻を覆ふて己が不甲斐なさを嘆く。

眞に人は既往の行為に於ては、自己を良心の批評に対して赧然《たんぜん》〈恥じ赤面〉たらざるを得ば、それ即ち安住の地である。過去の労苦勤労、自己否定の不満足に甘じたるの行為は、追憶せば実に豊饒の盛饌〈みごとな料理〉にも勝るのである。

現在願望して追慕するのは、若年者の□事□一日幾□□を極めたる時に非ず。パナマ帽にインバネス、遠く瀬戸内海地方の周辺、舞子明石の風光を贖《とく》したるのそれでもない。

否それ等は却而《かえって》悲痛の思出である。自己□性の堕落、徒らに自己の欲望に捕はれて愛弟の将来を顧ず、老母の思念も想はず、唯だ己が快とする処に向った悔恨の思出である。これが為忠雄の渡米は中止せられたのであった。

己れ一身としても分不相応の贅澤は裏寂しいのである。然るに風の模標に折々聞ゆる鉄道聯隊の喇叭《ラッパ》の響は、只管《ひたすら》生活を偲〔ば〕しるのである。下級兵士の殊に輸卒の八月炎天、恐る恐る馬に荷駄、或は車輌に炊器や行李を積み、或は泥濘中林中の難道練習のそれである。遼東半島に、旅順八月の総攻撃に、三里の途を朝の八時より夕の五時迠、胚（膝）を没する泥土、腰に及ぶ流水中を、人馬共に疲れ果てながらこぎ歩み、漸く山間堡に着して馬の手入れ、身は疲れて食も採らず、天幕も張らず、川原に車の下に寝た。この苦悩の想出は実に云ふ可からざる快感を呼び起すのである。夜楽極まで哀傷生ずとは実に眞である。難苦難行の追憶は非常の快感の泉である。況やこの難行苦行が自己の為に非ず、社會の為、父母の為であらむには、この快や層一倍である。

あゝ人追憶の豊饌を味はんと欲さば、自を否定に大勤労した凡自分は時に疑ふのは之の食に於て、不足な□□自由もなく快楽もなく、唯蕭条《しょうじょう》〈物寂しいさま〉無味□現在し、獄中生活が将来何日か不思議の想出となるのではないか（？）と。

鳴海の餘沫《よまつ》二滴三滴掬ふ見て□□□□□□愚学に唖然として何事も云へ得ない。自分は実に実に馬鹿だ愚だ何も知らないのに、何事をか知た様に考へて居ったのである。自分は今青嶋は何れの地点膠州湾〈中国山東省南岸にある湾〉と問はれば、自分に答が出来ない。唯漠然と山東省と云ふ而已《のみ》である。この漠然と山東省と答へむとするそれが、凡て世事に事物に對する自分の想念、即ち無知の暴露であるやも知れない。否然りであろう。自分の読書は支那歴史にも漠然である。單に大要の一二を知る而已である。日本歴史も然りである。況《いわん》や西洋歴史をやである。欺《あざむ》かず告白すれば羅甸《ラテン》語は何れの国の言語であったかを知らなかったのであった。入獄后暫し羅馬《ローマ》ラテン人の植民地にしてロムラスの建たるに依り、羅馬と云ふ。故に羅馬語は羅馬人の使用せし言語なり等の平々凡々の事を新に知って、己が無智に全く唖然たりであった。自分は今唯々何事をか、知りたい。この智識欲而已である。

あゝ知りたいなあ社会の急轉《きゅうてん》惟《これ》積りつゝある現今世界の状態を。時に構内に於て楽隊の響賑かなり、笑なり。六禍□□□□の運動会なりと。顧れば、窓前桐は□□燦々として事風点□し日光も薄曇りに得も言はれぬおだやかさ。今やつゝじにかきつの見頃ならむと恋々。社會を思はせしむ。

然れ共、二三年来余り悶苦せず、四畳半の監房に唖然として座し得るに列れり。

　時に地震りありて可なりに揺れ、安眠を覚さゝる、程の折も□□んともせず、況や逃出てん等と更に思はず。是れ総て不可能なるに依りて、絶望的安心の地に住するもの乎。

三十日記

　吉田松陰を読了して至誠の一語を釋き去る釋き来る。頗る切。和〔や〕かに菩提心とは至誠のそれかと想〔い〕しに今や之を得て非常に快心に堪いず吾れ無□の一銭夫なれ共、今后は無誠の一語を守て行動せむ。温習し「平生砕為未曾有對人不可言者耳」の一語を守らむ。

　我れ今或る者を得たり。また実行せざれば得たりと云い得ざるも、得たりと思意す何ぞや、至誠の一語である。至誠以て凡てに向て行動せむ。更に加ふるに自己否定を□□を把握せむ衣食の欲望吾れ甚だ過たるを、之れ□性とせむ。断じて劣情の奴たらさらむ。母に姉妹に出来得可き丈を尽さむ。

　身は書籍堆積□中に死するを得ば、以て足れり。解し得〔る〕解し得ざるは前問題として、茲《ここ》に記して心に誓ふ。□悔は最早碌々たる感想等記するの要なけむを、誠の一語を得たるの上は。

六月一日　囚徒衣一枚、即ち衣替して袷《あわせ》となる。あいにく寒き日なり。
　□□毎年の例□□に移り変りは大抵は無し、短着の移り変りも無かりし。然しかの□□き方、読書には妙〔に〕おとなしく雨降る。雨樋に響あり。室内に越冬の藪蚊一匹頻りに威示《ママ》運動ブンブンの音をたけ《ママ》居れり。今年の吸血鬼の魁。雨滴を蚊聲を音楽と聞き想へ得れば、即ち超人の〈※以下不明〉

14　楯も両面

　凡て世の中の出来事は、その多くは両面を有して居るかと思はる、。コロンバスが亜米利加を発見して歓喜の余り、地に跪《ひざまず》きて感泣上帝を拝禱した。さて其涙は二つの意義を有し、膨張発達し行く者は喜び涙となり、追縮亡滅し行く者には悲しみ涙であった。即ち欧州人は感謝し、米国土人に〔は〕滅亡悲哀の涙であるのである。コロンバスが全能の神の神意に據っての発見ありとせば、この神意を如何に解して可なるや？　の疑あり。

　曾て□雲は陰鬱憂厭なものである。が然しそれは□界より見たる□□で之を月界より望むれば、日光の反射は荘〔壮〕絶一面花のしとねの如く□□の□□□に絶して、その光景を形容し得ずと。

今頻りに雨降り、何れは衣の薄さに□□物憂き雨と。然れ共草木は忻然《きんぜん》と喜び迎いて居らる。曾て夏は折々の聚雨ありしに靴屋狂喜して曰く、「此の暑さに夕立靴の糸が腐って難有てい」と。

従前汽車の無き頃、信州へ山坂越いての旅行に一人曰く、信州も好いがこの山坂に困ると。一商某曰く、この山坂多ければこそもほけ〈儲け〉が多いと。

曾て南総に鉄道線路建設中、自分は早く開通すればと思いつゝ、夕たけて獨り歩み居りしに、まぐろを荷駄の一隊の馬子「ヲイこの鉄道がせめてモー二三年も遅いと好がナー」と。

風の順逆激しい満干必（畢）竟するに、我に執して自己の地位より打算して、茲に両面を生ずるなり。一歩百尺崖次を進め、自他の念を打破し、宇宙我てふ大我より観ずれば、総て不二。況や物に當っての幸不幸は、辺際なき空間に□する東西の名称異なる□なり。實にも空の一字の□□妙味湧々として尽きず。

六月三日満五年以前の今日、長野監獄より上京　家の裏をチラリ汽車の窓より望見したる限り満五年となりぬ。

〈※「六月三日満五年」の表記により、執筆時期を一九一五（大正四）年六月三日と知れる〉

15　追慕

あるときはありのすさびに、にくかりきなんてむ人は□□□□□□とは、敢えて一婦人而已《のみ》の述懐ではない。多くの人の所感である。その人居らずなりて、初めてその人に對する思慕の念は高潮し来るのである。

つれづれ草に「人は定めなきこの□いなけれ」と云ふてあるが、尤も□會せらる、人常住不変であれば、その人の徳は余りに感□せられずに過ごさる、ならむ。

由来、人は□在は満足は容易になし居れるものに非ず、大多数は□には常に不満不足の感を抱き居るのであり、唯々追回《ママ》顧望、初めて、あ、あの時は楽しかりと思ふのである。

歴史に於ても亦然り。この當時は平家を追求餘さゝりし人も、追回すれば、誰れが平家一族に同情せざるものあらむや。一の谷に壇の浦に訪問せるものは、平家の末路に一掬《いっきく》同情の涙を□かざるもあらむや。

さゝなみや志賀の都はあれにしほ昔ながらの山桜花

の一首の和歌は、永久新に懐古の情や切。

歌のついでに自分の忘れ得ぬ狂歌が一つある「死んだらば一分の金と云ふだろが活き□や誰れも□す人もなし」の一首である。全て人情冷酷な半面を痛罵した言葉である。

然しそれを残して死んだ人の胸中を思へ思ふと、寔に寂寞に堪いない。己が卑劣な行為は、遂に都會も砂漠とに勝る寂寥の地となり、

親戚故旧も知らぬ他国の己れを非人視し、要慎《ようじん》を為す。これにも勝つものとなるのである。

自分は入獄以来思ふのは、彼の浦島太郎の物語は古き昔のローマンスではない。現在今日幾多の實例は演ぜられつゝあるのである。己が稼業を他処に、あらぬ姿にあこがれて、夜を日に次いて漁りとは、即ち家業を顧みずの性欲の奴となり、花柳の巷に浮れ戯るそれてある。親はあきれ知人は之を譏笑《きしょう》す。而し迷へる者は一切之を顧慮せず、田地田畠家敷も賣捨て、竜宮の女婿ならぬ賣色の賎婦の笑顔に、世事一切忘れて長夜の宴会の在る間は帰らむとするを、引留め引留め引らるゝまにまに、酒色に荒むも、歓楽極まって哀嬪生ずるの頃は、すでに嚢中《のうちゅう》〈財布の中〉余す処なく帰へらんむと。「お近い内にまたいらっしゃい」の玉手函を胸に、賎婦の笑顔を封じ込め、我家に帰れば如何――、父母は悲痛の余りに死に失せ、我家は他人の所有に帰し、親戚知友もそれに関與するを恐れて、卑しみ、疎んずる様な、知らぬ他国のそれに増して居る。ことごとく方策尽きて亦□むてふ胸に、宿せる賎婦笑顔は消へ失せ、扨《さて》我身を顧みれば酒色の為に壮年の身体も白髪老躯のそれに異〔な〕らず、労働せむに労働に堪え得ず。

哀れ我家のあたりを徘徊しつゝ、やがては路傍に倒る、に至るのである。殊に監獄に拘束せられたものが我家に郷里に帰りたらむには、この感をするのであろう。自分も確かにこの浦島の感をするのであろう。自分は殊にリップ〈W・アービング（米）の短編『リップ・ヴァン・ウインクル』の主人公の名前。いわゆる西洋浦島〉の嘆を必ずするのであろう。

16 異端

漢籍を一二を読み見て甚だ意外の感に打たれるのは、辯異端〈中国宋代の思想書『近思録』全14巻中の第13巻「辯異端」を指す。正統な儒学の護持と、異端学としての仏教・老荘の排除を論じたものとされ、ここではその読後の感想を展開している〉の一事である。今吉田松陰を見てもその香は矢張鼻に附くのである。仏書の教理を疎じて居る。曾て文章軌範を読み、韓文公の廃仏論を見て、甚だ韓文公の心意の存する処を疑い、且その思想甚だ高しとは云い得ざるかの感を起したのであるが、要するに仏教を異端左道視するのは仏教そのものを解せず、志で論議して居るのであるかと思はるゝ。徒に異説を異端左道なりと攻撃するは如

何。尤も支那春秋時代に於ては異論百出、殆んどその弊に堪い得ず。依〔て〕孔子は異端を排撃せしなるも、其実はこの異端左道視せられたる論議は、却て論理の基礎なるものもありしと思はるゝなり。異端左道の論議繁くして、人を誤らしむるを恐れて、そこに聖教が現れりやと思はるゝ。

基督の教も然り仏教も然りやの観あり。儒教も亦然り。私かに念ふに、支那思想も古代に於て非常に発達せるに、近世に於て却て余りに進歩の跡の見へざるは、辯異端の薬毒に懸れるには非ずやとの疑あり。自分は曾て荀子を読みて「祷りて雨降れるは祈らずして雨降れりと同じ」とかの語□を見て近世的思想なるを想へり。由来支那は畏天《いてん》を極力陳べ、人も総て天に照應すてふ思想なるに、荀子の如き所説を為しては如何に左道視せられしやを思しむ。亦□□の説の如きも大に取る所あり。然かるを□の排除せんとするは如何。是れ現在に於ても支那人の古風を墨守せむとするの思想を養成し来りし所故ならむ。

殊に仏教の如きは間接的大に思想上影響あるを認さるの道学者の如きは如何。陽明の論議の殊に卓越して居るは、陽明その人、仏教を研学せられし結果なるを断言せすんばあらず。祖述する学者の往々異端邪説として之に手をだに解るゝを潔とせざるは如何。現在日本にも斯る思想を帯びたる学者あり。木村鷹太郎〈明治・大正期の評論家・翻訳家。高山樗牛らと『日本主義』を創刊〉氏の如きその一人。氏の「仏教は日本に何の好き事を與へたる乎」の論文を見て、非常の偏見ならずやと私かに思惟せることありき。

「支那老大□はさるに□れるの罪は孔子もその一分を負さる可からず。支那の聖賢は人を人として見ず、國家に對するの器具として扱はんとせる。個人を見ざるの結果は人格を尊重せず。故に折々非常虐政酷使を敢行せり。」〈「 」部分は別紙にて、ここに挟み込まれたもの。〉

律部の中には仏弟子も一日に一時のいとまを費して外道の法を習ふべし。君の其法門を知らざれば、彼が見解に堕する事を知らざる謬あり。又かれが法門を知らざれば彼が見解を破することあたわず□。

然らば即ち教者も禅を之しらんと思ひ玉はゞ、先ず禅の知識に玉はじ。先ず諸の法門の源底をつくして解らせらるべし。若し爾らは議論自然にやむべし云々。〈夢窓國師法語(九五一)

圓覚経(注1)に云く(ママ)、菩薩外道の成就するところの法同く是菩薩なり。

不軽菩薩は一切の天魔外道悪人善人をも論ぜず、皆悉く禮拝して言はく、我ふかく汝等を教ふ、あえて軽しめず。其振舞は汝等皆菩薩の道を行ずと云々〈仝上九三八〉

〔一〕我れはギリシャ人にも負ふ所あり。野蛮異教徒にも賢なる人にも愚なる人にも負ふ」と（ローマも曰一ノ十四）

更に想ふに、支那に於ては異端排撃の結果は総ての学問の発達を阻害し尚古之なり。物質上の発明の萌芽をすら摘み取れりやの観あり。「白馬馬に非ず」と〔の〕如きは沲（詭）辯の甚しきものなるも、之を発達せしめたらむには或は一種の論理学を形成せしめしやも計る可からず。誰れやらん凧を作って之にて飛揚せんとせしむ。未だならざるに之を□破せしに、一人その無益を問へるに對し、賢人の語を以て答へ是を作為せしを愧《は》〈恥〉ずと云へしを以て後人を戒しめしが如きは、物質上の発明の萌芽を摘み取る一例ならずや。私《ひそ》かに念ふに、支那に於て最も創作思想の活動せしは、暗黒時代と云はる丶彼の春秋戦国時代ならむと。

言説は自由に細微の発明に到る迠、其枝を買ふて□の要に備へむとする王侯あり。最も創作的想念の活動せる時代なりと思〔は〕る丶なり。然るに一度李氏□大書となり□而唐宋の異端排撃盛なるに於ては、単に聖賢に擬せんとして創作的思想は□□□□いて、遂に今日の支那古風墨守の習慣を養成せしに非ずやとの疑あり。必竟《ママ》稽古の眞意□誤れるか？　孔子の罪人なる乎？（孔子は時世をかんがみての言説を誤り解せるの罪乎）

幕末先見の士の国家の前途を憂慮しての言説に對する幕府の方針も、或はこの思想に駆られたる形跡些か存する様〔に〕思惟せらる。宋学を奉ずる学者の桃（唐）異端の思想の幇助無しとは思はれず。

吉田松陰の序論頗る肯《うべな》われたり。全く国家は充實し健全の精神に富み居らざれば、之の国は衰運傾く而已心身健全に□の人を要するの時代。

自分の最も憤慨憐れむに堪ざるは、宋の末路。自分の最も知りたきは、戦敗后の佛國人の心理状態。日本に於て最も興味あるは、幕末歴史志士の行動言行。

曾て独逸戦争の初期、世界は支那春秋時代□唯世界と拡がり、文明の利器を用い互に競ふて居るのであろうと想へしが、亦念へはすでに世界は春秋時代の□□末で、愈々是より七雄割拠の時代に入らんとして居る。さて中原の鹿を得るは何れの国。

秦となりて世界を統一するは何れの国が何の策？　□□言はく、人の道を施すを観て之を助け歓喜すれば、福を得ること甚大なり。沙門問うて曰く、此福尽く□や。仏言はく、譬へば一炬の火□教ふる人、火炬を以て来り分ち取て食を熟し冥を除くに、此の□故の如くなるが如し。福亦之の如し（四十二章経第十）。

人は己れの欠点《けってん》を感謝し、己の才幹を恐れさる可からず（西諺）。

負債ある人は自由の一部を失ひたる人なり（西諺）。

私かに思ふに負債程人を卑屈にするものはあらず。債主に対してハ自身の正理と思ふ所も枉《ま》げて債主の意を迎へむとし、途上にその姿を望（臨）み見れば、之を避く。負債は實に人を萎縮せしむ。罪悪を犯せるの人は、是れ社會に對しての一種の負債者なり。彼れは無言裡に厳しく返済を促されつゝあるなり。さればにや彼れの□□間の行動は如何。旅人の笑語も啼□□□の贅語も皆是れ債主〔の〕音聲かの如く夜間之を叩くに遭へば、債主の督促のこれかと思ふ□なり。彼れ如何に避け逃げんと欲するも、□□して遂に返済の期は来る。之れ才判なり獄中の囚徒なり。（以下略）

注1　『円覚経《えんがくきょう》』＝仏書。北インドの仏陀多羅の訳と伝えるが、おそらく中国で作られた偽経。一巻。宋代以降の仏教に大きな影響を与え、特に禅宗で重んじられる。道元は「経善一致」に批判的立場とされ、否定したという。正式名称は『大方広円覚修多羅《だいほうこうえんがくしゅたら》了義経《りょうぎぎょう》』（『広辞苑』など）。

〈巻末資料Ⅱ〉

新村善兵衛 千葉獄中書簡・その他

※P97「翻刻書簡一覧」を参照。適宜、句読点を補った。

1 新村善兵衛書簡 柳澤誠之助宛　封書

（消印）明治四〇年四月二一日
（表）下谷区下根岸町一丁田地　新村寿助様方　柳澤誠之助様
（裏）日本橋区□□　新村拝

〈本文〉

小生は何地へも行を見合わせ暫く東京の中に滞在する豫定免□申□候。唯々早々御帰りを願上候。

斎藤へは下根岸を廻り永井氏は行き申候も考へれば伯父上とても小生を見れば御引留免被下る次第なれば考へ直し申候。下根岸の伯父上へもよろしく御取なし置願上候。

之にても小生を御探し被下れなば余りに貴下も其事より通ぜざるの甚し圮《やぶる》に非ずやと存候唯々御帰り下さ〔れ〕候。之に関せし人單《ひとえ》に田ノ口氏なるのみ、他に関せし人ナシ。（後略）

〈解説〉

本便は、現在までに明らかになっている善兵衛の唯一の事件前書簡である。ときにほぼ満二六歳だった。この時期、善兵衛は込み入った煩悶を抱えていたらしく、「東京の中に滞在する豫定」とあって、暫く放っておいて欲しいという嘆願的言辞が目を引く。本便の一カ月ほど前の三月二一日をもって収入役を辞職していたが、このたびの出奔騒ぎは地元芸者との艶聞に絡んだものとの気配がある。宛名の誠之助は坂城町五〇二番地在のいわゆる町の有力者で、本便から一年半後に坂城町町長に就任することになる義兄。善兵衛の姉奈越とは明治三一年二月一六日に結婚していた。

注目するのは「斎藤」の名前が見えていることだ。この人物の善兵衛とのそもそもの関係の発端を証する資料は無いが、官権資料には日露戦争時の戦友という扱いになっている。錺《かざり》職人で東京在住が知られていて矛盾はない。

この後に続く便箋一枚は略す。

２ 新村善兵衛書簡 柳澤誠之助宛　封書【獄中便】

（消印）明治四四年一月二八日
（受信局）長野・坂城　明治四四年一月二八日
（表）長野縣埴科郡坂城町　柳澤誠之助様
（裏）千葉郡都村大字貝塚一九二　新村善兵衛

〈本文〉

二十日出の御手紙も拝見仕申候。未だそれ前の手紙は拝見不仕候へ共、母上様は御病気との趣一寸承り唯々悲しみ居り申候。私も無罪を信じ居り申候。

豫審判事すら刑の執行猶豫になればよし等申候に八ヶ年とは唯々刑の長きに驚き申候。忠雄は聞くも恐ろしき死刑、私迄が斯る身となり唯々母上様の御胸中を推し計られて何の言葉も御座なく候。

私は以前申上げ候通り、ひさに是非一日も早く聟《むこ》を迎入れて母上様の御心配些少にても軽く相なり申候事が御願に御座候。総て曾て申上候通りに御致し被下度願上候。色々申上度候へ共扨《さ》て筆採れば思ふ事共書き得ず候。唯々御推察の上母上様の御苦労の軽く相なり申様呉々も御願申上候。

忠雄の刑の執行の日には私へ電報にて御知らせ願上候尚忠雄へは唯今中に口腹の慾だけも満させて頂き度候。母上様へもよろしく願上候。私へは尤早何も必要御座なく候。唯々忠雄へ母上様が一度御面会被下候様とのみが御願に御座候。

私は囚衣を纏い申候以来寒さの為に風邪に懸りはせぬかと心配致し申候へ共、別に何の変も御座なく凍傷も出来ず作業は至極易く経木編にて候。

忠雄と東京監獄にて典獄様の特別な御計らいにて告別を致し申候。其際も私に対し色々謝罪致し申候。忠雄の心中は私は今日の処言ふに忍びざる者あるを熟知致し居り申候。唯々御慰めこそ願上候。決して些かなり共御責め御無用に呉々も願上候。又忠雄の申候通り凡て作業の程も変りなく誠に日は暮れ易く候。私は健全に候趣も、忠雄へ細々御申送

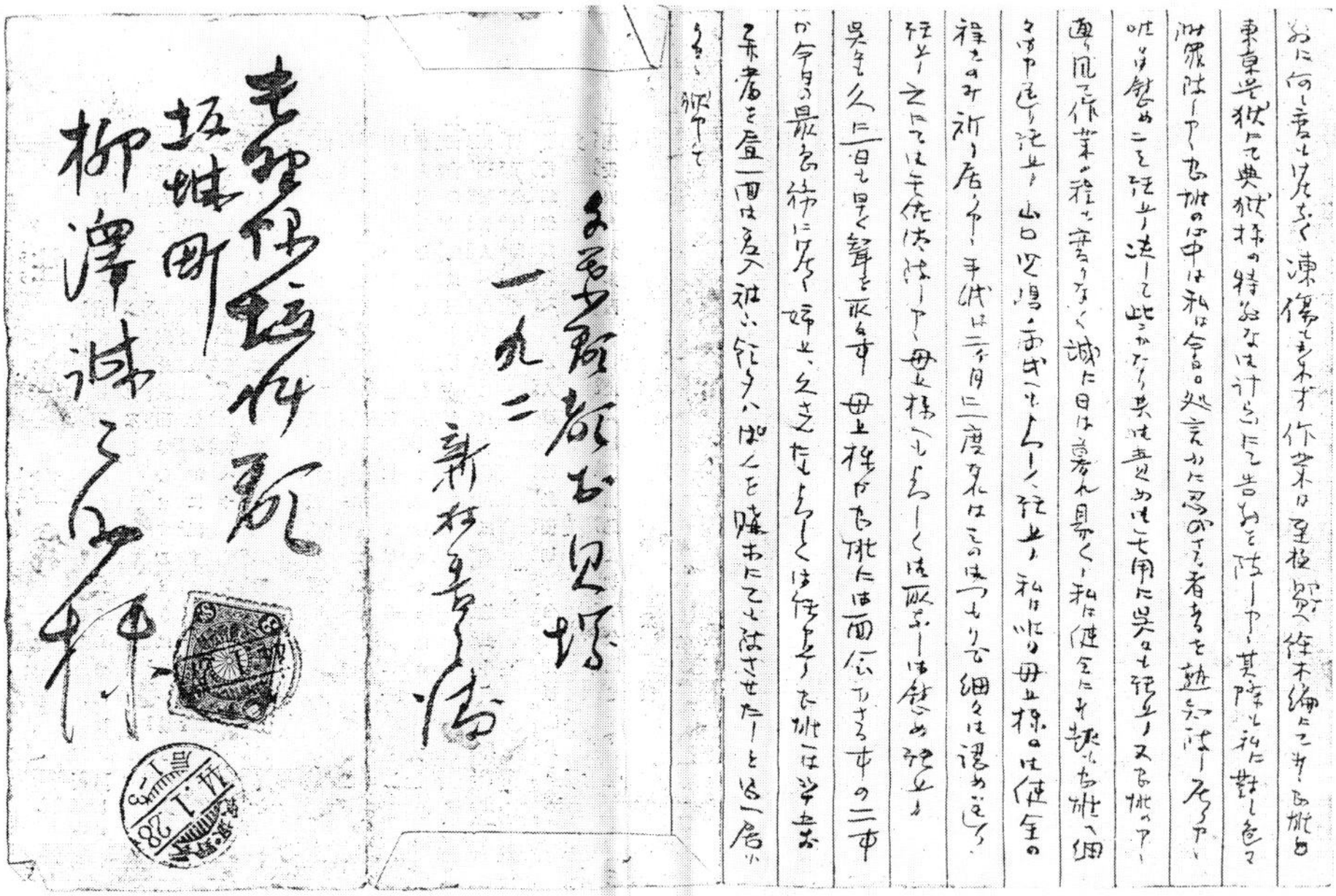

善兵衛千葉監獄　獄中第１信　義兄柳澤誠之助宛（明治44年1月28日）

り願上候。山口児島の両氏へもよろしく願上候。私は唯々母上様の御健全の程をのみ祈り居り申候。手紙は二ヶ月に一度なればその御つもりで細々御認め送り願上候。之にて御無沙汰致し申候。母上様へもよろしく御取なし御慰め願上候。

呉々も久に一日も早く聟《むこ》を取る事、母上様が忠雄に御面会下さる事の二事が今日の最急務に御座候。姉上、久さんにもよろしく御願申上候。忠雄へは弐十五戔の弁当を昼一回は差入被下《くだされ》、朝夕はぱんを購求にても致させたしと思へ居り申候。獄中にて。

〈解説〉

本便は千葉監獄からの第一信。善兵衛の千葉監獄への押送日は、判決翌日の一月一九日午後のことだった。文中「忠雄の刑の執行の日には私へ電報にて御知らせ願上候」とあることで、押送日から日をおかず執筆されたことが窺える。消印が一月二八日になっているが、死刑執行は二四日だったから、死刑執行を見届けた三日後、獄吏によって投函されたことになる。勘ぐれば死刑執行日をまって発送許可としたとも言える。

今日まで善兵衛が忠雄の死刑執行をどの時点でどんな経路で告げられたかは明らかになっていないが、判決後六日目の執行は、およそ誰も予想し得ないことだった。これほど急いだのは、諸外国にまで社会主義者弾圧国家の汚名が拡散し始めていたためで、不平等条約等を乗り越え近代国家として世界に躍り出はじめつつある矢先に、日本が依然として野蛮国・近代化の遅れた後進国と映るのを恐れたからだ。

文面全体に漲っているのは、実弟忠雄が死刑、自らは想定外の懲役八年の実刑という仮借無い鉄槌の衝撃である。注目するのは「尚忠雄へは只今中に口腹の欲だけでも満させて頂き度候（略）唯々忠雄へ母上様が一度御面会被下候様とのみが御願に御座候」とあるところだ。文末には、「忠雄へは弐拾五戔（銭）弁当を昼一回は差入被下朝夕はぱんを購求にても致させたしと思へ居り申候」とあって具体的だ。こうした表現を見ると、母親と兄弟の間に些かの距離感を感ぜずにはいられない。死刑確実と目されている我が子が、獄中で金円不足に困っていることに思いを馳せないばかりか、面会に一度たりとも足を運んでいないことに、「非情な母親だ」との印象を与える要素がある。

しかし、死刑必至の我が子に獄中見舞いに出向かないのは、里心が起きて、刑死前の心を乱すのではないかとの気遣いゆえの、愛情表現の一つとみる向きもあるだろう。それは理解するとしても、ここで「口腹を満たす」ことが繰り返し懇願されているところから思うのは、やはりどこか母親の醒めた視線を拭いきれない。取りようによっては生家からのペナルティともとれるのである。

そう思うのは、例えば、判決直前の一月九日執筆（消印は判決日の一八日）の忠雄の獄中書簡義兄夫妻宛中にも「私は刑せられる身で何か食物の購求は馬鹿らしいと思って居るのですが躰が悪くて冷えて致方ない時は折り折り買って居ります。この理由は母上に御仰られずに送金を願って下さい」と見えていたからである。忠雄は獄中日記を書く筆が刷毛のようにボロボロになり、紙も買えない有様で、ちり紙をも転用する始末だった。刻々迫る死刑の瞬間を前に、次第に文章も乱れて行く。一月の獄舎だ。薄い上下のフトンに身を挟み、体温が奪われて体が冷え、弱い内蔵が悲鳴をあげていた。補食をしようにも、金円がなくてはそれがままならなかった。

ここに至って気付くのは、善兵衛には右の忠雄のような金円差入れの要望の気配が見えていないことだ。加えて、判決前の善兵衛の「獄中日記（東京監獄）」明治四三年一二月八日の記事に、「○昨日夕方、羽織の差入に預る。母の心盡しを想ふて痛ましき心地がしたが、自分は嬉しく思はなかった。唯々うら悲しい情ない感じに襲はれた。又物足らぬ心地がした。（略）自分の考では屹度お母さんが面会に〔お〕出で下さる。（略）豫期とは異って郵送での差入、アア、御顔を見る事も出来ねば様子を聞く事も出来ぬかと、申訳ないが怨めしい想がした。（略）そして自分は羽織に紋付である。之は是非弟に遣りたいと思ふた。課長宛に贈與願を認めたが、イヤ弟にも矢張御送り下されたのであろう。兎に角拾日の公判に弟を見ての後に」しようと考えたその直後、母親から通信があったようで、「弟へも羽織が来たらしい」とあって、ひとまず安心する善兵衛だったが、一〇日の獄中日記には初公判での法廷の様子を描くなかに「自分は弟の古い形の羽織を見て口惜しく思ふた。自分はどんなでもよい。攻《ママ》めて弟には新しい着物が――羽織が着せたかったのだ――」という一節が見えている。その後、判決翌日の一月一九日、善兵衛が千葉監獄へ押送される迄の間、忠雄の服装についての記事はない。兄弟に幾分の「差」がある事実を指摘しておく。

結局、明治四〇年代の新村家に起こっていた問題は、新旧道徳のせめぎ合いの一つの典型だったということができる。家名を汚すまいと必死で新思想の前に立ちはだかるやいは、世間から立派な人物だと評価されることで、家長亡き後を守り抜く使命を固く信じて疑うことがなかった。旧道徳を批判し、はみ出そうとする息子たちを造り出しては、新村家の名折れだとして、その最大の責任者に自身を任じていたのである。狭い世間の風評こそ、やいの生殺与奪を握っていたと言っても過言ではない。

元来、新村家は明治新知識の受容において町内でも指を折る地位にあった。殊に初代善兵衛は当時盛んだった蚕種業を営む一方、屋代銀行の監査役でもあったから、地域の産業に精通した知識・経営感覚を持っていたことは間違いない。その初代に見込まれ、県庁吏員を辞して婿入りしたのが二代善兵衛だった。こうしたことを見渡せばある種の開明的家庭を描くことが出来るが、祖母、そして母やいはこれまた典型的な内助の功に徹する良妻賢母を旨として教育されてきた存在だった。その意味では、善兵衛一七歳での父親の急逝は、家風を大きく変える契機となった。第三代が家業の経営を引き継ぐには若すぎたし、日露戦争に召集されたことも、家業を閉じる一因だった。勢い母権が前面に出ることになる。それでも、善兵衛が明治三八年の早い段階で「平民新聞」にアクセス出来、また忠雄が一六歳で東京（永井直治方）の空気を吸って来られたのは、旧思想の殿《しんがり》を行くような家風ではなかったことを証明している。

しかし、それは男系によって醸された家風であって、二代善兵衛の早い逝去は遂にやいの「学習機会」を奪ってもいたといえる。

因みに、本便の受信局消印は「長野・坂城、一月二八日午後一時〜三時」とあるから、遅くも翌二九日午前中に配達された。しかし、この日、実姉奈越は雑司ヶ谷の監獄墓地に馳せ着け、忠雄の遺骸を掘り起こし、続けて落合火葬場での茶毘手続に寒空のもと奔走していた。そして三一日、遺骨をかかえ永井家にとりあえず預けるべく歩みを進めたのだった。

3 新村善兵衛書簡 柳澤誠之助宛　封書【獄中便】

（消印）明治四五年七月二日
（受信局）長野・坂城四五年七月三日
（表）長野縣埴科郡坂城町　柳澤誠之助様
（裏）千葉郡都村貝塚　一九二　新村善兵衛

〈本文〉

一日附の御手紙四日拝見仕りご筆跡に御活動の程躍如として現れ居り御面晤《めんご》致し候様に感じ申候。
其御返事が半年后の今日に御座候、囚人の身其間に於て如何に御尊意を傷いつゝ、居り申候や御不興を被りつゝありやと存候も何〔と〕も今の境遇御宥恕《ゆうじょ》願上候。却説《さて》書き出し候ては限りなく候間畧書仕り候御諒察願上候。

第一焦心焦慮致し居申候は聟《むこ》の事に御座候。私は最早御願致言葉を失い申候。御職掌柄御多忙には御座候へ共、只管懇情仕り申候。財産の如き如何様にも御取計被下度、必ズ妹を甚しき窮地には堕し入れさる事は誓い置申候。今秋迠必ず必ず願上候。

次に養蚕の様子、故郷の有様御動静の程も伺い度候。

それに書籍静氏に續経済学講義の請求を頼み申候処、續を聞き落とされ、為に同じき書籍二冊と相なり申候。見ぬ本を積み置くは勿躰なく候間、御送附申上候。御余暇に御看読被下度候。若し御興味御座無く候はゞ児島清之助氏方へ御送り置被下度、私は御看読を願はれ候へば満足に御座候。

一日は金円御送附下され難有頂戴仕り申候。誠に種々御手数を願ふ丈けにて充分に御座候。其上金円の御恵与は恐縮致し申候間、今后は御無用に願上候。

次に母に書籍申送り候へ共、一回も満足に御送与被下ず其都度誠に失望仕り申候。然し私の生涯は秋の枯野を辿るが如きもの、若葉の甘味に慰藉を求めねばならぬ。之も一の修業とは存じ申候も、甚だ淋しく候。其に私は余りに母に心配を掛け申候間、成るべく書籍の送附も要請せぬと思い居申候も、誠に小供らしき者許りを見て飽き飽き致し申候間、今后は些か書籍を要請すべくと思い候し折に母に仰せ置き願上候。附ては只今一冊も書籍無之候間、恐入申候へ共、福田徳三の経済学研究（續共二冊）、元木貞雄のナショナル第五註釈の上、以上計三冊至急御購入御送與願上げ候。代金は来月迠は立替置被下度、此事偏に偏に願上候。

御母堂姉上立町へもよろしく願上候。以上より母に慰めの手紙と共に私の健全を通知願上候。私は頗る健全に暮し居り申候間御休神願上候。聟に附き余り家柄許り云々せぬ様よろしく母に仰せ被下度、少しは不足を忍びて早きが得策に御座候と右姉上より久とのによろしくこんなくさめの程願上候。

〈解説〉

善兵衛にとって些か距離感のある福田徳三著『経済学研究』、及びを元木貞雄著『ナショナル第五註釈』の書名が出ている。福田は後に『社会運動と労銀制度』（大正一一年改造社）等を世に送った経済学者だが、競争原理を単純に是認するという態度を取らず、人間の最低限の生活保障は国家が担うべきこととした。クリスチャンとしての矜持が反映していたと思われる。またミュンヘン大学（ドイツ）に留学し、帰国後の一九〇二（明治三五）年、東北（青森）地方の飢饉調査を行った際、特に我国農村の慢性的疲弊は資本主義の貨幣経済の恩典が行き渡らない結果だと分析してもいたから、善兵衛がどこで福田の著作物情報を得たかは不明ながら、充分惹きつけられる点があったとしていいだろう。

ただしその直後（明治三六～三七年）発表した『韓国の経済組織と経済単位』は、一九一〇（明治四三）年八月の韓国併合を先取りしたかのように、韓国経済は彼ら自身によっては好転させることができず、日本の経済システムを導入することが是認されるべきで、さらには「韓人の土地を事実上、私有して、徐々に農業経営を試み、さらにその生産物である米・大豆の最大の顧客である我々日本人は、この使命がつくせる最も適した者」だとしている。人間としては「韓人に最も欠乏している勇ましい武士道精神の代表者である日本民族」が、「その腐敗衰亡極めた民族的特性を根底から消滅させること」が大事だともしていた。因みに『経済学研究』は一九〇七（明治四〇）年、同文館から出版されたものだったから、ほぼ五年前の出版物を所望したことになる。

元木貞雄著『ナショナル第五註釈』は正しくは『SERIES THE NATIONAL READER TRNSLATED（ナショナルリーダー第五訳読解義）』（明治四一年榊原文盛堂）』。これは謂わば英語の勉強用に所望したものと思われるもの。まず英文があり、その下に直訳、さらにその下に意訳を並列して掲げているもので、特徴としては「凡そ読者の了解に苦しむ辞句は盡《ことごと》く之を対照註釈し、併せて之れに対する評説を下せり」（凡例）となっていたことである。義兄柳澤誠之助（事件当時坂城町町長）の子息彦衛に英語の勉強を、と奨励した善兵衛であったが、自らも獄中で励むことを忘れていない。

なお、冒頭に義兄からの手紙に接し、その筆跡を見て面晤した気分になったとしているが、中ほどにはこの手紙（一日付）に添えて金円の差入れがあったとも記されている。

本便は冒頭にあるように、義兄柳澤誠之助宛の半年も間を置いた返書の形になっている。改めて記すまでもなく、懲役囚に許された書信の類いは二ヵ月に一度だった。この間、数度母やい宛に本の差入れを乞う便りをしたようだが、ナシの礫だったらしい。一連の善兵衛の母宛書簡や獄中記をみると、幼児性の甘えが目立つ。この場合も本音は差入れ書籍は二の次で、何とか母からの便りに接したい一念が、書籍所望の形を採らせたとしていいだろう。

4 新村善兵衛書簡 柳澤誠之助宛　封書【獄中便】

（消印）大正三年九月一九日【推定】
（表）長野縣埴科郡坂城町　柳澤誠之助様
（裏）千葉県千葉郡都村大字貝塚一九二　新村善兵衛

〈本文〉

略文は許容被下度く。

七日ハ思い掛けぬ御面会に預りましたので御礼も碌々申上ず誠に失礼致しました。私は兄上に獄門を潜て頂きますのは実に恐縮堪えません。お顔を拝しましては更に我身の哀さを泌々想いました。ドーカ何事も出獄の日まで御許し置きを願ます。

扨《さて》近来私は孟子の『不孝後を断つより大なるはなし』の一語を深く念い眞に然りと存じます。それに附けても只管聟《むこ》の一事か念頭を去らず日夜の苦慮、あわれ好き聟もがなと思続け居ります。愚鈍の胸中御推察願ます。

殊に私は入監以来痛ましき既往の想出につくづく己が暗愚を泣きます。あゝ鈍物が己を知ると云ふ事は真事の悲痛寂たる深夜、獨り目覚めて「あゝ己れは馬鹿だなあー」と嘆聲を洩らします程痛憤な事はありません。その鈍物が社會の隔絶も尤《ママ》早五年、尚二年余を経なければなりません。斯く社會に遅れ行きましては、出獄の晨《あした》には全く人並に同一歩調を採て進み得ぬかとも思はれかたがた、切に切に聟をと思い居ります。また婦人が長く獨身生活を致しますと兎角難産に陥り易いと聞いて居ります。何卒御考慮の上母へもよろしく仰せ下さいまう様偏に願ます。

去れはとて私は自忘自棄には陥り居りませぬ。私は母に對し些か奉養し得たる后は、國家社會に一分の報恩てふ念は堅くなりつゝ居ります。御心配下されませぬよう余事ながら一寸申上ました。

本は御送附下さいまして難有存じます。而し二ヶ月余以前より差入れ禁止と云ふ事で看読する事か出来ません。以来私は本の御願いは致しません。御送本も無用に願います。

尚御手数なから母へは今月は手紙を出しませぬので兄上より私の無事なる由を申聞け被下ます様願ます。御母堂立町へもよろしく風聲願ます。

それから姉さんに昨年か〔ら〕演藝倶楽部を月々母へ買って届けて頂きます様、御願致し置きましたが何か慰になる雑誌御見計候〔て〕母へ御届け願ます。その書籍代だけは作事賞與金で仕払たいと存し居ります。

私は朝夕皆々様の御壮健と御無事とを祈り居ります。私は至極無事頑健とは私の事であります。

尚申上度事共はありますが余は又申上る事と致します。

〈解説〉

本便は消印部分はしっかりコピーされているが、切手の文様と重なり判読が難しい。そこで消印日を特定するため、文中の「社會の隔絶も尤早《ママ》五年、尚二年余を経なければ」とあるところに注目すると、「隔絶」とあることから起算の起点を自宅から拘引された明治四三年五月二五日あたりにおいていることが知れる。ここから五年後とは大正四年五月二五日となる。善兵衛はこの年七月二四日に仮出獄に漕ぎ着けるが、この時点では刑期は前年五月二四日発布の昭憲皇太后の崩御による減刑令で刑期が二年短縮されていたから、その満期は（大正六）年一月一八日となっていた。この短縮された満期を逆起点に「二年余」遡った時点が本便の執筆時期と考えられる。するとそれは大正四年一月一八日となり、さらに「余」の一字に気を配れば前年中のいずれかまで遡ることが可能となる。（消印の月次はうっすらと「九月」とも読み取れる）。

ところが、「尤早五年」を中心に考えると、大正四年五月二五日が当日になるから、この日前後が執筆時期となる。つまり文面表記を単純に当てはめると、一方では大正三年の九月以降の時期を想定させ、他方は大正四年五月ころを指すことになって矛盾があり、両者成立しない。

そこで入獄者の心理として、経過年数よりも未来の出獄日の方に重心を置いた考え方をするという説に従えば、なるほど「尚二年余」とあって「余」の分だけ細かく数えているとも言える。よってここでは「尚二年余」に比重を置いて解釈し、「尤早五年」は「足かけ五年」との意味だったと考えれば、前記のように大正三年九月以降の執筆とする一応の目安を作ることが出来るが、なお不確定要素が多すぎて確定に至らない。柳澤誠之助の獄中見舞いが明白なので、その年月が判明すれば一気に解決に向かうが、その情報が得られない。よってひとまず、右のようにしておく。

宛名人の義兄柳澤誠之助は、広く知られるように事件当時埴科郡坂城町の町長職にあった。任期の明治四一年九月～大正元年九月までを全うしたから、実に優れた人物だったとしていい。近隣の自治体の要職者らが辞職進退伺いなど些か大袈裟に反応して見せているなかでのことだった。当時の地元郡長の「若し切腹を許されし時代ならん乎、予は直に切腹を敢てすべし」（「信濃毎日」明治四四年一月二六日）とする切腹騒ぎまで惹起したことを代表として、様々な遺憾の意の表明があったが、『長野県初期社会主義運動史』

の著者松本衛士が指摘するところは、総じて全体の流れは大逆を未然に防いだ警察等の偉功を称揚する方向に事態は傾き、「警察の手柄」という構図が作られたとしている（同書P２４３）。具体的には明科派出所の小野寺藤彦駐在巡査を初め各級の警察等官吏に賞金が各方面から授与された。こうした各地各級のイベントのなかを義兄がその職を全うしたことは特筆に値する。若きころ自由党員（同前P１３０）として培った進取の矜恃が衰えずあったとみたい。その義兄が獄中見舞いを果していることがここで明らかになっている。詳細は不明だが、善兵衛にとってこの上ない喜びだったろう。文頭にまずその謝辞が認められた。

さて、本便にはそれまでにない内容の変化がみてとれる。まず、「出獄の晨《あした》には」云々とあって、初めて「出獄」という言葉が出て来ていることだ。郷里への愛着は変わらずだが、『演芸倶楽部』という雑誌を購求し、母親へ送って欲しいと具体的だ。投函予想日が既述のようならば、この年五月、昭憲皇太后の崩御に伴う減刑の恩典を得たことで、明るさがましたのだろう。

また、本便でも実妹ひさの結婚（婿取り）についての言及が繰り返され、高齢出産の心配にまで及んでいる。時にひさは数え三一歳（明治一七年一月五日生）だった。

なお、途中に「二ヶ月余以前より差入れ禁止」とあるが、これは善兵衛個人への制裁ではなく、何かしらの原因で囚徒全員に申し渡されたことだったと推測される。善兵衛個人への制裁なら、多少とも（検閲を意識した）反省の雰囲気の文言が見えていていいはずだからである。

5　新村善兵衛書簡 柳澤奈越宛　封書【獄中便】

（消印）大正四年一|月二三日

（表）長野縣埴科郡坂城町新町　柳澤奈越様

（裏）千葉県千葉郡都村大字貝塚一九二　新村善兵衛

〈本文〉

古歌に「おそろしき寅の年の瀬踏み越いて光り長閑けき玉の卯の春」とありますが噫《ああ》玉の卯の事たれ、世界を平和に國家に慶事多かれ、経済界も円満に五穀豊熟なれ、家郷の空の安らかに、皆々様の御多幸をと祷申候。

偖《さ》而《て》獄中第五の春を迎い轉《うた》た望郷の念は、いやつのり申候。實に慕はしきわ家郷の空に御座候。私も最早三十五を算する様に相成り自分なから驚き申候。それに付けても思ふはひさの身の上、聟《むこ》の一事を思へは誠にもどかしき感に堪い得ず気も狂しき心地のせられ申候。私は全く古く古く相成殆んど　外界の事は忘れたかの如く感ぜられ是非聟をと之れのみ思い続け申候。此為兄上様へよろしく御仰せ御尽力を願上候。

十二月の御手紙、難有拝見仕り申候。皆々様の御無事に御消光の赴（趣）〔き〕と喜び居り申候。私も幸に身体丈は健全に暮し居り申候間、安神《ママ》被下度申候。

今年は昨年に比して余程温かく感ぜられ昨年の様に苦しいと感じ申候事は無之候。先す冬も中途を過ぎ一日一日と日の永く相成申候間、先す今年も無事に一年中囚人の厭ふ関所も相過き申候。

御心配は無用に呉々も願上候。何卒母上へも右の赴き委しく御手紙にて申上げ下され度御心配遊ばされぬ〈「よう」欠か？〉且つ手紙御差出し被下候様と仰せ願上げ候。

全く全く私は聟をとそれのみ思い居り申候。御手紙にはその聟の事は更に無之此がうらめしき思いの致され申候。母上へも今一應聟の事は御誘め被下度と存し居候。

彦衛も中学へ入り成績もよしとの仰せ嬉び申候。身神《ママ》の健全を祈り申候。

兄上へ御笑草《えみぐさ》に仰せ願上候。私は正月つくづく左句の「酒なくてなんの己れが桜哉」の句をしみじみ感じ申候と

書籍ノ差入ハ許可セズ

立町へもよろしく仰せ願上候。彦衛には英語と漢文を殊に勉強する様英語の雑誌等は可成手にする様御致し下されたくと存候。

母上へ手紙すぐ御差出しくれぐれも願上候。

〈解説〉

本便の消印の「月」表示ははっきりしないが、冒頭に年変わりを示す干支のことが見えているので、「一月」としておいた。以下文面に添って追うと、「獄中第五の春を迎えた」とあるが、善兵衛の未決勾留期間も含め、大正四年が「第五の春」にあたる。「私も最早三十五歳」と数え年での表記も誕生が明治一四年三月一六日であるから整合性がある。

次いで実妹「ひさ」の婿取りについてここでも心配している。長男の自分が新村家当主として立ち行かないことから、生家の将来は唯一残る実妹ひさに期待するはかなかった。

この書簡のころ、ひさは数え三二歳に達し、実母「やい」とひっそり屋代の生家を守っていた。そのひさが入り婿となる常治氏と結婚するのは、おおよそ「大正のおわり、ひさが三十なかばのとき」（もろさわようこ「新村善兵衛・忠雄兄弟の生家をたずねて」『大逆事件ニュース』第一八号所収）とされる。「大正のおわり」を一九二五～六（大正一四～五）年ころと仮定すれば、ひさは四一～二歳となり、「三十なかば」を優先すれば婚姻は一九一九（大正八）年前後となる。私見では前者の「大正のおわり」の方が的を得ている気がする。

理由はこれも私見になるが、兄弟の墓の建立を善兵衛の三回忌の年（大正一一年）と見ているからであり、この催事を以て新村家は過去に区切りを付け、新たな一歩を踏み

出そうとしたと思うからである。これを期して母やいは（自身の老齢もあって）、いよいよ娘ひさの婿取りに本腰を入れ始めたとみるのである。

　戦後、神崎清氏が常治氏からの聞きとりから「（やいが）兄弟の写真を伸ばして額装していた」云々を記録したが、これは亡妻ひさからの伝聞でなく、常治氏自身が義母から直接得たものだったことも有り得ることだ。やいの没年が一九二四（大正一三）年二月二二日であるところから、ひさの聟迎えの祝典は、やいが没する前年、つまり大正一二年中、三九歳のころだった可能性を指摘しておきたい。（戸籍簿が明らかになっていない現状で、推定を試みた。）

　さて、本文中で見逃せないのは、文中の行間に一箇所「書籍ノ差入ハ許可セズ」とあることだ。ゴシック体で天地を逆にした活字が見えている。一見では明朝活字だが、ゴム印の可能性もある。ここから推測すれば、前便解説で既述してきたように、この翻刻の元となっているコピーには、どこにも監督官公署（監獄）の陰影が無く、さらには推敲した形跡があることから、コピーは獄中使用の原本からではく、善兵衛が出獄後書き改めたものと考えてきたが、ここに及んで右の天地逆になった行間ゴシック体を勘案すると、筆者の手許にあるコピーの原本は、獄中で使用したものである可能性が捨てきれなくなった。この件についてはなお考察の余地があり、しばし棚上げし後考したい。

　なお、ここに甥の彦衛の中学入学が語られているが、次便解説参照。

6 新村善兵衛書簡 柳澤誠之助宛　封書【獄中便】

（消印）大正四年四月五日（推定）

（表）長野縣埴科郡坂城町　柳澤誠之助様

（裏）千葉県千葉郡都村大字貝塚一九二　新村善兵衛

〈本文〉

　無《ママ》くなったとの御手紙拝見仕り候は、昨年の如く思い居申候に最早彼岸も相過ぎ申候。皆様には定めし御健康に御清光被遊候事と存遠察候。私も囚徒の一ケ年の難関たる冬も無事に健全に相過申候間、御安神《ママ》被下度候。今年の王の卯であるかと存候。殊に新典獄様の御着任以来何かと暖かき光を浴し申居り候間、此又御安神《ママ》被下度候。私は獄門を潜るの日を以て人間生活の第一歩と思い居り申候。現在の遇地は野狐の人間になりその修行と自ら励まし居り申候。出獄后は些か是迠と変りたる人たらんと自ら堅く誓い居り申候乍、去世の進むに独り晩れて行くは実に浩嘆《こうたん》〈大いに嘆くこと〉に候。実に慕しき御家郷の空一重の晩鐘千曲の流、母の俤の偲れ申候。不孝児の胸中御憫察被下度候。

　実に実に浮世の事は白□□とは虚に候黄□□の□にて

こそ□□よりものに候。私は出獄リップ（米國の浦島）の嘆を致す事と存居申候。下らぬ愚痴先は以上。御母堂様始め皆様へよろしく、立町へもよろしく願上候。

彦衛も矢張二年に相なる事と存候。中学時代か最も御注意下る可き時期と存候。健全なる思想に苟も社会主義の書籍等手にさせぬよう御注意願上候。英語と漢籍の勉強殊に必需と存候。先ハ畧記御許容願上候。


〈解説〉

本便でも「年」が判然としないが、大正四年の可能性を指摘しておく。文中に「卯」とあり、この年が「乙卯《きのとう》」であること、および「彦衛も二年に相なる事」とあることによる。甥の彦衛の生年は明治三四年で当時一四歳。当時の学制によれば、師範学校、中学校とも一四歳で二年生に達するから整合性がある。消印は五月五日と読めるが本人執筆は四月中だった可能性が高い。典獄の人事異動（四月）による多忙で投函決済が遅れたか。文中「リップ」とはW・アービング（アメリカ）の短編集『スケッチブック』中にある一編で、正しくは「リップ・ヴァン・ウインクル」。鷗外によって紹介された。獄中読書で得た知識だろう。

冒頭部分は文章が途中から始まっている感じがぬぐえないが、コピーを見る限り前行があったとは思われない。

7 新村善兵衛書簡 柳澤奈越宛 封書【獄中便】

（消印）欠損（判読不能）大正四年五月中旬【推定】
（表）信濃國埴科郡坂城町新町　柳澤奈越様
（裏）千葉県千葉郡都村大字貝塚一九二　新村善兵衛

〈本文〉


（欠損）　好い時候であります。

（欠損）　健全に□□る、事と存じます。

最早養蚕の期節です。何かと御多忙の事と存じます。御母堂兄上へもよろしく御取なし下さい。

偖《さて》而先月来母上から手紙が参りませんので厭な夢を見たりして何か変な事でもと心配致し居ります。何卒母へ仰せられ御手紙を御差出し下さいます様、亦私も至極壮健で居ります由とも、御手紙屋代へ御出し下さいます様願います。

今年は霜害はありませんでしたか。近頃非常に温いので國も定免し総て好都合かとも思い居ります
ドーカ國の様子は幾分なり共悉しく知りたいのですから御手紙を頂戴致す折りは悉しく御報知を願ます。

却説《さて》こんな生活を致し居りますと月日を徐々に経て思が薄くなるとは反對に益々忠雄の死を念い夢と云へば唯々忠雄の夢、亦母上の夢而已《のみ》であります。偖而々人間もつまらぬものでありますね。

次に本ですが、監獄の本で暮すつもりでしたかどうも思

ふ様に拝借か出来ず、今見古し許りで本が無いと悲観して仕方かありませんのですから、すみませんが「学生文庫、三、六、七」の三冊安い本ですから至急御送り下さいます様願ます。但し前に三四五ノ三冊を御願い致しますたのに「三」か来たらず「五」か二冊来たのですから、今度は間違ぬ様願ます。「三、六、七」を一冊に綴ち付て御送り願ます。人に頼まず東京の何処の本屋へでも注文して下されば直ぐ送本しますから是非願ます。

　立町の叔父上へもよろしく願ます。久さんには手紙でなり慰めてやって下さい。私は聟の一事を想ふと全く気の毒でなりません。また申上度事もある様な気がして残り惜しいですが先ハ以上。

〈解説〉

　本便は冒頭部分、したがって裏面の切手部分が欠損していて投函時期が不明。加えて善兵衛書簡の多くが、文末等に日付未記入なのも恨めしいことだ。「養蚕」及び「今年は霜害はありませんでしたか」とあるから五月上・中旬の執筆と推測される。就いては諸方を探索するに、官権記録「人物研究資料Ｉ」中、「大正四年六月調」の項に「郷黨《きょうとう》ニ対スル思念深ク五月十六日母やいニ宛近況ヲ通信シ且ツ書面ハ月々発送セラレ度序ノ節親戚ヘモ宜敷傳言セラレ度キ旨申送リ之ニ対シ本人ノ母ヨリ一同無事留守中ハ倹約ヲ為シ居レリ籾モ九俵餘リアリトノ書信アリ常ニ学生文庫ヲ繙《ひもと》キ」云々と見えていて、本文に適応している。よってひとまず右のように推定しておく。すると前便と同月発信となるが、理由は前便の解説で触れたとおり。また、当時善兵衛は賞表授与により通信回数が規定より一回増加が許されていた。右の官権記録は「やい宛」としているが、本文にも記載あるように生家屋代の母への伝言を実姉に依頼している。生家への直通を憚《はばか》っている姿が如実だ。

　文面に注目すると、囚われ人の孤独な姿が如実に表れている。また、相変わらず母親への思慕が強く表れている。「先月来母上からの手紙が参りません」として不安と苛立ちが透けて見えている。

　文中中ほどに「益々忠雄の死を念い夢と云へば唯々忠雄の夢」とある。このフレーズは獄中記録にも散見されるが、実に痛々しい。さらに「立町の叔父上へもよろしく」とあるのは、義兄柳澤誠之助の実姉さわの夫中島茂一郎（坂城立町）を指していると思われるが詳細は不明。兄弟にとってこの「叔父上」は相当の理解者だったとみえ、忠雄書簡（一二月二四日消印　獄中書簡）中にも、まったく同様な文言が見えている。

　最後に生家の行く末を心配し、実妹ひさが聟を迎えることを必死に懇願する文言が出ている。これも前便中にも、また次便中にも、さらには「獄中記録」にも頻出している。

8 新村善兵衛書簡 柳澤誠之助宛

（消印）大正八年二月一六日（推定）

（表）長野縣埴科郡坂城町　柳澤誠之助様

（裏）（封緘紙代りに貼付した切手に消印あるのみ）

〈本文〉

彦衛の話に此の間に稲荷山へ買物に御出かけなるとの事ですが、御出かけになりますなら、はたの事、戸糸のことも御頼み致したいから一晩泊りで御出かけくださる様にと母からの仰せです。なるたけ早く都合して御出かけ下さい。それに母も買物に行くのですから御出で《ママ》かけを御待ち申して居られる事で御座います。

それにむじんの事はいろいろ申上げたいのですが、御出かけの時申上る事として申上ません。

若し御出かけがないのですなら一寸仰せ越し下さいまし。

まずはそれまで母の代りによしを。

姉上様

彦衛は昨夜芝居を見に行きました。壮士芝居なのでいらく面白がって居りました。

今朝兄上が一寸倚《よ》られました。

ゆうべ村しばいをみにゆきました。

9 新村善兵衛書簡 柳澤誠之助宛　封書

（消印）大正八年八月一八日（推定）

（表）信濃　埴科郡坂城町　柳澤誠之助様

（裏）櫻嶋在にて　八月十八日

〈本文〉

拝啓

其後は御手紙の御出送も無之如何やと存じ居り申候時下酷暑の頃皆様御多祥に御壮健に御暮し被遊候や御伺い申上候。私は其後は壮健に日々目まぐるしい様の生活に朝も早く夕暮も不規則に早く遅く帰ります。帰れば徒らに時間を空費して何もせず常に望郷の嘆に喞《かこ》ち居り申候。

偖而《さて》、彦衛に暑中休暇に遊びに来るよう申上げ候へども、その返事も無之候。旅費位は私が支払ふて差問《さしつかえ》無之何か今事参考となることのある可しと存じ申候へば、時間の都合出来候へば往復五日位の予定にて遊びに来たられては如何やと存じ居申候。

都合よろしく来阪の際は杏干五圓位と内山紙二帖程にばし切らず二三帖持参なし呉れられたく願上候。如何にしても都合出来ず候はゞ、それ丈は御郵送相願度代金は直様御送附申上げ候も、屋代にては何も変りも無之様や二回許り小包にてつまらぬもの御送致し申せしが、着給り申候や御伺い申上候。

〈解説〉

大正七〜八年ころと思われる。甥の彦衛は旧制中学生。善兵衛にとって懐かしい故郷の臭いを運んでくる唯一の存在だったから、その来阪の消息が不鮮明では寂しさと焦りが去来したことだろう。生地から見放されるのではないか？という恐怖がいつも善兵衛の胸底に潜んでいた。

文中、「杏干《ようかん》」とあるのは「羊羹紙《ようかんがみ》」のことか。下に「内山紙二帖程にばし切らず二三帖持参」とあることから推測した。「ばし切らず」は、「はし（端）切らず」の意。漉いたままの状態の和紙をいう。原本の「は」に不要な濁点があって困惑させる。「羊羹紙」は江戸時代以降、明治期に特殊用途に盛んに用いられた紙の一種で、十文字紙（楮の繊維を縦横になるように漉いた強靭な紙）に油を塗り、稲藁などで燻して光沢を出す工夫がされた。擬革紙の一種で、和風の伝統美を醸した煙草入れなどに用いられ、国外にも人気があった。手先作業ゆえ、大阪での善兵衛の生業の一部を覗き見るようだ。

10 断簡（いずれかの書簡の「続き」と想われる）

〈本文〉

夫れから立町への話は拾弐円位は無理でしょうか？それだけ位頂けたらば頂戴して置いて頂きたいのです。尤も最早夏向と云ふ譯ですから壱縁や弐円は減しても結構です。何に致せ至急仰せ下さいまして頂戴致したいのです。それから帰るとすれば早い方が寧ろよいのですから、この処余りに手出しをせずに帰るようにせうかとも考いて居ります。夏外套も兄上に仰せられて御承諾があれば御処分を御願い致したいのです。拾四日のですからそのおつもりで御願い致します。

指環はなるたけ賣って頂きたいものです。なんでも壱円五十銭手に入ればそれで結構です。小さな方も賣値壱縁位はよろしいかとも存じます。私の方の手には五十銭以上は欲しいのです。よろしく御願い致します。

〈解説〉

本便は、出獄後の他の通信内容と趣を異にしている。推測を逞しくすれば、書簡番号1の後に続くものか。「最早夏向と云ふ譯ですから」とあって、向暑の季節を窺わせ、また「帰るとすれば云々」、さらには指輪等の財物処分の件も見えるので、子細不明ながら、東京出奔（艶聞）の余波を嗅ぎ取ることも可能だ。流れとしては整合性がある。それにも拘わらずここに仮置きしたのは、書簡番号8の便箋紙、及び筆記具に極似しているからだが、さりとて8の一部とするには文脈に無理がある。なお後考を要す。

11 新村善兵衛書簡　柳澤誠之助宛（便箋一枚・大正時代のもの）

〈本文〉

拝啓

今年は頗る寒気烈しく□□も御壮健に御□□被遊候や私も今日にては丈夫に暮し居り申候間、御安心願上候。

家の聟は如何なりしや唯それのみ案じ居り申候。何卒屋代へもよろしく御とりなし願上候。

柳澤兄上様　　善雄

姉上にもよろしく願上候

〈解説〉

特に目新しい情報はない。出獄後の大阪生活とすれば、大正六～七年の冬という印象である。

12 新村善兵衛書簡　柳澤誠之助宛　封書　封欠

（時期）大正九年二月初旬（推定）

（本文）別録

家に逆いた者には天は幸を齎《もたら》し来らずでしょうか。私は十二月二十二日から感冒の心地で打臥しましたが、だんだん病勢が面白からずで、正月の遊びも出来得ず呻吟して居りました。殊に七八日頃からは甚だ危悪で醫師も首をひねりましたので醫者を変いました。その醫者は熱の甚だしきに非常に憂慮の面持をして、此の熱が二三日継続すれば一大事であるとて殊に注意して呉れました。十三四日頃には最早気管全部冒され居るとて業々《ママ》しく胸部総てに湿布を施して、更に高貴薬を使用せでは覚束なし、少しにても動くことを禁じ居りましたので、病院にも入院出来ず、お婆さんを傭ふて看護して貰ふて居りました。

でも醫師の努力は幸いに効果を顕して十八日には熱は非常に降り、十九日頃は殆んど平温度となり安心状態となりました。蹟《ママ》で醫者は四拾度八分の熱には驚きました、あの熱が更に二日も続けば無論肺炎となり、治療が出来なかったかも知れないと申しました。こんな案梅《ママ》ですから折角少し許り貯蓄した金も全部消散して了〔い〕ましたし、二月に入っても未だ身体がフラフラして居りまするし、この月一杯位は静養せんければなりますまいし、その上収入の途は無く、滋養物は可成摂取せんければならず、全く全く閉口致しました。汽車賃丈工面し帰国致そうとも存じましたが、これは現在の私には死ぬよりもつらいことですし、詮方なく忍んで最《も》う少し働いてこの窮状を脱するより致方が無いと思ふて居ります。けれども尤早《ママ》身体は全く回復して随分食事もして居りますので、御安心下さるよう願います。

こんな泣言は申上るのではありませんけれども、私の窮状を申上なければ何を致して居ることやらとの御疑もあらんかとの考より申上げたのです。必ず母には洩し無之様御願申上げます。

私は常面白くなくも、萬朝報（東京）を購読して居ります。何か変事かありましたらば三行欄に壱円御奮発下さいますれ〔ば〕直ぐ飛び帰ります。矢張如何に不孝児でも家のことは心配して居ります。

〈解説〉

本便は、現在確認できる善兵衛の生前最後の書簡である。対応する封筒部が判然としないので、「封欠」としておいた。「別録」と冒頭にあるので、あるいは別に時候挨拶やらで始まるものがあったのかも知れない。時期は本文内容から推定した。まず、文面から知れる病状、及び大まかに二月初旬が知れるからである。

ここに表われている善兵衛の瀕死の症状は、当時世界的に流行したスペイン風邪のそれと極似しているから、まず罹患は間違い無いことだろう。この病いは一九一八（大正七）年から翌年にかけ世界的に万延し、我国の流行ピークは一九二〇（大正九）年一月末とされ（東京都健康安全研究センター「日本におけるスペインかぜ」二〇〇五）、善兵衛が本便を認めた時期と重なっている。我国だけでも四〇万人超が死亡したという。

文中、「高貴薬」とは字義通り高価な医薬を指すが、例示すればサイの角、タツノオトシゴ、冬虫夏草等々を粉末にしたもので、主としては漢方薬の類いとされる。

右時期の推定が正しければ、本便を認めてから一カ月半後の四月二日、不帰の人となった。官権記録（特別要視察人状勢一班　第九）は「新村ハ大正九年四月二日死亡セリ」と短く記すのみで没地や原因を示していない。

率直な感想を言えば、本便は明らかに郷里へのＳＯＳのシグナルである。ただ自らそれを発信できずにいる苦しさをここでは思い遣りたい。「手許不如意ならば、当面の費用（汽車賃等）を送るから帰ってこい！」の返信を「『萬朝報』の三行欄」に期待していたのである。変事とは郷里のそれでなく、善兵衛自身の危急度を示していた。だが、それほど追い詰められていても、相変わらず「必ず母には洩し無之様」とある。数え四〇歳独身。善兵衛にとっていったい「新村家長男」、あるいは「母親」とはどんな存在だったのか。

本便は、さかき歴史愛好会編『さかき』一〇号（平成二七年一月）誌上で大橋幸文氏により、すでに原本の写真とともに翻刻発表されている。ただし併載されている封筒は別ものの疑念が拭いきれないので、ここでは慎重を期し「封欠」としたが、不要な気遣いだったかも知れない。なぜなら内容理解に齟齬は無いからである。

新村善兵衛　略年譜　（作成・石山幸弘）

年（内数え年齢）	月日	事項　〈〉内は関連事項
1881（明治14）年（1歳）	3月16日	本籍長野県埴科郡屋代町139番地をにて、父善兵衛（同郡坂城町中之条在酒造業柳澤惣左右衛門四男、明治6年10月、新村家に養子入籍）、母やいの長男として出生。長姉に、な越（なお）明治9年3月27日生がいた。
1884（明治17）年（4歳）	1月5日	妹ひさ出生。
1887（明治20）年（7歳）	4月26日	弟忠雄出生。
1888（明治21）年（8歳）	4月	屋代尋常小学校に入学。
1892（明治25）年（12歳）	3月	屋代尋常小学校卒業。4月高等科入学。
1895（明治28）年（15歳）	3月	屋代尋常小学校高等科卒業。4月から埴科郡雨宮縣村漢学塾入塾。
1896（明治29）年（16歳）	5月	埴科郡雨宮縣村漢学塾退塾。この間、日本外史、十八史略等を収める。その後独学し、中学4年級程度の学力を有す（官権記録）。
1897（明治30）年（17歳）	1月27日	〈父第二代善兵衛没。〉
	2月15日	家督を相続。同26日善雄を改め善兵衛に改名届出。
	春	伯父柳澤奥宗（埴科郡中之条村）に引率され、静岡、千葉、山梨方面へ蚕種の行商に赴く。
1899（明治32）年（19歳）	2月16日	〈長姉奈越、同郡坂城町502番地柳澤誠之助に嫁す。〉
1902（明治35）年（22歳）	8月1日	砲兵輸卒として砲兵第一連隊へ入営。一ヵ月勤務。
1904（明治37）年（24歳）	5月19日	充員召集を受ける。これに伴い、家業（蚕種業等）を廃業。〈この年屋代町の現住人口3890人、同戸数722戸。埴科郡同人口5万3975人、同戸数9642戸。養蚕戸数292戸（知事官房留置埴科郡々勢一班）〉
1905（明治38）年（25歳）	9月27日	除隊。日露戦役の功により勲8等白色桐葉章下賜される（明治44年1月18日勲章被剥奪）。

1906（明治39）年（26歳）	8月28日	生地の屋代町役場収入役に就任（翌年3月21日辞職）。在職7ヵ月。芸妓との艶聞が立つ。
1907（明治40）年（27歳）	4月21日	何某かの煩悶を抱えて上京中のこの日、帰郷を説得のため上京した柳澤誠之助（親戚筋の下根岸在新村寿助方に滞在中）に対し、これ以上探さないで欲しい旨書信する。
1908（明治41）年（28歳）	9月	〈長野県連合共進会が長野市を中心に開催され、月末、実弟忠雄が臨時書記に採用されるも、『東北評論』の新聞紙条例違反に関係したとして、翌月初、解雇。〉〈義兄柳澤誠之助、坂城町町長に就任、大正元年9月まで任期を全う。〉
1909（明治42）年（29歳）	9月28日	午前11時ころ、忠雄（19日ころ帰省）・柿崎嘉六と連れ立ち「半里西の町」（稲荷山）に遊び、写真館にて写真撮影する。その後姨捨駅まで1・5里余のピクニックを楽しむ。16時ころ、明科に宮下太吉を訪ねるという忠雄と別れる。〈忠雄、右訪問の際、宮下から爆薬製造に必要だとして、薬研の手配を依頼される。〉
	30日	〈忠雄、隣村埴生村の西村八重治方を訪ね、薬研借用を申し込むも、他へ貸出中との返答に、後日の借用を約して帰宅後、柿崎嘉六に後日借受け、善兵衛に渡すよう依頼して上京。〉
	10月初旬	東京の忠雄から端書にて、薬研借受けと宮下への送付を依頼される。
	10日	この頃、明科の宮下太吉宛に、借受けた薬研を屋代駅から発送。
	12日	〈明科の宮下太吉、薬研落掌。〉
	下旬または11月上旬	忠雄より依頼され、宮下太吉の身元保証人（官営明科製材所の正規職）になるも、この段階でも宮下と面晤の機会無し。
	11月20日	〈この頃、宮下、薬研にて爆薬の鶏冠石を磨砕。〉
1910（明治43）年（30歳）	2月5日	忠雄が帰省し、宮下から返却された薬研が西村へ未返却に気付いた忠雄と口論になる（推定）。その際、薬研の使用目的を問い詰めると、爆薬製造に供したと告白され、喫驚。保証人になったことを後悔する。
	4月	同町内の武田万亀太（キリスト者）が籾米買付け営業のため来宅。その際、入信を勧められるも論争の末拒否。これが祟ってか、7月1日、東京地裁に証人として召喚された武田は、その際、善兵衛が自ら自分は無政府主義者だと話したと河嶋臺蔵予審判事に証言。（実際は予審判事の誘導が濃厚。）
	5月25日	夜半、土砂降りの中を屋代警察署へ連行される。
	26日	早朝、屋代駅より松本駅まで汽車。同駅から雨中を徒歩で松本警察署へ。署内尋問所へ収容される。夜半、同所で尋問を受ける忠雄に、取調官の拷問を科すぞと言う声を聞いて不安が増す。
	27日	松本警察署から新築なった長野地裁松本支部検事廷へ移送され、内村検事の尋問を受ける。15時、正式に勾引状を交付され、松本城の堀端を兄弟で松本監獄まで徒歩で送致される。身体検査を受け、未決監へ。

28日	昼過ぎ、監房の前を忠雄が目礼して通過。16時ころ呼び出され長野行を告げられる。腰縄つきで松本警察を経て長野地裁へ移送される。車中は腰縄を解かれていた。21時過ぎ長野監獄署着。
29日	柿崎嘉六の昼飯の差入れを受ける。長野への移送の事実を知ってのことに感激倍増。裁判所へ呼び出され忠雄のことのみ尋問される。
6月3日	典獄室へ呼び出され、東京移送を知らされる。人力車で長野駅へ。余りに厳重なので不審を深める。信越線経由で東京に移送される。
7月7日	取調の結果、無政府共産主義の新聞を読み、配布したことが判明したとの理由で同主義者とされ、要視察人（甲号）に編入される。曰く「名簿編入当時ニアッテハ自宅ニ居リテ《ママ》中流ノ生活ヲ為シ得意ノ境遇ニ在リ」と。
8月2日	大審院（東京地裁）において予審判事潮恒太郎による第6回尋問が行われる。
8月6日	大審院（東京地裁）において予審判事潮恒太郎による第7回尋問が行われる。
11月1日	〈予審意見書が横田大審院長に提出される〉
9日	〈公判開始決定〉 午後5時20分、予審掛判事河島臺蔵の決定通知により、監房を別異し他人との接見及び書類物件の授受の禁止措置を解除される。（以後、獄外との通信許可。）
12月3日	獄中日記の許可を得、喜び勇んで書き出す。筆が新しい事を喜ぶ。但し蕪雑な頭脳、悪筆ゆえ検閲に晒されるのが辛いとも思う。 山口元吉からの書信を落掌。生家では兄弟の写真を床の間に飾って帰りを待っているとのことを聞かされる。 同獄中にある実弟忠雄からの通告（獄吏が読み上げる）を受け、英語の学習を勧められる。「矢張り弟は思想に於ても行動の上に於ても自分の兄であると思ふた」。
4日	長歌を認める。
5日	忠雄へ通告書、山口へ返信を書く。入浴（週2回）。
7日	母親からの羽織の差入れあり。郵送でのそれに残念な気持ちが起こる。
8日	母やい・親戚の「静」からの手紙を落掌。
9日	足袋も穿かずに作業をしている懲役囚を見て、自分もあのようになるのかと暗澹たる気持ちになる。明日出廷（公判開始）を告げられる。
10日	〈大審院特別法廷で非公開の公判開始〉 午前5時起床、6時出発。馬車にて東京地裁の仮監房に入る。 法廷で忠雄がみすぼらしい羽織を着しているのを見て悲しみが増す。
11日	日曜日のため公判は休廷。

	12~16日	連続開廷。朝5時起床、帰監は17時。
	17日	休廷。実姉奈越宛に書信を認める。忠雄から本の贈与あり。
	19~24日	開廷。斯く被告の尋問終了。
	25日	日曜日。11時開廷、検事平沼騏一郎の論告。13時から検事板倉の論告で、無政府主義者の一員とされる。薬研送付は全ての事情を承知の上で行為と断ぜられた。論告は17時まで。その後検事総長松室至の求刑、森近・高木・峯尾・﨑久保・松尾・新美・佐々木・飛松・内山・武田・岡本・三浦・岡林・小松・坂本の15名は従犯、他は正犯とする論告。正犯とされ驚愕。山口元吉、堺利彦に書信を認める。
	26日	休廷。入浴、理髪。
	27~29日	弁護弁論。獄中日記に以下を認める。弁護人河嶋ハ6時間、同今村は「惜しむべし」、同平出は思想と時代の関係・変遷等論じ好感を持つ。また、新村兄弟が相互にかばい合う姿は「我胸を打てり」とも。忠雄への弁護に及ぶ者なく、落胆。本日をもって公判終了。
1911（明治44）年（31歳）	1月1日	「てかせして淋しき部屋や初日かげ」と獄中日記に記す。
	2日	入浴日。日記に、思えば73条の罪を初めて判事から説明され、「只管に弟の身の上を気遣って、今より思えばつまらぬ言い分けをせんとして、それが為あらぬ疑いを益々深くしたのが不思議でならぬ」とし、さらに相被告に思いを致し、悲劇の一例として「松尾氏の妻君の取調べもそれである。小さい心の婦人が昼夜の取調、幼い児や乳児が声を鳴き声を耳にしつつ、良人の恐ろしき罪に関するの取調であるとは、その心の中は如何であったであろう」と書き、続けて「実に憎むべきは幸徳・管野である。忠雄・宮下である」とも書き留める。
	3日	忠雄の法廷弁論を思い出す。「法廷でも弟は検事ににらまれた」のは弁論が大胆であり、赤旗事件の裁判は不当であると告発したから。「其の禍疫が吾れにも及ばんかと」恐れた。続けて、もしも日露戦争がなく、したがって自分が徴兵されなかったら家業も放棄することもなかった。そうすれば忠雄も社会主義に傾くことはなかったと日記に認める。
	6日	午後入浴。のぼせて一時気を失う。
	8日	日曜日。囚われ人となった昨年5月のころを思い出して日記に綴る。
	10日	忠雄へ手持ちの『ファウスト』を遣る。
	11日	獄中にて年賀状を落掌5人分。13時ころ、忠雄から『文章世界』12月号の贈与をうける。夜になって雪。夜半、実父二代善兵衛及び実弟忠雄と3人で台湾らしい街中の博覧会会場を歩き。途中二人とはぐれ、帰路、断崖沿いの危険道をたどることになった夢を見る。さらに成石勘三郎らしき人物が判決は18日だと宣して過ぎる夢を見る。

	15日	昼食後判決日を知らされる。18日と決定。
	16日	忠雄からの通告を受ける。死刑は覚悟しているが、科学を損じているから安心・満足の日々とのことだった。
	17日	堺利彦から書信落掌。「僅々出獄事と思う」旨があった。
	18日	判決言い渡し日。早昼食を済ませ出廷。爆発物取締罰則違反により大審院にて懲役8年を宣告される。（実弟忠雄は死刑。）
	19日	忠雄から獄中通信を受ける。午後、千葉監獄へ押送される直前、木名瀬典獄の計らいにより忠雄と告別の機会を得る。同日夕刻千葉監獄に入監。神崎『革命伝説』第4巻ｐ172には、新田とともに押送日を20日とあるが、ここは官権記録に従った。また、峯尾節堂（新宮）・佐々木道元（熊本）の二人は21日14時両国駅発千葉行にて16時5分千葉駅に到着とある。列車所要時間2時間余。〈午前9時より首相桂太郎、臨時閣議を召集。大審院判事鶴丈一郎、検事総長松室至らを交え、恩赦対策を検討。同11時過ぎ御前会議にて死刑囚12名の無期懲役への減刑の恩赦があり、同20時、岡部法務大臣が東京監獄の木名瀬典獄を呼寄せ、特赦状を交付〉
	21日	〈信濃毎日新聞に「逆徒忠雄兄弟の性格と家庭」の見出し記事が踊る。〉
	24日	〈忠雄、東京監獄にて死刑執行される（9人目）。14時50分絶命。〉
	27日	千葉監獄から第一便発信（義兄あて）。忠雄の死刑執行を電報で知らせよとある。
1912（明治45）年（32歳）（大正元年）	30日	〈明治天皇崩御〉
	8月	賞表付与される。（服役1年7ヵ月経過）
	9月26日	明治天皇崩御に伴う大赦令（勅令第24号）発令されるも恩恵に浴せず。
1914（大正3）年（34歳）	3月12日	善兵衛が来獄を要請した従兄永井直治（東京浅草区須田町在住・クリスチャン）と獄中面会を果たす。領置金15円を宅下げする（出獄時の羽織等衣服の買い揃えを依頼する【推定】）。懲役労働（昼間は下駄表、夜間は鼻緒の芯の製造）に従事して得たもの。
	5月24日	勅令第一〇四号（昭憲皇太后崩御に伴う減刑令）により懲役2年短縮、同6年に。
1915（大正4）年（35歳）	5月16日	母やい宛に書信。近況報告、及び親戚筋へも宜敷傳言して欲しい旨を書添え、また母よりも毎月書信が欲しいと認める。
	7月23日	仮出獄許可
	7月24日	千葉監獄を仮出獄。同日は監獄近傍の旅館に泊。数名の新聞記者のしつこい訪問に悩まされる。
	25日	早朝、新聞記者の襲来を避けるため出立、永井直治宅に向い、同宅に二泊三日する。
	27日	夜半、屋代町の生家に帰着。

年	月日	事項
	7月28日	生計届提出のため屋代署に出頭、署長と面会、所信を述べる。曰く①代議士・高官らの贈収賄の報道があるが、これは社会が「正道ノ観念」に乏しいから。②既に社会は大逆事件を忘れかけているのに、自分の仮出獄を騒ぎ立てる新聞報道は憂慮に堪えない。③社会の自分に対する誤解は爾後の行動で挽回したい。④「昨夜帰宅シテ親子骨肉会スルヤ何レモ嬉シ涙ニテ暫時無言ノ状況ナリシ」云々。
	11月10日	大正天皇即位式。この前後（10月7日～11月28日）特別要視察人として地元警察による通信・来往者等の監視が殊更に強化される。
	その後	以後、獄中で覚えた藤蔓細工の下駄表の製造に従事するも、家計が裕福なため格別勉励せず、禅宗などの宗教書に親しむ。時々メソジスト教会に出入りするが、牧師は全く信者と認めず。寂寞の生活を送り、世間との隔絶強まる。
1916（大正5）年（36歳）	3月12日	上京。忠雄の墓参をなすため、忠雄の遺骨を自家の墓所に埋納の便宜を与えてくれた浅草区須田町在住の従兄永井直治を訪問。その後、公訴費用の件につき相談の必要から、吉川守圀を訪ねるも留守。次いで堺利彦を訪ねると「今は動くときにあらず」と諭される。その後上京中は主として日露戦争従軍時に親しくなった斎藤小作（下根岸）方に寄寓し、錺職の技術見習いをする。以下、上京時はほぼ同様。
	20日	帰郷。
	9月9日	東京からの帰県途中とて、未見の平岡榮太郎（新潟県）の訪問を受ける。その際、在米無政府主義者渡辺政太郎が雑誌発刊計画中と漏らし、賛同を求めるも、賛否を確答せず。帰りしな若干の金（弁当代）を供与。
	11月6日	警察の監視網を脱して上京、斎藤小作方に入る。
	7日	警視庁に出頭し、出獄以来過剰な監視が続いていることに抗議。そもそもの何故処罰されたか理解に苦しむ、自分としては実弟忠雄が目指したところのものが如何なるものであったか研究したいと思うと述べ、併せて公訴費用５２０円の負担を自分一人に負担を求めるのは不当だと抗議。
	21日	帰郷の途に就く。
	12月8日	上京。
	15日	渡辺政太郎・久板卯之助（画家）ら主宰の『労働青年』講演会に出席。
	22日	帰郷。
1917（大正6）年（37歳）	1月17日	上京。知人（永井直治?）宅に止宿し、次いで斎藤小作方に転宿。
	25日	未明、染井墓地に赴き実弟忠雄の墓参。
	2月14日	上野発の列車にて帰郷。
		（以下、第四章五節　表3参照）
1920（大正9）年（40歳）	4月2日	流行性感冒（スペイン風邪）にて死去。数え40歳。（死亡地は大阪市西区桜島町か?·松本衛士『長野県初期社会主義運動史』では、大阪市東区仁右衛門町としている。）

あとがき代えて

新村善兵衛が大審院（当時）で有期懲役八年を宣告され刑に服することになった一件は、どうひっくり返しても検察陣の杜撰な捜査と思い込み、これに無批判に追随にした裁判官らによる冤罪だったと指摘しないわけにはいかない。実弟忠雄が刑法第七十三条（皇室危害罪）違反容疑者だから、実兄も同様だろうという、ただそれだけの理由による拘引から始まった一件の帰着だった。

しかし捕えて訊問してみれば社会主義の洗礼をほとんど受けておらず、「信念（思想）を裁く」とした「刑法第七十三条ノ罪被告事件」に組み入れたことが勇み足だったと、恐らく予審判事・裁判官らは判ったはずだ。しかし誤認を認めては官権当局の面子が丸つぶれとでも考えたのか、起訴手続きを変更することなく、罪名変更のみで裁判所構成法第五十条（一審にして終審）を強行した。だが、結果より見れば、当時の弁護団が総じてこれを容認した気配が拭いがたく漂ってもいる。

時代は日露戦争を経て、列強の植民地主義が顕現化し、隣国韓国の外交権・内政権（韓国軍隊解散等）を順次奪い取った日本は、事件勃発の年の八月、ついに韓国を植民地化（韓国併合）した。こういう政治情勢の下で社会主義弾圧の国民感情が培われていたのである。

同時代人永井荷風は社会主義の出版物が新旧問わず取締対象となる現実を憂え「見慣れ聞き慣れた風俗壊乱が秩序紊乱と云ふ文字に代へられて、基督教の家庭新聞までが此の名目の下に発売を禁止されるなぞ世間は何となく不穏である。（略）佐久間象山高野長英等が禁を犯して蘭学を学んだ鎖国時代に舞ひ戻ったやう」だとする（「希望」『紅茶の後』所収）。発表は一九一〇（明治四三）年九月の『三田文学』誌上で時に三〇歳だった。まさに右被告事件の捜査が大詰めを迎えている頃だった。

同じようなことは詩人として文壇に登場する前の萩原朔太郎（二六歳）も感じていた。近代思想に馴染んだ青年を危険人物とみる遣り方は、徳川の末に頼三樹三郎や吉田松陰らを弾圧し、死に至らしめたとの認識を示した後、「西洋の事情を説いたり、或は少しでも幕府の政事を非難したりするものがあると徳川の政府はすぐに捕手を出してどんどん捕縛してしまった。今の明治の有様が丁度またそれと同じ」（実妹幸子あて書簡　明治四四年四月）と書いていた。社会主義と懸隔感ある文人の言である。

本稿では、新村善兵衛が事件に巻き込まれる形で「歴史上」に登場し、その後の判決を含む法的措置の妥当性や、出獄後の官権監視の厳しさ、及び官権記録に表れた天津逃避行に絡む不可解な事前行動を追ってみた。また、巻末にはこの度発見された新村善兵衛「獄中記録」と「獄中書簡」を共に不完全翻刻ながら掲載した。

見えてきたのは言いがかりの罪状認定と、加えての誤判とも言える判決である。そしてこれにより人生を台無しにされた一市民の苦悶の四〇年の生涯である。

これまでも善兵衛については研究者の間で冤罪との声は聞かれた。事件の弁護人だった今村力三郎の「公判ノート」には「今日ヨリ見テ薬研ヲ借入シタルハ爆裂弾製造ノ事ヲ知テ周旋シタリト云ハルルモ致方ナケレト実際知ラス」とある。法廷の雰囲気としてはこのようなものであったかも知れない。戦後執筆の「幸徳事件の回顧」という短文中で、明治帝崩御に伴う恩赦から善兵衛が除外されたのは不当だったと指摘したが、筆者の愚考の結果は本文で述べたとおり、恩赦除外にはそれなりの法理がある。不当なのは判決文で、爆発物取締罰則第一条で規定する目的ニ罪（治安妨害と身体財産侵害）のうち、善兵衛は前段の罪を犯したとされながら、量刑適用にあたってこの区別がされず、第一条を丸ごと背負わされたことにある。誤判という由縁である。

だが、我々が注視すべきは新村善兵衛が果してこれほど過酷な処刑に値するほどの罪を犯していただろうか、と初心にかえってみることだ。世には自己の名望・経済的利益のために東奔西走し、狡猾にも騙しコトバを連発して恥じない政治・官僚輩が社会を動かす位置に散見される。善良な市民は、残念ながらそれを暴く知恵と言葉の不足に気付いていない。ややもすれば当時と変わらず騙しの口車に乗って素直に唱和して憚らない「市民」だっている。それゆえ今日も枕を高くして安眠を貪る政治的詐欺師が横行する素地が出て来る。

しかし、新村善兵衛によって、否、この事件の被告らによって、この地上に騙され、金品を奪われ、あるいは殺傷された者がいたろうか。誰もいないのである。

一方、法官の服を身に纏い、「国益」を振りかざして事件を捏造した輩らは、一二名を殺し、一四名を長期に牢獄に押し込め、それでも足りずに家族郎党を社会から排除しようとした。携わった各級官吏は祝杯を挙げ、報奨金と官位を得た。帰宅すれば妻子が賞賛し労をねぎらったことだろう。すなわち、その原動力は「国益」保持などではなく、至って関わった法官個々人の出世欲と派閥権力保持に結びついていたとする指摘（山泉進『大逆事件の言説空間』）には、なるほどと頷けるものがある。国家の統治機構を利用した司法犯罪だと指摘する向きもあるのである。

為政者は金品や名誉やに涎を垂らさない者を苦手とし、

また排除にかかる。それを恐れて為政者に唱和し、善良な一市民を窮地に追い込んだのは外ならぬ同格の我々市民だった。もしも今日、新村兄弟を蘇らせるとすれば、それは騙されない市民になることだ。それが最大の供養というものだろう。

本書刊行の発想は本年（二〇一七年）一月末、「千曲市民百年の会」代表の森貘郎氏と懇談する機会にめぐまれたことに始まる。どんな経緯だったか定かな記憶は無いが、「新村善兵衛が忘れられている」という点で一致を見た。

その頃は、善兵衛の周囲にある「謎」を解明してみたい気分が高まっている時でもあった。なぜ三審制や明治帝崩御に伴う大赦令の対象外になり、昭憲皇太后の崩御に伴う減刑令では恩恵に与れたのか？　あるいは事案発生時に弁護団から何等かの見解が示されて良さそうなものなのに、それが伝わっていない不思議。

さらに付帯して、善兵衛には天津渡航を摸索する前夜、小松丑治家族を訪ねて神戸往復をしたと官権記録が刻んだ不可解な事実。こうしたモヤモヤを抱いていると森氏に語ったところ「それは尤《もっと》もだ、今夏までに纏めて一本に！」と背中を圧されたのがきっかけとなった。

それから半年余りが過ぎた。読み返せば駆け足の欠陥が丸見えで赤面するばかりだ。何せ事件は一一〇年前に垂《なんな》んとする。官権記録も精緻を極めているようだが仔細に見れば穴がある。仮説で各所を埋めてみたが、あくまでヒントの提供ということである。

なお、執筆途中で光明を与えられたのが近刊の新井勉著『大逆罪・内乱罪の研究』だった。ボアソナードが蒔いた近代刑法に、異質の大宝律令が亡霊のように食い込んできた過程を教えて貰った。また、法律の素人に判りやすい示唆を与えて下さった刑法学者の上林邦充氏（群馬大学名誉教授）には、ご多用中にもかかわらず、当方の意をお酌み取りいただき、まことに感謝に堪えない。篤く御礼申します。

最後に、編集協力頂いた「千曲市民百年の会」各位、とりわけ代表の森貘郎氏、何より編集校正面で一方ならず尽力いただき、本書が形になるまで面倒を見て下さった川辺書林の久保田稔氏に、感謝は尽きない。本書が他ならぬ新村善兵衛生誕の地から、地域の方々との共同作業で世に出ることは、筆者としても望外の喜びである。

二〇一七年九月

石山幸弘

《人名索引》

石山幸弘（いしやま・ゆきひろ）
1947年生まれ。群馬県立土屋文明記念文学館を経て、茨城大学教育学部非常勤講師・群馬県立女子大文学部非常勤講師。日本児童文学学会会員。著書に『紙芝居文化史』（萌文書林 2008）、『坂梨春水―「東北評論」と「おち栗」と』（群馬県立土屋文明記念文学館 2008）、ドキュメンタリー小説『櫛の十字架―大逆事件の渦』（かもがわ出版 2011）、『大逆事件と群馬（上）』（群馬県みやま文庫 2017）。その他共著、論考多数。
第32回日本児童文学学会（奨励）賞受賞（2008）。
第2回堀尾青史賞受賞（2017）など。

大逆事件と新村善兵衛

2017年11月21日　初版

著　者　石山幸弘
発行者　久保田稔
発行所　川辺書林
　　　　長野県須坂市米持153-5
　　　　TEL 026-247-8856
　　　　FAX 026-247-8857
印　刷　フォトオフセット協同印刷

ISBN978-4-906529-89-6